BIBLIOTHÈQUE

FRANÇAISE.

ABRÉGÉ

DE

L'HISTOIRE GÉNÉRALE

DES VOYAGES;

Par J.-F. LAHARPE.

TOME VINGT-HUITIÈME.

PARIS,

MÉNARD ET DESENNE, FILS.

1825.

ABRÉGÉ

DE

L'HISTOIRE GÉNÉRALE
DES VOYAGES.

~~~~~~

CINQUIÈME PARTIE.

VOYAGES AUTOUR DU MONDE ET DANS LE GRAND OCÉAN.

———

TROISIÈME VOYAGE DU CAPITAINE COOK.

~~~~~~~~~~~~~

Suite du CHAPITRE PREMIER.

Premières opérations du voyage jusqu'au départ de la Nouvelle-Zélande.

Les deux vaisseaux appareillèrent le 30 janvier de la baie de l'Aventure, et ils prirent la route de la Nouvelle-Zélande. La nuit du 6 au 7 février, un des soldats de *la Découverte* tomba dans la mer, et on ne le revit plus ; c'éfait le second accident de cette espèce arrivé au capitaine Clerke depuis son départ d'Angle-gleterre.

» On eut connaissance de la Nouvelle-Zélande le 10 ; et le 12, on jeta l'ancre dans le port de la Reine-Charlotte , à l'endroit où le capitaine avait mouillé dans ses précédens voyages. Il ne voulait pas perdre de temps , et ses opérations commencèrent l'après-midi du même jour : on débarqua les futailles vides, et on nettoya un terrain suffisant pour y établir les deux observatoires , et y dresser les tentes des gardes et de ceux des matelots ou des soldats qui seraient obligés de passer la nuit à terre.

» Nous fûmes à peine mouillés , dit Cook , que plusieurs pirogues accostèrent le vaisseau : les naturels qui se hasardèrent à monter à bord étaient en petit nombre; j'en fus d'autant plus surpris, qu'ils nous connaissaient tous. Parmi ceux qui s'opiniâtraient à demeurer dans leurs pirogues , je distinguai un homme que j'avais traité avec une bienveillance particulière lors de ma dernière relâche ; ni mes démonstrations d'amitié, ni mes présens ne purent le déterminer à venir à bord. Je cherchai les motifs de cette réserve; ils imaginaient sans doute que j'abordais sur leurs côtes afin de venger la mort des matelots et des soldats du capitaine Furneaux qu'ils avaient massacrés. En apercevant O-maï à mes côtés, ils dûrent se rappeler qu'ils l'avaient vu sur *l'Aventure* lorsque cette malheureuse affaire eut lieu ; ils lui en parlèrent

tout de suite, et ils sentirent bien que je ne
l'ignorais pas. Je fis tous les efforts possibles
pour les convaincre que je ne leur voulais point
de mal, et que la vengeance ne m'engageait
pas à rien entreprendre contre eux. Je ne sais
si cette promesse les frappa, mais il est sûr que
bientôt ils ne montrèrent plus de réserve ni de
défiance.

» Le 13, chacun des vaisseaux dressa une
tente sur le terrain où j'avais établi autrefois
mon petit camp'; on disposa aussi les observatoires, et MM. King et Bayley commencèrent
leurs observations, dont le but principal était
de déterminer le mouvement journalier des
garde-temps. J'envoyai à terre le reste des futailles; les tonneliers et un nombre suffisant de
matelots allèrent les réparer et les remplir. Je
chargeai deux hommes de brasser de la bière
de sapin, et j'ordonnai aux charpentiers et à
leurs aides de couper du bois; un autre détachement cueillit de l'herbe pour notre bétail,
et ceux qui demeurèrent à bord s'occupèrent
de dégréer les vaisseaux et d'arranger les provisions. Chacun fut employé d'une manière
utile pendant notre séjour. Je donnai une garde
de dix soldats de marine à ceux qui se trouvaient à terre, et je fis distribuer des armes à
tous les travailleurs. M. King et deux ou trois
sous-officiers se tinrent d'ailleurs constamment
auprès d'eux. Lorsque j'envoyais un canot à
une distance considérable des vaisseaux, j'avais
soin de l'armer et de le mettre sous la conduite

de ceux de mes officiers qui m'inspiraient le plus de confiance, et qui connaissaient le mieux les naturels. Durant les autres relâches, je n'avais jamais pris ces précautions, et je suis intimement convaincu qu'elles n'étaient pas nécessaires ; mais, après le massacre de dix hommes de *l'Aventure*, après celui du capitaine Marion-Dufresne et de quelques-uns de ses gens, dans la baie des Iles, il était impossible d'être absolument exempt d'inquiétude.

» Si les Zélandais crurent d'abord que nous venions les punir de leur barbarie, ils ne tardèrent pas à changer d'opinion ; car dès ce jour même un grand nombre de familles arrivèrent de différentes parties de la côte, et s'établirent près de nous. Excepté l'espace que renfermait notre petit camp, tous les terrains de cette anse où l'on pouvait dresser une hutte se trouvèrent occupés. Ils ne nous disputèrent point celui que nous avions pris ; mais ils vinrent y enlever les débris de quelques vieilles cabanes, et ils se servirent des matériaux pour en construire de nouvelles.

» On est étonné de la promptitude avec laquelle ils construisent ces huttes : j'en ai vu élever plus de vingt sur un espace qui, une heure auparavant, était couvert d'arbrisseaux et de plantes. Ils apportent ordinairement avec eux une partie des matériaux, et ils trouvent le reste sur les terrains qu'ils choisissent. J'ai assisté au débarquement d'une petite peuplade, et à la construction d'un de ces villages. Au moment où les pirogues atteignirent le rivage, les hommes sautèrent à terre ; ils se mirent en possession du terrain en arrachant les arbres et les arbrisseaux, et en dressant une partie de la charpente des huttes sans perdre une minute. Ils retournèrent ensuite à leurs pirogues ; ils débarquèrent leurs armes; ils les posèrent contre un arbre, ou bien ils les placèrent de manière à pouvoir les saisir dans un instant. J'observai qu'aucun d'eux ne négligea cette précaution. Tandis que les hommes construisaient les cabanes, les femmes ne demeuraient pas oisives; quelques-unes veillaient sur les pirogues, d'autres sur les provisions et le petit nombre de leurs ustensiles ; d'autres rassemblaient du bois sec pour faire du feu et préparer le dîner. Les enfans et les vieillards furent assez occupés sur ces entrefaites. Je leur jetai des grains de verroterie et toutes les bagatelles que j'avais dans mes poches; le plus adroit les ramassait, et ce petit jeu les divertissait beaucoup.

» Ces huttes passagères les garantissent très-bien du vent et de la pluie ; c'est tout ce qu'ils veulent. Je remarquai qu'en général, et peut-être toujours, la même tribu ou famille, quelque nombreuse qu'elle soit, s'associe, et élève des cabanes communes : aussi avons-nous vu fréquemment leurs villages, ainsi que celles de leurs bourgades qui se trouvent les plus étendues, partagés en différens quartiers par des palissades de peu de hauteur et par des barrières.

» Les Zélandais qui s'établirent près de nous,

nous procurèrent de grands avantages : ils allaient tous les jours à la pêche, lorsque le temps le permettait, et ils échangeaient ordinairement la meilleure partie de leurs poissons. Ce supplément, joint à ce que nous prenions au filet ou à la ligne, fut si considérable, que le poisson ne nous manqua guère durant notre relâche : nous ne manquâmes pas non plus d'autres rafraîchissemens. On servit constamment aux équipages des deux vaisseaux du céleri, du cochléaria et des pois cuits avec des tablettes de bouillon, et on leur donna de la bière de sapin. Si quelques-uns de nos gens avaient des germes de scorbut, cette nourriture ne tarda pas à les guérir ; mais à notre arrivée dans le port de la Reine-Charlotte, je n'avais que deux hommes sur les cadres. Le capitaine Clerke n'avait point de malades.

» Indépendamment de ceux des naturels qui s'établirent près de nous, nous reçûmes la visite de beaucoup d'autres, qui ne demeuraient pas loin, et de quelques-uns qui habitaient l'intérieur du pays : les objets de commerce étaient des curiosités, du poisson et des femmes. Les deux premiers étaient de bonne défaite, le dernier n'en trouvait aucune. Les matelots montraient une sorte de dégoût pour les Zélandaises ; ils ne se souciaient pas, ou ils craignaient de former des liaisons avec elles, ce qui produisit le bon effet que pas un de mes gens ne quitta son poste pour aller dans les habitations des insulaires.

» Je tolère les liaisons des femmes, parce que je ne puis les empêcher; mais je ne les encourage jamais, parce que j'en redoute les suites. On dit, je le sais, que les commerces amoureux font la sûreté des navigateurs parmi les peuples sauvages: ils offrent peut-être ces avantages aux hommes qui, par nécessité ou par choix, veulent s'établir sur des terres nouvellement découvertes ; mais en général il n'en est pas ainsi des voyageurs tel que nous, qui ne visitent un pays qu'en passant, et ces sortes de liaisons perdent plus de monde qu'elles n'en sauvent. Serait-il raisonnable d'attendre autre chose, puisque les femmes ne se livrent aux navigateurs que par intérêt, et sans ressentir ni estime ni attachement pour eux? Mon expérience sur ce point est assez étendue, et je n'ai jamais vu un exemple du contraire.

» Parmi les naturels qui n'étaient pas établis près de nous, et qui cependant vinrent nous voir, je distinguai un chef, appelé *Kahoura*, qui, suivant ce qu'on m'apprit, avait dirigé la troupe qui assomma le détachement du capitaine Furneaux, et avait lui-même tué M. Rowe, l'officier commandant. D'après ce que me dirent de lui la plupart de ses compatriotes, il était plus redouté que chéri : on ne se contenta pas de me répéter qu'il était un méchant homme ; quelques insulaires m'engagèrent à diverses reprises à lui donner la mort, et ils parurent bien surpris de ce que je ne me rendais pas à leurs instances ; car, selon leurs principes de morale,

il était juste de le tuer. Mais j'aurais pu exter-
miner la race entière, si j'avais suivi les conseils
de cette espèce que je reçus : les habitans de
tous les villages ou hameaux me prièrent chacun à leur tour de détruire leurs voisins. Il n'est
pas aisé de concevoir les motifs d'une animo-
sité si terrible ; elle prouve d'une manière frappante jusqu'à quel point ces malheureuses peuplades sont divisées entre elles : je suis très-sûr
que je ne me mépris pas sur l'intention des naturels qui m'adressèrent des prières si étranges ;
car O-maï, dont la langue naturelle est un dialecte de celle de la Nouvelle - Zélande, et qui
entendait parfaitement bien tout ce qu'on me
dit, me servait d'interprète.

» Le 15, j'allai dans mon canot examiner les
cantons qui offraient la meilleure herbe ; je
voulais voir ensuite l'hippa, ou le village for-
tifié, situé à la pointe sud-ouest de Motouara,
et les lieux que nous avions convertis autrefois
en jardins. Je trouvai l'hippa désert, mais les
maisons et les palissades avaient été réparées :
elles me parurent en bon état ; d'autres indices
m'annonçaient qu'il avait été habité peu de
temps auparavant. Il est inutile de décrire ici
cette espèce de forteresse ; j'en ai assez parlé
dans la relation de mon premier voyage, à
laquelle je renvoie mes lecteurs.

» Lorsque *l'Aventure* relâcha pour la première fois, en 1773, dans le port de la Reine
Charlotte, M. Bayley établit son observatoire à
cet endroit, et l'on y sema plusieurs de nos

herbes potagères. Je n'en trouvai pas le moindre vestige.: il est vraisemblable que les naturels détruisirent ces plantations afin d'y construire des huttes quand le village fut rebâti; car les autres jardins semés par le capitaine Furneaux produisaient des choux, des ognons, des poireaux, du pourpier, des radis, de la moutarde, et quelques pommes-de-terre, quoiqu'ils fussent entièrement couverts des herbes sauvages du pays. Les pommes-de-terre venaient du cap de Bonne-Espérance; le changement de sol les avait beaucoup améliorées, et si les Zélandais les soignaient un peu, elles seraient supérieures à celles qu'on recueille dans la plupart des autres pays. Les Zélandais les aiment beaucoup; et cependant il me fut démontré qu'ils n'ont pas pris la peine d'en planter une seule, et que, sans la difficulté de nettoyer le terrain où nous les avions mises jadis, il n'en resterait aucune aujourd'hui. J'ajouterai qu'ils ont également négligé la culture des autres plantes que nous avions laissées chez eux.

» Le 16, à la pointe du jour, je m'embarquai avec un détachement qui allait cueillir de l'herbe pour notre bétail : j'emmenai cinq canots; le capitaine Clerke, plusieurs des officiers, O-maï et deux des naturels m'accompagnèrent. Nous remontâmes le port l'espace d'environ trois lieues, et nous débarquâmes ensuite sur la côte orientale, à un endroit où j'avais été durant mon second voyage; nous y trouvâmes de l'herbe en abondance, et on en chargea deux bateaux.

» En redescendant, nous voulûmes voir l'anse où les gens du capitaine Furneaux avaient été massacrés. J'y rencontrai mon vieil ami Pédro, qui ne m'avait presque pas quitté lors de ma dernière relâche dans ce port ; lui et un autre de ses compatriotes se présentèrent sur la grève, armés de leurs patous et de leurs piques, et ils nous reçurent avec un air de cérémonie. J'ignore si cette réception leur fut dictée par la politesse ou par la crainte : je crus qu'elle annonçait de la frayeur ; s'ils en éprouvaient réellement, les présens qu'ils reçurent de moi la dissipèrent bientôt : mes largesses engagèrent deux ou trois individus de cette tribu à s'approcher de nous ; la plupart des autres se tinrent si éloignés, que nous ne pûmes distinguer leur figure.

» Tandis que nous étions à cet endroit, nous eûmes la curiosité d'apprendre des détails sur la mort tragique de nos dix compatriotes, et O-maï nous servit d'interprète. Pédro et les autres naturels auxquels nous nous adressâmes répondirent à toutes nos questions sans montrer aucune réserve, et comme des hommes qui ne craignent pas d'être punis d'un crime dont ils sont innocens. Nous savions déjà qu'aucun d'eux n'avait eu part au massacre : ils nous dirent que nos gens dînaient environnés de plusieurs des naturels ; que quelques-uns de ceux-ci dérobèrent ou enlevèrent du pain et du poisson ; que notre détachement irrité frappa les voleurs; que la querelle s'échauffa, et que deux Zélandais furent tués par l'explosion de deux fusils; qu'avant que nos gens pussent en tirer un troisième, ou recharger ceux qui venaient de faire feu, les Zélandais se précipitèrent sur notre petite troupe; qu'ils l'accablèrent par leur nombre, et assommèrent tous ceux qui la composaient. Pédro et ses compagnons, après avoir raconté l'histoire du massacre, nous montrèrent le lieu de la scène; c'est au coin de l'anse à main droite. Pour nous indiquer l'heure où elle se passa, ils nous firent voir l'endroit où se trouvait le soleil; ce dut être assez tard dans l'après-dînée. Ils nous montrèrent aussi le lieu où mouillait le canot; il paraît qu'il était à environ six cents pieds de celui où dînait l'équipage : un nègre du capitaine Furneaux le gardait.

» D'autres nous dirent que ce nègre fut la cause de la querelle, et qu'elle arriva de la manière suivante : Un insulaire ayant volé quelque chose dans le canot, le nègre lui donna un vigoureux coup de bâton : le Zélandais poussa des cris qui furent entendus de ses compatriotes : ceux-ci, imaginant qu'il était tué, fondirent à l'instant sur les étrangers, qui, n'ayant pu gagner la mer, ni s'armer assez tôt pour échapper au danger qui les menaçait, périrent de la main de leurs sauvages ennemis.

» La première de ces versions fut attestée par le plus grand nombre des naturels, avec lesquels nous conversâmes à diverses reprises,

et qui, je crois, n'avaient aucun intérêt de nous
tromper. La seconde est celle de l'un des Zélandais qui abandonnèrent leur pays pour s'embarquer avec nous, et qui par conséquent
n'avaient point de motif de nous taire la vérité.
Ils avouèrent tous que le massacre eut lieu au
moment où l'équipage du canot était assis sur
l'herbe et dînait; et il est très-probable que les
deux récits sont exacts, car ils sont parfaitement d'accord. Il est aisé de concevoir que,
tandis que quelques-uns des naturels volaient
le nègre chargé de la garde du canot, d'autres
insulaires envahissaient de leur côté la propriété de ceux de nos gens qui se trouvaient à
terre.

» Quoi qu'il en soit, les Zélandais convinrent unanimement que des vols commis par
leurs compatriotes produisirent la querelle;
ils convinrent aussi que le massacre ne fut pas
prémédité, et que, si l'équipage eût été moins
prompt à punir le voleur, il n'y aurait point
eu de sang répandu. Les ennemis les plus ardens
de Kahoûra, ceux qui m'excitaient avec le plus
de zèle à l'assassiner, avouèrent en même
temps qu'il n'avait pas intention d'élever une
dispute, bien moins encore de donner la mort
à personne, et qu'il ne forma ce projet qu'après
avoir vu nos gens porter les premiers coups.
Il paraît aussi que ces malheureux, victimes
de la férocité zélandaise, furent bien loin de
prévoir ce qui leur arriva; s'ils avaient eu la
moindre inquiétude, ils n'auraient pas eu la

témérité de s'asseoir, pour dîner, à une distance si considérable de leur canot, et au milieu d'une troupe de guerriers qui, le moment d'après, devaient être leurs bourreaux. Je n'ai jamais pu savoir ce qu'était devenu le canot; les uns me dirent qu'on l'avait mis en pièces et brûlé, d'autres qu'une tribu étrangère l'avait emmené, mais qu'ils ne pouvaient indiquer en quel endroit.

» Nous demeurâmes dans cette anse jusqu'au soir, et après avoir chargé de foin, de céleri, de cochéaria, etc., le reste de nos canots, nous nous rembarquâmes. Nous avions déterminé Pédro à mettre sa pirogue à l'eau et à nous accompagner; mais à peine eûmes-nous quitté le rivage, que le vent souffla avec beaucoup d'impétuosité du nord-ouest; ce qui l'obligea de regagner la terre : nous continuâmes notre route, et ce fut avec beaucoup de peine que nous atteignîmes les vaisseaux. Quelques-uns des canots n'arrivèrent qu'à une heure du matin : heureusement qu'ils furent revenus à cette époque; car nous essuyâmes bientôt une véritable tempête entremêlée d'une forte pluie; de sorte que nos travaux se trouvèrent suspendus durant la journée du 17. L'ouragan cessa le soir, et le vent qui passa à l'est amena le beau temps.

» Nous reprîmes nos travaux le lendemain; les naturels conduisirent leurs pirogues au large, et se mirent à pêcher. Pédro vint s'établir près de nous avec toute sa famille. Matahoua est le véritable nom de ce chef; celui de **Pédro** lui avait été donné par quelques-uns de nos gens durant mon second voyage, et je l'avais ignoré jusqu'alors. Il était connu de ses compatriotes sous l'une et l'autre de ces dénominations.

» Nous essuyâmes le 20, dans la matinée, un second coup de vent du nord-ouest : il ne fut pas aussi long que le premier; mais les rafales qui venaient des montagnes étant beaucoup plus fortes, nous fûmes obligés d'amener les vergues et les mâts de hune; et malgré cette précaution, nous eûmes bien de la peine à affronter la tempête. Ces bourrasques sont ici très-communes, et quelquefois très-violentes et très-incommodes. Les montagnes voisines, toujours surchargées de vapeurs dans ces momens-là, augmentent l'impétuosité du vent et changent sa direction de telle manière, que deux rafales ne viennent jamais de suite du même point du compas, et que, plus on est près de la côte, plus on en ressent les effets.

» Le 21, nous reçumes la visite d'une tribu ou famille, composée d'environ trente personnes qui venaient du haut du port. Je ne les avais jamais vues. Le chef s'appelait *Tomatong-hinouranoc* : il était âgé d'environ quarante-cinq ans; sa physionomie annonçait la franchise et la gaieté. En général, les hommes, les femmes et les enfans avaient de beaux traits ; je n'avais pas rencontré une aussi belle famille à la Nouvelle-Zélande.

» A cette époque, plus des deux tiers des

habitans de la baie s'étaient établis autour de nous. Une foule d'entre eux se rendaient chaque jour au vaisseau ou dans notre camp. Ils venaient surtout aux tentes, lorsque les matelots fondaient la graisse des phoques. Ils semblaient aimer l'huile plus passionnément encore que les Groënlandais; ils mettaient du prix même à l'écume qu'on ôtait de la chaudière, et à la lie déposée au fond des tonneaux. Quelques gouttes d'huile puante étaient pour eux une friandise agréable; ils la demandaient avec une ardeur si grande, que je jugeai qu'ils n'en boivent pas souvent.

» Le 23, nous avions embarqué la quantité d'herbages et de foin que nous jugions nécessaire à notre bétail, jusqu'à notre arrivée à Taïti, et complété la provision d'eau et de bois: on abattit les tentes, et on reporta à bord tout ce qui avait été débarqué. Le lendemain nous sortîmes de l'anse. Le vent n'était pas bon, et je m'aperçus que le jusant finirait avant que nous eussions débouqué du port; nous mouillâmes donc de nouveau un peu en dehors de l'île de Motouara, afin d'attendre une occasion plus favorable d'entrer dans le détroit.

» Tandis que nous démarrions pour remettre à la voile, Tomatonghinouranoc, Matahouah, et beaucoup d'autres Zélandais, vinrent nous dire adieu, ou plutôt chercher à obtenir de nous de nouveaux présens. Ces deux chefs me demandèrent des chèvres et des cochons. Je donnai à Matahouah deux chèvres, un mâle et

une femelle, avec leur chevreau; et à Tomatonghinouranoc un verrat et une truie. Ils me
promirent de ne pas les tuer; mais j'avoue que
je ne comptai pas beaucoup sur leur parole.
J'appris à cette occasion que les animaux envoyés à terre par le capitaine Furneaux étaient
tombés bientôt après entre les mains des naturels, et qu'il n'en restait aucun; mais je ne
pus rien savoir sur ceux que j'avais laissés, à
mon second voyage, dans la baie de l'ouest et
dans l'anse des Cannibales. Tous les insulaires
à qui je parlai convinrent cependant que les
bois situés derrière l'anse du vaisseau renfermaient des volailles qui y vivaient dans l'état
sauvage; et les deux jeunes Zélandais qui s'em-
barquèrent sur mon bord m'informèrent ensuite que Tiratou, chef du pays, très-aimé de
ses compatriotes, avait beaucoup de coqs et de
poules, et une des truies.

» Quand j'arrivai à la Nouvelle-Zélande, j'a-
vais résolu d'y laisser non-seulement des chèvres et des cochons, mais des moutons, et un
jeune taureau avec deux génisses, si je trouvais
un chef assez puissant pour les garder et les
défendre, ou un endroit solitaire qui me donnât lieu de croire que les naturels ne le décou-
vriraient pas. Mais je ne rencontrai ni l'un ni
l'autre, Tringobohi, que je vis dans mon second voyage, et qui à cette époque me parut
un personnage de si grande importance, ne vivait plus. Il avait été tué cinq mois auparavant
avec soixante et dix personnes de sa tribu; et

rien n'indiquait autour de nous une tribu assez nombreuse pour avoir une supériorité de forces sur les autres tribus du pays. J'aurais manqué mon but en donnant ces animaux à une famille dénuée de la force nécessaire; car dans un pays comme celui-ci, où la propriété est si incertaine, ils seraient bientôt devenus la proie d'une peuplade victorieuse; on aurait séparé les mâles des femelles, ou bien on les aurait tués; et vraisemblablement ces deux cas seraient arrivés. Les observations faites depuis notre arrivée étaient si décisives sur ce point, que je n'y aurais déposé aucun de nos quadrupèdes, si Matahouah et Tomatonghinouranoc ne m'avaient demandé des chèvres et des cochons. J'en avais assez pour l'usage que j'en voulais faire; et quoique je n'ignorasse pas que, selon toute apparence, ils tueraient ces animaux, je les leur donnai. J'ai laissé à la Nouvelle-Zélande dix ou douze cochons à différentes époques, outre ceux qu'y déposa le capitaine Furneaux; et à moins qu'il n'arrive un concours d'événemens bien fâcheux, les navigateurs y trouveront un jour ces quadrupèdes dans l'état sauvage ou dans l'état de domesticité.

» Nous fûmes à peine mouillés près de Motouara, que trois ou quatre pirogues, remplies de naturels, arrivèrent de la côte sud-est de la baie; nous achetâmes une quantité considérable des productions et des ouvrages du pays. Kahoura, le chef des guerriers qui massacrèrent les dix hommes du capitaine Furneaux, montait une des pirogues. C'était la troisième fois qu'il venait nous voir, sans montrer la plus légère frayeur. J'étais à terre lorsqu'il se rendit à bord, et j'y revins au moment où il partait. O-maï, qui m'avait accompagné à terre, l'aperçut; il le dénonça tout de suite, et il me conjura de le faire tuer à coups de fusil. Ce n'est pas tout, il adressa la parole à Kahoura, et il le menaça de le poignarder de sa propre main, s'il avait la hardiesse de revenir.

» Le Zélandais fut si peu effrayé de ces menaces, qu'il revint le lendemain avec toute sa famille, composée de vingt personnes, y compris les femmes et les enfans. O-maï m'en avertit de nouveau, et il me demanda s'il devait l'engager à monter à bord. Je lui répondis qu'il le pouvait. Bientôt après, il amena ce chef dans ma chambre, et il me dit : « Voilà Kahoura, tuez-le. » Mais, oubliant ses menaces de la veille, ou craignant que je ne le chargeasse de l'exécution, il se retira tout de suite. Cependant il reparut bientôt; et voyant Kahoura sur ses pieds, il s'écria d'un ton de reproche : « Pourquoi ne le tuez-vous pas ? Vous m'assu-
» rez qu'on pend en Angleterre l'homme qui
» en tue un autre; ce barbare en a tué dix, et
» vous ne voulez pas lui donner la mort, quoi-
» que la plupart de ses compatriotes le dési-
» rent, quoique cela soit juste ! » L'éloquence assez solide d'O-maï me fit rire : je lui enjoignis de demander au Zélandais pourquoi il avait tué

le détachement du capitaine Furneaux. Kahoura, effrayé par cette question, étendit ses bras en suppliant, et baissa la tête : il avait l'air d'un homme surpris dans une embuscade, et je suis persuadé qu'il s'attendait à mourir sur l'heure. Mais il reprit sa gaieté dès le moment où je promis de ne pas attenter à sa personne. Il ne semblait pas disposé néanmoins à répondre à notre question, et il fallut lui répéter à diverses reprises que je ne me vengerais pas. Lorsqu'il eut obtenu le pardon dont il croyait avoir besoin, il nous raconta qu'un de ses compatriotes ayant voulu échanger une hache de pierre, l'Anglais à qui il l'offrit s'en empara, et refusa ensuite de la rendre ou d'en payer la valeur ; que le propriétaire de la hache se saisit de quelques morceaux de pain, comme d'un équivalent, et que la querelle s'engagea.

» Les autres détails racontés par Kahoura sur cette malheureuse affaire diffèrent peu de ceux qu'on nous avait appris auparavant. Il nous dit qu'il avait couru de très-grands dangers durant le combat; qu'il fut couché en joue, et qu'il n'échappa au coup de fusil qu'en se cachant derrière le canot; qu'un autre homme placé près de lui fut renversé roide mort sur la poussière; qu'immédiatement après l'explosion, il attaqua M. Rowe, chef du détachement, qui se défendit avec son épée; que lui, Kahoura, fut blessé au bras, mais qu'enfin la troupe, plus nombreuse, remporta une victoire complète.

» M. Burney, envoyé le lendemain à terre

avec un détachement armé, trouva les membres
épars des dix hommes qui avaient débarqué la
veille : plein de ressentiment et de fureur, il
tira plusieurs volées sur les naturels, qui étaient
encore rassemblés sur le lieu de la scène, et qui
vraisemblablement achevaient de manger les
cadavres des vaincus. Il était naturel de supposer que les coups de fusil avaient porté, et
que quelques-uns des assassins ou des Cannibales avaient été tués au milieu de leur détes-
table repas. Nous interrogeâmes sur ce point
Kahoura, et d'autres qui s'étaient trouvés au
combat et au festin; il parut que notre sup-
position était mal fondée, et que les coups
tirés par M. Burney n'avaient tué ni blessé
personne.

» La plupart des naturels que nous avions
rencontrés depuis notre arrivée à la Nouvelle-
Zélande savaient bien, comme je l'ai déjà dit,
que je n'ignorais pas la manière barbare dont
ils avaient traité les dix hommes du capitaine
Furneaux, et ils comptaient sûrement que je
tuerais Kahoura; non-seulement ils semblaient
le désirer, mais ils témoignèrent beaucoup de
surprise en voyant ma modération à cet égard.
Il en était instruit ainsi que moi, et je fus très-
étonné à mon tour qu'il osât se mettre si souvent en mon pouvoir. Lorsqu'il vint nous voir,
tandis que les vaisseaux mouillaient dans l'anse,
il put se fier au nombre de ses amis qui l'accompagnaient, et se croire en sûreté ; mais il
nous fit ses deux dernières visites dans des cir-

constances moins favorables. Nous étions mouillés à l'entrée de la baie, assez loin de la côte;
il n'avait aucun secours à espérer de ses compatriotes; il ne devait pas compter qu'il réus-
sirait à prendre la fuite, si je voulais l'arrêter.
Cependant, après le premier moment de crainte
que lui causa une de nos questions, dont j'ai
parlé plus haut, loin d'éprouver du trouble et
et du malaise, ayant aperçu dans la grand'-
chambre le portrait d'un Zélandais, il demanda
qu'on fît le sien, et se tint assis sans témoigner
aucune impatience, jusqu'à ce que M. Webber
l'eût achevé. Je dois dire que j'admirai son courage, et que je fus flatté de la confiance que je
lui inspirais. Ce que j'avais répondu à ceux des
naturels qui me pressaient de le tuer le tran-
quillisait; je les assurai, en effet, que j'avais
toujours été leur ami et que je le serais toujours, à moins qu'ils ne se conduisissent de manière à changer mes dispositions à leur égard ;
que je ne pensais plus aux dix hommes assom-
més par eux; que ce crime était trop ancien,
et que je n'en avais pas été témoin ; mais que,
s'ils formaient jamais une seconde tentative de
cette espèce, ils verraient tomber sur eux tout
le poids de mon ressentiment.

» Avant d'arriver à la Nouvelle-Zélande
O-maï avait formé le projet d'emmener aux
îles de la Société un des naturels de ce pays,
Il trouva bientôt une occasion de l'exécuter :
un Zélandais d'environ dix-huit ans , appelé
Taoueiharoua, lui proposa de l'accompagner,

et il vint s'établir sur mon bord. Je fis d'abord peu d'attention à cet arrangement ; j'imaginai que le Zélandais nous quitterait lorsque nous serions sur le point d'appareiller , et lorsqu'il aurait profité des largesses d'O-maï. M'apercevant enfin qu'il était bien décidé à s'embarquer avec nous , et ayant appris qu'il était fils unique d'un chef mort, que sa mère vivait encore, et que c'était une femme considérée, je craignis qu'O-maï n'eût trompé ce jeune homme et ceux qui s'intéressaient à lui, en leur laissant l'espoir ou en les assurant que nous reviendrions sur cette côte. Je leur déclarai d'une manière positive que, si Taoueiharoua suivait son dessein , il ne reverrait jamais sa patrie. Mon discours ne parut lui faire aucune impression. La veille de notre départ, Tiratoutou, mère du jeune homme, arriva à bord dans l'après-dînée, sans doute afin de recevoir de nouveaux présens d'O-maï. Elle demeura avec son fils jusqu'à la nuit. Ils se séparèrent avec toutes les démonstrations de tendresse qu'on peut attendre d'une mère et d'un fils qui se quittent pour jamais. Elle dit qu'elle ne verserait plus de larmes, et elle ne tint que trop sa parole ; car, lorsqu'elle revint le jour suivant faire à son fils ses derniers adieux, elle parut fort gaie tout le temps qu'elle demeura à bord, et elle s'en alla sans montrer aucune émotion.

» Taoueiharoua, afin de voyager d'une manière convenable à sa naissance , se proposa

d'emmener un autre jeune homme en qualité
de domestique ; celui-ci demeura sur notre
bord jusqu'au moment où il vit les préparatifs
de notre départ : alors ses parens vinrent le
redemander ; mais il fut remplacé le lendemain
par *Kakoa*, petit garçon âgé de neuf ou dix
ans. Le père de Kakoa me le présenta : je crois
qu'il aurait quitté son chien avec moins d'indifférence. Il s'empara du peu de vêtemens que
portait l'enfant , et il le laissa complétement
nu. J'avais pris des peines inutiles pour leur
faire comprendre que Taoueiharoua et Kakoa
ne reviendraient plus à la Nouvelle-Zélande ; ni
leurs parens, ni aucun des naturels ne s'inquié-
taient de leur sort. D'après cette insouciance ,
d'après la persuasion où j'étais que les jeunes
voyageurs ne perdraient rien en s'établissant
aux îles de la Société, je consentis aux arran-
gemens d'O-maï.

» Mes observations, et les détails que m'ont
donnés Taoueiharoua et d'autres prouvent
que les habitans de la Nouvelle-Zélande vivent dans des transes continuelles : la plupart
des tribus croient avoir essuyé des injustices
et des outrages de leurs voisins ; elles épient
sans cesse l'occasion de se venger. Ces sauvages aiment beaucoup à manger la chair de
leurs ennemis tués dans les batailles ; et le désir
de cet abominable repas est peut-être une des
principales causes de leur ardeur dans les combats. On m'a dit qu'ils attendent quelquefois
bien des années un moment favorable, et qu'un

fils ne perd jamais de vue l'injure faite à son père. Pour exécuter leur horrible dessein, ils se glissent pendant les ténèbres au milieu de leurs ennemis; s'ils les surprennent, ce qui, je crois, arrive peu, ils leur donnent la mort à tous, et ils n'épargnent pas même les femmes et les enfans. Lorsque le massacre est achevé, ils mangent les vaincus sur le lieu même où s'est passée la boucherie, ou bien ils emportent autant de cadavres qu'ils le peuvent, et ils s'en régalent ensuite chez eux avec une brutalité trop dégoûtante pour la décrire ici. S'ils sont découverts avant d'avoir exécuté leur sanguinaire projet, ils s'enfuient ordinairement: alors on les poursuit, et on les attaque quelquefois à leur tour. Ils ne connaissent point cette modération qui donne quartier ou qui fait des prisonniers; en sorte que les vaincus ne peuvent mettre leurs jours à couvert que par la fuite. Cet état perpétuel de guerre, et cette manière de la conduire, si destructive de la population, les rend très-vigilans, et il est rare de rencontrer, le jour ou la nuit, un Zélandais qui ne soit pas sur ses gardes. Il est impossible de rien ajouter aux motifs qui excitent leur vigilance : la conservation de leur vie et leur bonheur dans l'autre monde en dépendent; car, selon leur système religieux, l'âme de l'homme dont le corps est mangé par l'ennemi est condamné à un feu éternel, tandis que les âmes de ceux dont les corps ont été arrachés des mains des meurtriers, ainsi que les âmes de ceux qui meurent de mort naturelle, vont habiter avec les dieux. Je leur demandai s'ils mangeaient ceux de leurs amis qui étaient tués à la guerre, mais dont les corps ne tombaient pas au pouvoir de l'ennemi. Ils parurent étonnés de ma question; ils me répondirent que non : ils témoignèrent même une sorte d'horreur pour l'idée qu'elle présentait. Ils enterrent communément leurs morts; mais s'ils ont tué plus d'ennemis qu'ils ne peuvent en manger, ils les jettent à la mer.

» On ne trouve point parmi eux de moraïs, ni rien qui ressemble à un lieu destiné au culte public, et les pratiques de la religion ne les rassemblent jamais; mais ils ont des prêtres qui adressent leurs prières aux dieux dont ils réclament la protection pour leurs affaires temporelles : par exemple, une entreprise contre une tribu ennemie, une pêche.

» Je n'ai rien pu découvrir de leurs principes religieux; mais, quels qu'ils soient, ils prennent dès l'enfance la ferme habitude de ne point s'en écarter. Le jeune homme qui devait accompagner Taoueiharoua m'en donna une preuve frappante : il s'abstint de manger la plus grande partie du jour, parce qu'on lui avait coupé les cheveux. Nous employâmes vainement toutes sortes de moyens pour le faire renoncer à sa résolution : afin de le tenter, nous lui offrîmes les choses qu'il aimait le plus : il nous répondit que l'eatoua le tuerait, s'il mangeait quelque chose ce jour-là. Ce-

pendant, vers le soir, les besoins de son esto-
mac l'emportèrent sur les préceptes de sa religion, et il se permit un peu de nourriture,
mais en petite quantité. J'avais conjecturé
souvent que les Zélandais ont des idées superstitieuses sur les cheveux : j'en avais vu à
diverses reprises une quantité assez considérable attachés à des branches d'arbres,
près de quelques-unes des habitations; mais
je n'ai jamais rien appris de détaillé sur ce
sujet.

» Malgré l'état de division et de guerre dans
lequel vivent les Zélandais, les voyageurs qui
traversent un canton sans avoir de mauvais
dessein sont bien reçus et régalés durant leur
séjour; mais on exige qu'ils ne demeurent pas
plus de temps qu'il n'en faut pour terminer
leurs affaires : ces voyageurs sont surtout des
marchands qui vendent du poenammou ou du
talc vert. On dit que cette pierre ne se trouve
que dans un endroit qui porte son nom, et qui
est situé vers le fond du port de la Reine-Charlotte, à un ou deux jours de chemin au plus du
lieu où mouillaient nos vaisseaux. Je regrettai
beaucoup de manquer de loisir; je serais allé
voir le canton d'où l'on tire cette pierre ; car
on nous en raconta cent histoires fabuleuses,
dont aucune ne paraissait vraisemblable. Ceux
des naturels qui montraient le plus d'intelligence essayèrent de nous convaincre; mais ils
n'en vinrent pas à bout : Ils nous dirent, par
exemple, que le poenammou vient d'un pois-

son qu'ils harponnent, qu'ils traînent au rivage, où ils l'attachent, et où il se change en
pierre. Ils avouaient tous qu'on le ramasse
dans un grand lac ou dans une mare; et si
l'on peut former quelque conjecture, il est
probable que les torrens l'entraînent du haut
des montagnes, et le déposent sous l'eau. Les
naturels appellent ce lac *Tavaï poenammou*,
c'est-à-dire l'eau du talc vert : ils donnent
ce nom au canton voisin, et non pas à l'île
la plus méridionale de la Nouvelle-Zélande,
comme je l'ai supposé dans mon premier
voyage.

» La polygamie est autorisée parmi ces insulaires ; on rencontre souvent un homme qui a
deux ou trois femmes : les femmes sont nubiles
de bonne heure; celles qui ne se marient pas
paraissent vivre dans l'abandon ; elles ont beaucoup de peine à pourvoir à leur subsistance :
dénuées de protecteurs, elles se trouvent sans
cesse à la merci de quiconque a de la force.

» Les Zélandais semblent satisfaits du peu de
connaissances qu'ils possèdent : ils n'essaient en
aucune manière de les étendre, et leurs observations ou leurs recherches annoncent un esprit peu curieux. Les objets nouveaux ne leur
inspirent pas ce degré de surprise qu'il serait
naturel d'imaginer, et leur attention n'est jamais fixée un moment. Ils formaient quelquefois, il est vrai, un cercle autour d'O-maï, qu'ils
aimaient beaucoup ; mais ils écoutaient ses discours comme des gens qui ne comprennent

point et qui ne se soucient point de comprendre ce qu'on leur dit.

» Je demandai un jour à Taoueiharoua combien de vaisseaux pareils aux nôtres avaient
abordé au port de la Reine-Charlotte ou aux
environs : il commença par nous en indiquer
un dont nous n'avions jamais entendu parler,
qui relâcha dans un port de la côte nord-ouest
de Tiraouitté, peu d'années avant ma première
relâche, c'est-à-dire peu d'années avant l'arrivée de *l'Endéavour*, que les Zélandais appellent
le vaisseau de Topia. Je crus d'abord qu'il se
trompait sur l'époque et le lieu du mouillage ;
que le bâtiment dont il faisait mention était
celui de Surville, qui toucha à la côte nord-
est d'Ihei-nomaoui, la même année que *l'Endéavour*, ou celui de M. Marion-Dufresne, qui
relâcha dans la baie des Iles, deux ans après ; mais
il nous assura qu'il ne se méprenait ni sur l'époque, ni sur le lieu du mouillage, et que le fait
était connu de tous les habitans des environs
du port de la Reine-Charlotte et de Tiraouitté.
Il ajouta que le capitaine eut des liaisons avec
une femme du pays, que cette femme en eut
un fils qui vivait encore, et qui était à peu près
de l'âge de Kakoa. Quoique Kakoa ne fût pas
encore au monde au temps dont il est ici question, il paraissait savoir toute l'histoire. Taoueiharoua nous apprit de plus que ce premier
vaisseau apporta la maladie vénérienne à la
Nouvelle-Zélande. Je souhaite que les navigateurs européens qui y ont abordé depuis n'aient

pas à se reprocher également d'avoir laissé un monument si affreux de leur séjour : cette maladie n'y est aujourd'hui que trop connue ; les insulaires ne semblent pas néanmoins s'en occuper beaucoup : ils disent que ses effets ne sont pas actuellement aussi terribles à beaucoup près qu'ils le furent d'abord : ils font prendre aux malades des bains d'une espèce de vapeur produite par la fumée de quelques plantes qu'ils posent sur des pierres chaudes. Je n'ai pu découvrir s'ils emploient d'autres remèdes. (1)

» Je regrettai de n'avoir pas ouï parler de ce vaisseau tandis que je mouillais dans le port ; O-maï nous aurait procuré des informations plus détaillées et plus exactes, et il aurait interrogé des témoins oculaires. Taoueiharoua ne savait que par ouï-dire ce qu'il nous raconta, et bien des méprises pouvaient s'être glissées dans son histoire. Je suis persuadé néanmoins que, d'après son témoignage, on peut croire qu'un vaisseau avait abordé à Tiraouitté avant mon arrivée sur *l'Endeavour* ; car on me l'avait déjà assuré autrefois. Sur la fin de l'année 1773, lors de ma seconde relâche à la Nouvelle-Zélande, quelques insulaires à qui je demandai des nouvelles de *l'Aventure*, qui s'était séparée de nous, m'avertirent qu'un bâtiment avait relâché dans le port de la côte de Tiraouitté : je crus que je comprenais mal, et je ne songeai pas même à vérifier cette assertion.

(1) Il est assez singulier que les Zélandais aient imaginé le même remède que les Russes.

» Le funeste présent cité plus haut n'est pas le seul monument qui rappelle aux Zélandais le séjour de ce vaisseau; Taoueïharoua nous dit que l'équipage leur avait laissé un quadrupède; mais comme il ne l'avait point vu, nous ne pûmes en connaître l'espèce d'après sa description.

» Il nous instruisit d'un fait qui nous laissa moins de doute; il nous assura qu'on trouve à la Nouvelle-Zélande des serpens et des lézards d'une grandeur énorme. Il décrivit ceux-ci comme ayant huit pieds de longueur, et la grosseur du corps d'un homme : il ajouta qu'ils saisissent et dévorent quelquefois les naturels; qu'ils se tapissent dans des trous creusés sous terre, et qu'on les y tue en faisant du feu à l'ouverture des terriers. Nous ne pûmes nous méprendre sur l'espèce de l'animal, car il le dessina assez exactement sur le papier : il traça aussi la figure des serpens, afin de nous expliquer sa pensée.

» Quoique la Relation de mes deux premiers Voyages offre un grand nombre de détails sur ce pays et sur ses habitans, on sera sûrement bien aise de lire les remarques de M. Anderson, qui confirment ou qui corrigent ce que j'ai dit ailleurs. Il m'avait accompagné trois fois dans la baie de la Reine-Charlotte durant ma seconde expédition; ainsi ce qu'on va lire est le résultat des observations des quatre relâches.

» Tous les environs de la baie de la Reine-Charlotte offrent de grandes montagnes qui s'é-

On les tue en faisant du feu à l'ouverture
des terriers.

Tome 28. Page 30.

lèvent du bord de la mer, et ont des sommets arrondis. L'œil aperçoit sur leurs flancs, jusqu'à une distance considérable, des vallées, ou plutôt des empreintes des vagues, qui n'ont point de profondeur, et qui, du côté du rivage, aboutissent chacune à une petite anse dont la grève est sablonneuse ou caillouteuse. On trouve derrière cette grève un terrain plat de peu d'étendue ; c'est là que les naturels bâtissent ordinairement leurs cabanes: la position en est d'autant plus commode, que dans chacune des anses on trouve un joli ruisseau poissonneux (1), qui a son embouchure dans l'Océan.

» Les bases des montagnes, du moins du côté de la mer, sont d'un grès friable et jaunâtre, qui prend une teinte de bleu aux endroits où il est battu par les flots: il se prolonge en couches horizontales ou obliques, coupées fréquemment de veines étroites de quartz grossier, qui sont peu éloignées les unes des autres, et qui suivent communément la direction du grès. Le terrain ou le sol qui couvre cette roche est aussi d'une couleur jaunâtre ; il ressemble à de la marne ; et en général il a d'un à deux pieds de profondeur.

» L'extrême beauté de la végétation indique assez la fertilité du sol. Excepté un petit nombre de montagnes voisines de la mer, et revêtues d'arbrisseaux, toutes les autres présentent une forêt continue de grands arbres, qui s'élè-

(1) On y trouve de petites truites.

vent avec une vigueur qu'on ne peut imaginer sans les avoir vus, et qui offrent une perspective imposante à quiconque sait admirer ces grands et magnifiques ouvrages de la nature.

» La température agréable du climat contribue sûrement beaucoup à cette force extraordinaire de la végétation. Quoique l'époque de notre relâche répondît au mois d'août de l'Europe, l'air ne fut jamais trop chaud, et le thermomètre ne monta qu'à 66 degrés. Le froid de l'hiver est aussi modéré ; car au mois de juin 1773, qui correspondait à notre mois de décembre, le mercure ne descendit pas au-dessous de 48 degrés; les arbres conservaient alors leur verdure comme en été, et je crois qu'ils gardent leur feuillage jusqu'à ce que la séve du printemps en fasse pousser un nouveau.

» En général, on y jouit d'un beau temps; on y éprouve quelquefois du vent et de la pluie, mais les orages et les pluies ne durent pas plus d'un jour, et il ne paraît pas qu'ils soient jamais excessifs. On n'y trouve point en effet, comme dans d'autres pays, de vestiges des torrens qui se précipitent du haut des montagnes, et les ruisseaux s'enflent peu, si l'on en juge par leur lit. J'ai relâché quatre fois dans le port de la Reine-Charlotte, et j'ai observé que les vents du sud à l'est sont ordinairement modérés et accompagnés d'un ciel nébuleux ou de pluie : ceux du sud-ouest soufflent avec force, et ils sont aussi accompagnés de pluie; mais il est rare qu'ils aient de la durée. Les vents du nord-ouest sont les vents régnans, et, quoique souvent assez forts, un ciel pur les accompagne presque toujours : en un mot, si cette partie de la Nouvelle-Zélande n'était pas trop montueuse, ce serait une des plus belles contrées du globe : on couperait en vain les bois; les espaces défrichés seraient moins propres aux pâturages qu'un terrain plat, et la culture y serait toujours difficile, car on ne pourrait y employer la charrue.

» Les grands arbres qui couvrent les montagnes sont de deux espèces : les uns, du diamètre de nos sapins les plus gros, croissent à peu près de la même manière; mais les feuilles et les petites baies qu'ils portent à leurs extrémités ressemblent davantage à celles de l'if : c'est de ceux-là que nous tirions de la bière. Nous faisions d'abord subir une forte décoction aux feuilles, et nous les laissions ensuite fermenter avec de la thériaque ou du sucre : les hommes de l'équipage qui avaient bu de la bière de sapin d'Amérique ne trouvaient l'autre guère inférieure. L'autre espèce d'arbre diffère peu de l'érable; elle est souvent d'une grosseur considérable; mais elle ne nous procura que du bois de chauffage; car elle est, ainsi que la première, trop pesante pour des mâts, des vergues, etc.

» Les arbres offrent des espèces plus variées sur les petites plaines qui sont derrière les grèves. Nous en distinguâmes deux qui portent un fruit de la grosseur des pommes : l'un de

ces fruits est jaune et appelé *karraca* par les
naturels, et l'autre est noir : les insulaires le
nomment *maïtao.* Quoique les Zélandais les
mangent, quoique nos matelots les aient imités,
leur saveur n'est pas agréable. Le premier fruit
croît sur de petits arbres, qui sont toujours du
côté de la mer; le second se cueille sur des
arbres plus gros, qu'on trouve dans l'intérieur
des forêts, et dont nous coupâmes un grand
nombre pour bois de chauffage.

» Une espèce de seringat croît sur les hauteurs qui s'avancent dans la mer : on y aperçoit
aussi un arbre qui porte des fleurs semblables
à celles du myrte; ses feuilles, tachetées et de
forme ronde, ont une odeur désagréable. La
décoction des feuilles du seringat nous tint
lieu de thé; nous le trouvâmes d'un goût et
d'une odeur agréable, et on pourrait le sub-
stituer au thé qui nous vient de la Chine et du
Japon.

» Parmi les plantes qui nous furent utiles
je dois compter le céleri sauvage, très-abondant
dans presque toutes les anses, surtout lorsque
les naturels y ont établi leurs habitations; et
une autre, que nous avions coutume d'appeler
cochléaria, quoiqu'elle diffère entièrement de
celle qui porte ce nom en Europe. Cette espèce
de cochléaria est bien préférable à la notre
pour l'usage ordinaire; on la reconnaît à ses
feuilles dentelées et aux petites grappes de fleurs
blanches qu'elle porte à son sommet. Tous les
jours on en faisait cuire, ainsi que du céleri

sauvage, avec du froment broyé dans un moulin ; et, jointe au bouillon des tablettes, elle servait de déjeûner aux équipages ; on leur en donnait encore avec de la soupe aux pois pour leur dîner. Nous mangions quelquefois ces plantes en salade, ou apprêtées comme des légumes : elles étaient bonnes de toutes les manières ; et, le poisson ne nous ayant jamais manqué, je puis dire que nos alimens furent peu inférieurs à ceux qu'on trouve dans les relâches célèbres par les nourritures animales et végétales qu'elles offrent aux navigateurs.

» Les plantes connues que nous rencontrâmes, sont le liseron ordinaire, la morelle, l'ortie (qui ont l'une et l'autre la grosseur d'un petit arbre), une véronique frutescente, qu'on aperçoit près de toutes les grèves, des chardons, l'euphorbe, le bec-de-grue, le lin, la belle-de-nuit d'Amérique, des ronces, l'eufraise et le seneçon ; mais les espèces diffèrent de celles que nous avons en Europe ; on y voit aussi des polypodes, des scolopendres, et environ vingt autres espèces de fougères particulières à la Nouvelle-Zélande, plusieurs sortes de mousses rares et propres à ce pays, outre un grand nombre de plantes dont les usages ne sont pas encore connus, et dont on ne peut donner la description que dans un livre de botanique.

» L'une de ces dernières mérite cependant que j'en fasse ici mention, car les naturels en tirent leurs vêtemens ; elle produit un lin soyeux, plus beau que celui d'Angleterre, et vraisemblablement au moins aussi fort (c'est le phormium, dont il a été fréquemment question dans les précédens voyages du capitaine Cook). Une espèce très-abondante de poivre long, possède faiblement cette saveur aromatique pour laquelle on estime le poivre. On rencontre fréquemment dans les bois un arbre qui de loin ressemble au palmier, mais dont on aperçoit la différence à mesure qu'on en approche. La plupart des arbres et des plantes avaient perdu leurs fleurs à l'époque de notre relâche ; nous reconnûmes qu'en général ils portent des baies ; j'en ai recueilli au moins de trente sortes : l'un des arbrisseaux en particulier produit des baies rouges ; il approche beaucoup de la clématite ; il croît autour des arbres, et s'étend de l'un à l'autre de manière à rendre les bois presque absolument impénétrables.

» Les oiseaux sont nombreux ; et, ainsi que les productions végétales, leurs espèces sont en général particulières au pays ; il est difficile de les suivre, parce que la terre est couverte de broussailles et de plantes grimpantes qui rendent les promenades très-pénibles ; cependant un homme qui se tient à la même place peut en tuer dans un jour la quantité nécessaire à la nourriture de sept ou huit personnes. Les principaux sont les gros perroquets bruns à tête blanche ou grisâtre ; les perruches à front rouge ; les gros pigeons ramiers, bruns sur le dos, blancs sous le ventre, et verts sur le reste du corps, avec le bec et les pieds rouges ; deux espèces de coucous ; l'une, aussi grosse que notre coucou ordinaire, est de couleur brune, tachetée de noir ; l'autre, aussi petite qu'un moineau, est d'un vert éclatant par-dessus, et agréablement ondoyée d'or, de vert, de brun et de blanc par-dessous : l'un et l'autre sont rares. D'autres oiseaux sont plus communs : l'un d'eux, qui est noir avec des teintes verdâtres, se fait remarquer par une touffe de plumes blanches et frisées qu'il porte sous la gorge ; nous l'appelâmes *le poy* : on en trouve un second plus petit, noir, qui a le dos et les ailes bruns, et deux barbillons au-dessous de la racine du bec ; une autre espèce de la grosseur du pigeon ordinaire a deux larges membranes, jaunes et pourpres, à la racine du bec ; il est noir, ou plutôt bleu ; il a le bec épais, court, crochu, et d'une forme singulière. On voit beaucoup de gros becs, de la grandeur d'une grive, de couleur brune, avec une queue rougeâtre. Il ne faut pas oublier un petit oiseau verdâtre, qui est presque le seul chantant, mais qui suffit pour produire des sons si mélodieux et si variés, que nous nous croyions environnés de cent espèces différentes d'oiseaux, lorsqu'il faisait entendre son ramage près de nous : d'après cette propriété singulière, nous l'avons nommé *le moqueur*. Parmi les oiseaux plus petits, l'un ressemble exactement à notre rouge-gorge par sa figure et ses mœurs peu sauvages : mais il est noir dans les parties où le nôtre est brun, et blanc aux endroits où le rouge-gorge d'Angleterre est rouge. Un second est peu différent, mais plus petit ; un troisième déploie en éventail sa longue queue à mesure qu'il s'approche, et gazouille quand il est perché. On aperçoit des martins-pêcheurs à peu près de la grosseur des nôtres ; mais leur plumage est moins joli, et ils sont rares.

» On rencontre autour des rochers des huîtriers noirs à bec rouge, et des nigauds huppés couleur de plomb, dont les ailes et les épaules sont tachetées de noir ; le reste de la partie supérieure du corps est d'un noir velouté nuancé de vert. Il nous arrivait fréquemment de tuer des uns et des autres, ainsi que d'autres nigauds plus communs, noirs par-dessus et blancs par-dessous, qui font leurs nids sur des arbres, où ils se perchent souvent plus d'une douzaine à la fois. Les cantons voisins de la côte offrent d'ailleurs un petit nombre de goélands, des hérons bleus ; quelquefois, mais rarement, des canards sauvages, un petit pluvier couleur de sable, et des alouettes : on voit aussi sur la rade un assez grand nombre de manchots noirs dans la partie supérieure du corps, blancs sous le ventre, et une foule de plongeons noirs. Nous tuâmes des râles, bruns ou jaunâtres, nuancés de noir, qui vivent aux environs des ruisseaux, et qui sont presque aussi gros qu'une poule ordinaire. J'ajouterai à cette liste une seule bécassine que nous tirâmes, et qui diffère peu de celles d'Europe : nous ne vîmes pas d'autre gibier.

» En jetant la seine, nous prîmes des mulets, des soles et des carrelets : les naturels nous vendirent surtout une espèce de brême de mer qui est couleur d'argent, et qui a une tache noire sur le cou : de gros congres, et un poisson qui ressemble beaucoup à la brême, mais qui pèse cinq, six et sept livres : il est noirâtre, et a le museau épais ; les habitans du pays le nomment *moggé*. Nous prîmes le plus communément à l'hameçon et à la ligne un poisson noirâtre de la grosseur d'une morue, et un autre de la même grandeur, rougeâtre, et qui avait un petit barbillon. Nous appelâmes celui-ci *noctambule*, parce que nous le prenions pendant la nuit : une espèce de petit saumon, des grondins, des raies, tombèrent de temps en temps dans nos filets, et les Zélandais nous apportèrent quelquefois une petite espèce de maquereau, des perroquets, et un autre très-rare, presque de la forme d'un dauphin : il est de couleur noire ; ses mâchoires sont fortes et osseuses, et ses nageoires de derrière s'allongent beaucoup aux extrémités. Tous ces poissons, excepté le dernier, sur lequel nous ne pouvons rien dire, parce que nous ne le goûtâmes pas, sont bons à manger ; mais le moggé, le petit saumon et le poisson noirâtre sont supérieurs aux autres.

» Les rochers offrent une quantité considérable d'excellentes moules : on en trouve une

qui n'est pas commune, et qui a plus d'un pied
de longueur; il y a aussi des pétoncles enter-
rées dans le sable des petites grèves, et en quelques endroits, des huîtres très-petites et d'un
goût parfait. J'ai remarqué dix ou douze espèces de coquillages, des limaces de mer, des lé-
pas et de très-belles oreilles de mer. J'ai vu
aussi un coquillage qui s'attache aux plantes;
enfin d'autres productions marines, telles que
les étoiles de mer, etc., dont plusieurs sont
particulières à la Nouvelle-Zélande. Les naturels nous vendirent des homars dont la grandeur égalait celle des nôtres les plus gros, et
des sèches.

» Les insectes sont très-rares : nous ne vîmes
que deux espèces de mouches, quelques papillons, de petites sauterelles, diverses araignées, de petites fourmis noires, et une multitude de mouches-scorpions, dont le bourdon-
nement se faisait entendre partout au milieu
des bois; les moucherons, très-nombreux, et
presque aussi incommodes que les mousquites, sont les seuls insectes malfaisans.

» Nous n'avons point aperçu de reptiles, si
ce n'est deux ou trois espèces de petits lézards
qui ne font point de mal.

» Il est singulier que sur une île aussi étendue, on ne rencontre d'autres quadrupèdes
qu'un petit nombre de rats, et des chiens qui
vivent dans l'état de domesticité.

» Le règne minéral n'offre rien qui soit digne
d'être cité, si on excepte un jaspe vert ou une

pierre-serpentine, dont les Zélandais font leurs
outils et leurs ornemens. Ils estiment beaucoup
cette substance, et ils ont sur sa formation des
idées superstitieuses qu'il nous fut impossible
de comprendre; ils disent qu'on la trouve dans
une grande rivière, ou dans un grand lac situé
bien loin dans le sud. Il nous parut, d'après leur
témoignage, qu'on l'y rencontre en couches
peu épaisses, ou peut-être en morceaux dé-
tachés comme nos pierres à fusil. Nous en
achetâmes un morceau d'environ 18 pouces de
long, d'un pied de large, et de près de deux
pouces d'épaisseur; encore semblait-il être le
fragment d'un morceau plus considérable.

» Les naturels sont de la taille ordinaire des
Européens, et en général ne sont pas aussi bien
faits, surtout vers les extrémités. Cela vient
peut-être de ce qu'ils demeurent accroupis trop
long-temps, et de ce que la nature monta-
gneuse du pays les empêche de se livrer au
genre d'exercice qui contribue à rendre le
corps droit et bien proportionné. Cette dernière
remarque souffre néanmoins plusieurs excep-
tions; quelques-uns sont d'une très-belle taille,
et ont des muscles forts; mais j'en ai vu peu qui
eussent de l'embonpoint.

» La couleur de leur peau varie depuis le noir
assez foncé jusqu'à une teinte jaunâtre ou olive:
leurs traits ne sont pas non plus uniformes,
quelques-uns ressemblent à des Européens. Ils
ont en général le visage rond, les lèvres plei-
nes et le nez épaté; mais leurs lèvres ne sont

pas très-épaisses , et leur nez n'est point aplati comme celui des nègres : je ne me souviens pas d'avoir vu un nez véritablement aquilin. Leurs dents sont d'une largeur ordinaire, blanches et bien rangées ; ils ont les yeux grands et d'une extrême mobilité. Leur chevelure est noire, droite et forte, communément coupée sur le derrière de la tête , et relevée en touffe sur le sommet : celle de quelques-uns boucle naturel-lement ; on rencontre même des cheveux châ-tains. En général, la physionomie des jeunes gens est ouverte et assurée ; mais celle de la plu-part des hommes d'un âge mûr est sérieuse : elle annonce assez souvent de la mauvaise hu-meur et de la réserve, surtout s'ils sont étran-gers. La taille des femmes est plus petite que celle des hommes , mais leur forme ou leurs traits ne sont guère plus gracieux.

» Le vêtement des deux sexes est le même ; les hommes et les femmes se couvrent d'une pièce d'étoffe qui a environ cinq pieds de long et quatre de large. Ils la fabriquent avec le phormium ; c'est la plus importante et la plus compliquée de leurs manufactures. Afin d'embellir cet habit, ils y mettent des morceaux de peau de chien, ou le façonnent en compartimens dans les coins. Deux coins de la pièce d'étoffe passent sur les épau-les, et s'attachent sur la poitrine avec le reste qui couvre le corps : une ceinture de natte tient le vêtement assujetti autour du ventre ; l'étoffe est quelquefois couverte de peau de chien ou de grandes plumes d'oiseaux qui paraissent

tissues avec le phormium. Un grand nombre
d'entre eux portent sur ce premier surtout des
nattes qui descendent des épaules aux talons;
le surtout le plus ordinaire est composé de
joncs grossièrement réunis, et attachés à un
cordon d'une longueur considérable; ils le mettent sur les épaules, et les joncs tombent de
tous côtés jusqu'au milieu des cuisses : lorsqu'ils ont ce manteau et qu'ils se tiennent assis
dans leurs pirogues ou sur le rivage, on les
prendrait pour de grosses pierres grises, si
leurs têtes noires n'engageaient pas à les examiner plus attentivement.

» Ils ornent leurs cheveux de plumes ou de
peignes d'os et de bois garnis de nacre de perle,
ou de fibres de plantes entrelacées. Les hommes
et les femmes suspendent à leurs oreilles, qui
sont percées ou plutôt fendues, de petits morceaux de jaspe, d'étoffe ou de grains de verroterie, quand ils peuvent s'en procurer. Quelques-uns, mais en petit nombre, ont un trou
dans la partie inférieure du cartilage du nez;
mais nous n'y avons jamais vu de parure : un
Zélandais y passa une baguette, afin de nous
montrer que le trou servait à cet usage. Ils laissent croître leur barbe, mais ils aiment beaucoup à la faire raser.

» Le visage de quelques-uns est tatoué; on
y voit des lignes spirales et d'autres dessins de
couleur noire ou bleu foncé; mais nous ne savons pas si c'est un caprice de leur vanité ou
une marque particulière de distinction : les

femmes ne sont tatouées que sur les lèvres ou sur quelques parties du menton. Les deux sexes enduisent souvent leur visage et leur tête d'une peinture rouge qui paraît être de l'ocre mêlé avec de la graisse; les femmes portent quelquefois autour du cou des dents de requin ou de longs grains, qui nous parurent être faits des os de la cuisse d'un petit oiseau, taillés sous cette forme, ou un coquillage du pays. Un petit nombre d'entre elles avaient des tabliers triangulaires ornés de plumes de perroquet, ou de morceaux de nacre de perle, et garnis d'une double et d'une triple rangée de cordes pour les attacher. J'ai aperçu des chapeaux ou des bonnets de plumes d'oiseaux qu'on peut regarder comme une invention de leur goût pour la parure, car ils ne sont pas dans l'usage de se couvrir la tête.

» Ils habitent les bords des petites anses dont j'ai fait la description plus haut. Ils y vivent en communauté au nombre de quarante ou cinquante: les familles sont quelquefois séparées les unes des autres; mais, dans ce dernier cas, leurs cabanes, en général très-misérables, se trouvent contiguës. La meilleure hutte que j'ai vue avait à peu près trente pieds de long, quinze de large et six de haut: elle était bâtie exactement comme les granges de nos campagnes; la charpente de l'intérieur avait de la force et de la régularité; des rameaux d'osier tenaient solidement attachées les poutres de soutien, qui étaient alternativement grosses et petites, et peintes, en rouge et en noir ; la solive du faîte me parut assez forte, et les gros joncs qui composaient le dedans de la toiture étaient rangés parallèlement et d'une manière très-soignée : l'une des extrémités offrait un petit trou carré qui servait de porte, par laquelle on ne pouvait entrer qu'en rampant sur ses genoux, et près de celui-là un second beaucoup plus petit, qui semblait destiné à l'évaporation de la fumée ; car je n'aperçus point d'autre soupirail ; je jugeai qu'il n'y avait pas dans le pays de meilleure habitation, et qu'elle était occupée par un des principaux personnages. La plupart des autres étaient plus petites de moitié ; elles excédaient rarement quatre pieds de hauteur ; elles garantissaient du vent et de la pluie, mais leur construction était mauvaise.

» Un petit nombre de paniers ou de sacs, dans lesquels les naturels mettent leurs hameçons de pêche et d'autres bagatelles, formaient tout l'ameublement de ces habitations. Les Zélandais s'y tiennent assis autour d'un petit feu : il est probable qu'ils y dorment aussi, sans autre couverture que celle qu'ils portent durant le jour ; peut-être même la quittent-ils la nuit ; car il faut peu de monde pour échauffer des huttes aussi étroites.

» Ils tirent de la pêche la plus grande partie de leur subsistance ; ils emploient des filets de différentes espèces, et des hameçons de bois dont la pointe est garnie d'un os aiguisé, mais d'une forme si bizarre, qu'un étranger les juge d'a-

bord peu propres à l'usage auquel ils sont destinés. Il paraît qu'ils changent de domicile lorsque le poisson devient rare, ou lorsqu'une raison quelconque les dégoûte de l'endroit où ils
sont établis. Nous vîmes en effet des habitations
nouvelles dans des cantons où il n'y en avait
point durant notre dernier voyage, et même
celles que nous avions rencontrées alors se trouvaient déjà désertes.

» Leurs pirogues sont bien faites; les bordages sont élevés les uns sur les autres, et attachés avec de fortes baguettes d'osier qui tiennent aussi une latte longue et étroite fixée sur
les coutures en dehors, afin de prévenir les
voies d'eau. Quelques-unes ont cinquante pieds
de longueur, et sont si larges, qu'on peut les
manœuvrer sans balancier; mais les plus petites
en ont ordinairement un. Souvent ils en réunissent deux à l'aide d'un radeau ; c'est ce que
nous appellions les doubles pirogues : elles por-
portent de cinq à trente hommes, et quelquefois davantage. On y voit fréquemment une
grosse tête assez bien sculptée et peinturée ;
cette figure semble représenter un homme à qui
une violente colère donne des contorsions. Les
pagaies sont longues de quatre à cinq pieds,
étroites, et se terminent en pointe. Lorsqu'ils
rament en mesure, la pirogue marche très-vite;
la voile, qu'ils déploient rarement, est une natte
de forme triangulaire, dont la partie la plus
large est placée au haut du mât.

» Ils n'ont d'autre manière d'apprêter leurs

poissons que de les rôtir, ou plutôt de les cuire au four, car ils ne savent pas les faire bouillir. Ils cuisent de même des racines et une partie de la tige d'une grande fougère, dans un grand trou qu'ils creusent en terre; ils fendent ensuite ces racines et ces tiges, et ils trouvent dans l'intérieur une belle substance gélatineuse, qui ressemble à du sagou bouilli, et qui est plus ferme. Ils mangent aussi la racine d'une autre fougère plus petite, qui paraît leur tenir lieu de pain ; car ils la sèchent, et ils l'emportent avec des quantités considérables de poissons secs, quand ils emmènent leurs familles, ou qu'ils s'éloignent beaucoup de leurs habitations. Ils la battent jusqu'à ce qu'elle soit un peu amollie ; ils la mâchent alors, après en avoir rejeté les grosses fibres ; le reste a une saveur douce et farineuse qui n'est point du tout désagréable.

» Lorsqu'ils n'osent point aller en mer, ou peut-être dans les temps où ils ne se soucient point de poisson, ils mangent des moules et d'autres coquillages. Ils déposent les coquilles près de leurs cabanes, et elles y forment de grands tas. Ils viennent à bout quelquefois de tuer des râles, des manchots et des nigauds, qui servent à varier leur nourriture. Ils élèvent d'ailleurs un nombre considérable de chiens pour les tuer un jour ; mais on ne peut regarder le chien comme un article principal de leur régime diététique. Comme il n'y a pas à la Nouvelle-Zélande la moindre trace de culture, il résulte de ces observations que les naturels n'ont guère d'autres ressources pour subsister que la mer, laquelle est à la vérité très-prodigue en leur faveur.

» Comme leur corps est couvert de graisse, et que leurs habits ne sont jamais lavés, ils exhalent une odeur fétide, et leurs repas sont aussi malpropres que leurs personnes. Nous les avons vus manger la vermine, qui est assez abondante sur leur tête.

» Ils avalaient avec une avidité extrême des quantités considérables d'huile animale puante, et de la graisse de phoque que nous faisions fondre aux tentes, après l'avoir gardée depuis près de deux mois ; et à bord du vaisseau, ils ne se contentaient pas de vider les lampes, ils dévoraient encore les mèches, et la partie de ces mèches qui était enflammée. Quoique la terre Van-Diemen semble offrir peu de subsistances, ses habitans ne voulurent pas même goûter notre pain ; au lieu que les Zélandais le mangeaient avec beaucoup de voracité, lors même que nous leur en offrions des morceaux tout-à-fait moisis. On ne doit pas expliquer ces faits par la grossièreté de leur goût, car je leur ai vu flairer des choses que nous mangions, et les jeter ensuite avec un dégoût marqué.

» Ils paraissent avoir autant d'esprit d'invention et d'adresse dans leurs ouvrages que les autres peuplades qui se trouvent au même point de civilisation, car ils sont dépourvus d'outils métalliques ; leurs meubles, leurs vêtemens et leurs armes, tout ce qui sort de leurs mains a de l'élégance et de la force, et est de plus très-commode. Leur principal outil a la forme de nos doloirs, et il est, ainsi que le ciseau et la gouge, de cette pierre serpentine verte, ou de ce jaspe dont j'ai déjà parlé : ils ont quelques outils d'une pierre noire, polie et très-dure. Ils excellent surtout dans la sculpture, et ils en mettent sur la moindre chose. L'avant de leurs pirogues en particulier offre quelquefois des ornemens qui annoncent un bon goût de dessin, une application et une patience extraordinaires; leurs cordages de pêche sont aussi forts et aussi bien faits que les nôtres, et leurs filets égalaient les nôtres en beauté. La fabrique de leurs outils est ce qui doit leur coûter le plus de peine, car la pierre en est extrêmement dure. Nous conjecturâmes que, pour la façonner, ils la frottent sur une autre, et que cette opération est bien longue. Une coquille, un morceau de caillou ou de jaspe leur tient lieu de couteau. Ils ne connaissent d'autre vrille qu'une dent de requin fixée à un petit morceau de bois : ils ont de petites scies ; ce sont des dents de poisson découpées en pointes saillantes, qu'ils attachent à la partie convexe d'un morceau de bois proprement sculpté. Ils nous dirent qu'ils s'en servent seulement pour découper le corps de leurs ennemis qu'ils tuent dans les batailles.

» Il n'y a pas sur le globe de peuplade plus sensible aux injures et plus disposée à la vengeance. Ils sont d'ailleurs insolens lorsqu'ils ne craignent pas d'être punis; et ce défaut est si contraire à la véritable bravoure, qu'on doit peut-être regarder leur ardeur à venger une injure comme l'effet d'un caractère féroce plutôt que d'un grand courage : ils paraissent aussi soupçonneux et défians. Dans leurs premières visites, ils ne venaient jamais le long du bord des vaisseaux; ils se tenaient sur leurs pirogues, à quelque distance pour observer nos mouvemens, ou délibérer s'il était convenable de s'exposer en venant parmi nous. Ils volent tout ce qui leur tombe sous la main, s'ils ont la plus légère espérance de n'être pas découverts; et je suis persuadé qu'ils se permettraient beaucoup de friponneries dans leur commerce, s'il croyaient pouvoir les commettre en sûreté; car ils ne voulaient pas nous laisser examiner les choses qu'ils nous apportaient, et ils se réjouissaient lorsqu'ils croyaient nous avoir trompés.

» On doit s'attendre à quelques-uns de ces vices parmi des peuplades où il y a peu de subordination, et où par conséquent on trouve peu de lois, si même il y en existe, pour punir les délits. L'autorité d'aucun Zélandais ne paraît s'étendre au delà de sa famille; et lorsqu'ils se réunissent afin de travailler à leur défense commune, ou dans tout autre dessein, ils choisissent pour chefs ceux qui montrent le plus de courage ou de prudence. J'ignore comment ils terminent leurs querelles particulières; mais dans celles que j'ai vues, quoiqu'elles fussent de peu d'importance, ils se montrèrent très-bruyans et très-violens.

» Les diverses tribus sont souvent en querelle entre elles, ou plutôt elles y sont toujours; car le grand nombre de leurs armes et leur dextérité à s'en servir annoncent que la guerre les occupe principalement : ces armes sont des piques, des *patous*, ou massues, des lances, et quelquefois des pierres. Les piques sont d'un bois très-dur; leur longueur varie de cinq à vingt et même trente pieds. Ils lancent les plus courtes comme des dards. Le *patou* ou l'*emité* est de forme elliptique; sa longueur est d'environ dix-huit pouces; il a un manche de bois, de pierre, d'os ou de jaspe vert; et c'est l'arme sur laquelle ils comptent le plus dans les batailles. La lance, ou la longue massue, a cinq ou six pieds de longueur; l'une de ses extrémités se termine en pointe, et offre une tête sculptée; l'autre est large ou aplatie, avec des bords tranchans.

» Avant de commencer l'action, ils entonnent une chanson guerrière, et ils observent tous la mesure la plus exacte; leur colère arrive bientôt au dernier degré de la fureur et de la frénésie; ils font des contorsions horribles de l'œil, de la bouche et de la langue, afin d'inspirer de la terreur à leurs ennemis; on les prendrait pour des démons plutôt que pour des hommes, et cet affreux spectacle glacerait presque d'effroi d'intrépides guerriers qui n'y seraient pas accoutumés. Ils ont une autre habitude plus horrible et plus déshonorante pour la nature humaine : ils découpent en morceaux un ennemi vaincu, lors même qu'il n'est pas encore mort, et après l'avoir rôti, ils le mangent, non-seulement sans répugnance, mais même avec une satisfaction extrême.

» On est tenté de croire que des hommes capables de pareils excès de cruauté n'ont aucun sentiment d'humanité, même pour ceux de leur tribu : cependant on les voit déplorer la perte de leurs parens d'une manière qui suppose une grande sensibilité. Les hommes et les femmes poussent des cris attendrissans lorsque leurs parens ou leurs amis ont été tués dans les batailles, ou sont morts d'une autre manière : ils se découpent le front et les joues avec des coquilles et des morceaux de cailloux; ils se font de larges blessures, d'où le sang sort à gros bouillons et se mêle à leurs larmes : ils taillent ensuite des pierres vertes auxquelles ils donnent une figure humaine : ils mettent à cette figure des yeux de nacre de perle, et ils la portent à leur cou en souvenir de ceux qui leur étaient chers. Leurs affections paraissent si fortes, qu'au retour de leurs amis, dont l'absence n'a pas été quelquefois bien longue, ils se découpent également le visage, et poussent dans leurs transports de joie des cris frénétiques.

» Les enfans sont accoutumés de bonne heure à toutes les pratiques bonnes ou mauvaises de leurs pères : un petit garçon ou une petite fille

de neuf à dix ans fait les mouvemens, les contorsions et les gestes par lesquels les Zélandais
plus âgés inspirent de la terreur à leurs ennemis : il chante la chanson de guerre, et il observe très-exactement la mesure.

» Les Zélandais chantent sur des airs qui ont
une sorte de mélodie les traditions de leurs
aïeux, leurs batailles, leurs victoires, et même
des sujets assez indifférens. Ils sont passionnés
pour ce divertissement, et la plus grande partie de leur temps y est employée : ils passent
aussi plusieurs heures de la journée à jouer de
la flûte.

» Quoique leur prononciation soit souvent
gutturale, leur langue est bien loin d'être dure
ou désagréable ; et si nous pouvons établir ici
une opinion d'après la mélodie de quelques-
uns de leurs chants, l'idiome de la Nouvelle-
Zélande a certainement une grande partie des
qualités qui rendent les langues harmonieuses :
il est assez étendu. On imagine bien toutefois
qu'on le trouvera pauvre, si on le compare à
nos langues d'Europe, qui doivent leur perfection à une longue suite de travaux. J'ai rassemblé une quantité considérable de mots durant le précédent voyage et durant celui-ci ; et
comme j'ai étudié avec le même soin les idiomes des autres îles du grand Océan, il m'est
démontré de la manière la plus évidente qu'ils
ont une ressemblance singulière , ou plutôt que
le fond en est le même. » Les relations des deux
premiers voyages ont déjà fait cette remarque.

CHAPITRE II.

Relation du voyage depuis le départ de la Nouvelle-Zélande jusqu'à l'arrivée des vaisseaux à
Taïti ou aux îles de la Société.

« Les deux vaisseaux partirent de la Nouvelle-
Zélande le 25 février 1777. Dès qu'ils eurent
perdu la côte de vue, le mal de mer inspira des
réflexions tristes aux deux Zélandais qu'emme-
nait O-maï; ils se repentirent beaucoup de leur
démarche : le capitaine Cook leur donna toutes
les consolations et tous les encouragemens qu'il
put imaginer : ce fut inutilement; ils pleurèrent
en public et en particulier : ils firent entendre
leurs lamentations dans une espèce de chanson
qui, autant que nous pûmes le comprendre,
faisait l'éloge de leur pays et des hommes dont
ils se trouvaient à jamais séparés. Leur affliction dura plusieurs jours; mais le mal de mer
les quitta enfin, et leur émotion diminua. Leurs
lamentations devinrent moins fréquentes, et ils
finirent par les cesser tout-à-fait. Ils oublièrent
peu à peu la Nouvelle-Zélande et leurs amis,
et ils parurent aussi fermement attachés aux
Anglais que s'ils étaient nés leurs compatriotes. »

Le capitaine Cook, en partant de la Nouvelle-
Zélande, se proposait d'arriver à Taïti le plus

tôt qu'il pourrait; il ne pouvait espérer aucune découverte durant cette traversée qu'il avait faite tant de fois; les quadrupèdes et les animaux qu'il voulait déposer aux îles de la Société l'obligèrent à faire cette route le plus promptement possible; un autre motif plus important encore le déterminait à la célérité; mais il fut contrarié par les vents qui soufflaient presque constamment de la partie de l'est. Il fut obligé de faire route au nord, et même au nord-ouest. L'espérance de voir le vent souffler davantage de la partie du sud, ou de rencontrer le vent d'ouest un peu en dehors des tropiques, ainsi qu'il l'avait éprouvé dans ses autres voyages, l'engagèrent à continuer cette route à tout hasard; car, dit-il, « pour remplir cette année le principal objet de mon expédition, c'est-à-dire, pour me rendre à la côte septentrionale de l'Amérique, il fallait absolument que ma traversée de la Nouvelle-Zélande à Taïti, ou aux îles de la Société, ne fût pas longue. »

Le vent demeura fixé invariablement à l'est-sud-est, et il ne s'en écarta pas de plus de deux points de l'un ou l'autre côté; il fut aussi très-faible, en sorte que les vaisseaux ne passèrent le tropique que le 27 mars; ils n'étaient alors qu'à 201° 23′ de longitude orientale, ou 9° à l'ouest du lieu vers lequel ils se dirigeaient.

Le 29, à dix heures du matin, *la Découverte* avertit par un signal qu'elle voyait une terre; on reconnut bientôt que c'était une île de peu d'étendue. Le lendemain, au point du jour, le

capitaine Cook fit route vers la côte occidentale. Le ressac (1) qui battait partout avec violence sur la côte méridionale, et le récif qui
l'environnait, lui firent juger qu'il était impossible de mouiller ou de débarquer sur cette
partie.

« Nous vîmes, dit-il, sur une pointe que nous
avions déjà dépassée, plusieurs naturels qui se
mirent à la nage pour aller sur le récif, où ils
demeurèrent tranquillement lorsqu'ils virent
que nous ne ralentissions point notre marche.
D'autres, qui se montrèrent bientôt de différens côtés, nous suivirent; ils se rassemblaient
quelquefois en petites troupes, et ils poussaient
des cris en chœur, à peu près comme les habitans de la Nouvelle-Zélande.

» A huit heures, nous étions par le travers
de la partie ouest-nord-ouest de l'île, assez près
de la côte pour distinguer avec nos lunettes
plusieurs des insulaires postés sur une grève sablonneuse, et armés de longues piques et de
massues qu'ils brandissaient d'une manière me-
naçante, ou, selon l'interprétation de diverses
personnes de l'équipage, d'une manière amicale. La plupart étaient nus, si l'on excepte une
ceinture qui passait entre leurs cuisses, et qui
couvrait les parties naturelles. Quelques-uns
avaient sur les épaules un manteau d'étoffe de
différentes couleurs, disposées en raies ou en

____

(1) M. Marsden explique la cause du ressac d'une manière
très-ingénieuse et très-satisfaisante. (Voyez *Histoire de
Sumatra.*)

carrés. La tête de presque tous était enveloppée
d'un corps blanc qui ressemblait à un turban,
et quelquefois à un chapeau élevé et de forme
conique: nous remarquâmes aussi que leur teint
était basané, et leur taille moyenne, mais robuste, et disposée à l'embonpoint.

» Ils lancèrent une pirogue avec précipitation de l'extrémité de la grève la plus éloignée de nous; un homme y monta et prit le
large. Je jugeai qu'il voulait venir au vaisseau,
et je mis en travers afin de l'attendre; mais le
courage lui manqua, et il regagna bientôt le
rivage; il prit un second insulaire, et tous
les deux ramèrent de notre côté. Ils craignirent cependant d'approcher, et ils s'arrêtèrent.
O-maï leur ayant parlé la langue de Taïti, leur
frayeur parut se dissiper, et ils vinrent assez
près de nous pour recevoir des grains de verroterie et des clous que nous attachâmes à un
morceau de bois, et que nous leur jetâmes. Ils
semblèrent avoir peur de toucher à notre présent, et ils ne délièrent ni les grains de verroterie ni les clous. Cette réserve fut peut-être
un effet de leurs idées superstitieuses; car
O-maï me dit que, lorsqu'ils nous virent disposés à leur faire des largesses, ils demandèrent quelque chose pour leur *eatoua*, ou leur
dieu. Il leur demanda s'ils mangeaient de la
chair humaine. Ils répondirent que non avec
un mélange d'indignation et d'horreur. L'un
d'eux, qui se nommait *Maouroua*, interrogé
d'où lui venait la cicatrice qu'il avait au front,

répondit que c'était la suite d'une blessure reçue dans une bataille contre les habitans d'une
île située au nord-est, qui descendaient de
temps à autre dans son pays. Ils empoignèrent
ensuite un des cordages de *la Résolution*, mais
ils hésitaient toujours de monter à bord. O-maï,
qui les entendait assez bien, apprit que leurs
compatriotes leur avaient recommandé de
se tenir sur leurs gardes, et qu'on les avait
chargés de savoir d'où arrivait notre bâtiment, et quel était le nom du capitaine. Nous
les interrogeâmes de notre côté sur le nom
de l'île; ils l'appelaient *Mangaïa* ou *Mangia*,
et ils ajoutaient quelquefois *Noue*, *Naï*, *Naï-
va*; ils nous dirent que leur chef se nommait
Orouaïka.

» Maouroua avait de l'embonpoint et une
taille bien proportionnée; mais il n'était pas
grand. Sa physionomie nous parut agréable et
son caractère jovial; car il fit plusieurs gestes
comiques qui annonçaient de la bonhomie et
de la gaieté; il en fit aussi du genre sérieux :
avant de saisir la corde qui pendait à l'arrière
du vaisseau, il répéta quelques mots d'un air
recueilli; il se recommandait vraisemblablement à la protection de ses dieux. Son teint
approchait de celui des habitans des parties les
plus méridionales de l'Europe. Son camarade
n'était pas si blanc. La chevelure de tous les
deux était noire, longue, lisse, et nouée au
sommet de la tête avec un morceau d'étoffe.
Ils avaient des ceintures comme les naturels

que nous avions aperçus sur la côte. Nous reconnûmes qu'ils tirent leurs étoffes du mûrier
à papier, de la même manière que les habitans
des autres îles du grand Océan. L'étoffe de
leur ceinture était lustrée ainsi qu'aux îles des
Amis; mais celle qui flottait sur leur tête avait
la blancheur de celle de Taïti. Ils portaient des
sandales d'une espèce d'herbe tressée en natte;
ceux qui se tenaient sur la grève en portaient
également, et nous jugeâmes que c'était afin
de garantir leurs pieds des pointes de rochers
de corail. Leur barbe était longue; le côté intérieur de leurs bras, depuis l'épaule jusqu'au
coude, et diverses parties de leur corps étaient
tatouées selon l'usage des naturels de presque toutes les îles du grand Océan. Le lobe de
leurs oreilles était percé, ou plutôt fendu, et
l'ouverture était si grande, que l'un d'eux y
plaça un couteau et des grains de verroterie
que nous lui donnâmes; deux nacres de perles
polies et une tresse de cheveux d'un tissu lâche
pendaient au cou de celui-ci : c'est la seule
parure que nous ayons remarquée. La pirogue
sur laquelle ils arrivèrent (nous n'en vîmes
point d'autre) n'avait pas plus de dix pieds de
long; elle était très-étroite et proprement faite.
L'avant était, ainsi que les petits evaas de Taïti,
couvert d'un bordage plat qui s'avançait en
saillie, pour l'empêcher de se remplir d'eau
lorsqu'elle s'enfonçait dans les flots. L'arrière
s'élevait d'environ cinq pieds verticalement,
comme à quelques pirogues de la Nouvelle-Zé-

lande; et le haut de cet étambord était fourchu : la partie inférieure de l'embarcation était
d'un bois blanc; la partie supérieure était noire,
et les pagaies, d'un bois de la même couleur,
n'avaient pas plus de trois pieds de long; elles
étaient larges et émoussées à l'un des bouts :
ils manœuvraient sans revirer; lorsqu'ils voulaient prendre une route diamétralement opposée à celle qu'ils tenaient, ils ne faisaient que
se tourner de l'autre bord.

» Nous louvoyâmes sur ces entrefaites; et
dès que les vaisseaux eurent pris une position
convenable, *la Résolution* mit un canot à la
mer, et *la Découverte* en lança un second,
afin de sonder la côte et de chercher un lieu
propre au débarquement. Je voulus descendre
moi-même, et j'emportai diverses choses que
j'avais dessein de donner aux naturels pour gagner leur amitié. Dès que je fus hors du vaisseau, les deux insulaires qui nous avaient quittés peu de temps auparavant s'approchèrent
de moi, et lorsqu'ils furent près de mon canot,
Maouroua y entra sans que je l'en priasse, et
sans hésiter un seul moment.

» Je chargeai O-maï, qui m'accompagnait,
de lui demander où nous pourrions faire notre
débarquement : Maouroua nous indiqua deux
endroits; mais je vis à regret que dans tous les
deux nous courions risque de remplir d'eau
nos canots, et même de les perdre. Nous ne
fûmes pas plus heureux dans la recherche d'un
mouillage, car nous ne trouvâmes de fond qu'à

une encâblure des brisans. La sonde y rapporta de trente à quarante brasses, et elle indiqua des rochers de corail aigu, en sorte que l'ancrage eût été encore plus périlleux que le débarquement.

» Tandis que nous étions ainsi occupés à reconnaître la côte, les naturels arrivèrent en foule sur le récif, armés comme ceux que nous avions aperçus d'abord. Maouroua, qui était sur mon canot, croyant vraisemblablement que ces guerriers nous empêchaient de débarquer, leur ordonna de se retirer; un assez grand nombre obéirent; et je jugeai qu'il avait une sorte de considération dans son pays : en effet, si nous le comprîmes bien, il était frère du roi. Les naturels parurent si curieux, que plusieurs se jetèrent à la mer, et arrivèrent près de nous à la nage. Ils montèrent à bord sans aucune réserve; il fut même difficile de les en chasser, et plus difficile encore de les empêcher de prendre tout ce qui leur tomba sous la main. Lorsqu'ils s'aperçurent que nous retournions aux vaisseaux, ils s'en allèrent tous, excepté Maouroua; il demeura dans mon canot, non sans témoigner de la crainte, et il m'accompagna à bord de *la Résolution.*

» Les quadrupèdes et les autres objets nouveaux pour lui qu'il y aperçut lui causèrent moins de surprise que je ne l'avais imaginé. Ses inquiétudes absorbaient peut-être toute son attention. Il est sûr qu'il sembla très-agité, et le vaisseau s'éloignant de la côte au moment où nous arrivâmes, cette circonstance augmenta son effroi. Il n'était pas en état de me donner beaucoup d'instruction; et peu de temps après je fis mettre un canot à la mer, pour le reconduire dans son île. Quand il sortit de ma chambre, il tomba sur une de nos chèvres; sa curiosité surmonta sa peur : il s'arrêta pour regarder l'animal, et il demanda à O-maï quel oiseau c'était; et comme on ne lui répondait pas tout de suite, il adressa la même question à quelques-uns des matelots. Lorsque le canot sur lequel je le renvoyai fut près des brisans, il se jeta à la mer, et il gagna la côte à la nage. Dès qu'il fut à terre, une foule de ses compatriotes se rassemblèrent autour de lui; nous jugeâmes qu'ils étaient fort empressés de l'entendre. Ils l'entouraient encore quand nous les perdîmes de vue. Le canot fut à peine de retour, que nous fîmes de la voile le cap au nord.

» Ainsi nous fûmes obligés de partir sans être descendus sur cette belle île, qui semblait propre à satisfaire tous nos besoins : elle gît par 21° 57' de latitude sud, et 201° 53' de longitude orientale; les portions de la côte que nous examinâmes sont environnées d'un récif de corail, en dehors duquel la sonde ne rapporta point de fond : elle a cinq lieues de tour, et elle est d'une élévation modérée et assez égale. Lorsque le ciel est serein, on doit la découvrir à dix lieues de distance; car nous l'apercevions encore à l'entrée de la nuit, quoique

nous eussions fait plus de sept lieues, et que
l'atmosphère fût chargée de brouillards : elle
s'élève vers le centre en petites montagnes,
du haut desquelles le sol descend peu à peu
jusqu'à la côte, qui, dans la partie du sud-
ouest, est de grès brunâtre, et escarpée, quoiqu'elle n'y ait pas plus de dix à douze pieds de
hauteur ; le battement des flots y a produit
plusieurs excavations. Le terrain, en pente,
est couvert d'arbres d'un vert foncé, très-touf-
fus, mais peu élevés, et qui paraissent tous de
la même espèce, excepté près du rivage, où il
y en a un grand nombre de l'espèce du dra-
gonnier, qu'on trouve dans les bois de la Nouvelle-Zélande. On en voit aussi de dispersés en
d'autres endroits. La côte du nord-ouest se
termine, ainsi que nous l'avons déjà dit, par
une grève sablonneuse, derrière laquelle le terrain, coupé en petites ouvertures ou ravins,
offre une large bordure d'arbres qui ressemblent à de grands saules ; d'après sa régularité,
on la prendrait pour un ouvrage de l'art, si
son étendue ne s'opposait pas à cette opinion.
L'œil, en se portant plus loin vers le centre de
l'île, découvre ces arbres d'un vert foncé dont
je parlais tout à l'heure. Plusieurs de nos messieurs supposèrent que c'étaient des arbres à
pain, entremêlés de cocotiers très-bas, et d'un
petit nombre d'autres. Ils nous semblèrent
plus hauts et moins voisins les uns des autres
que sur la partie du sud-ouest. Cette différence peut venir de ce que nous étions plus

près de la côte. On voit sur les petites montagnes quelques arbres clairsemés ; d'autres
parties de leur surface étaient nues et de couleur rougeâtre, ou couvertes de quelque chose
qui ressemblait à de la fougère. En tout, l'île
est d'un aspect agréable, et la culture pourrait la rendre un des lieux les plus charmans
du globe.

» Comme les habitans nous parurent nombreux et bien nourris, les moyens de subsistance que fournit cette terre doivent être abon-
dans. Je serais curieux de connaître leur régime diététique ; car notre ami Maouroua nous
dit qu'ils n'ont point de cochons ni de chiens,
dont ils ont cependant ouï parler ; mais il
nous apprit qu'ils ont des bananes, du fruit à
pain et du taro. Les seuls oiseaux que nous
y vîmes, furent quelques hirondelles de mer,
des noddis, et d'autres oiseaux aquatiques :
nous aperçûmes aussi un héron blanc sur le
rivage.

» La langue des habitans de Mangia est un
dialecte de l'idiome de Taïti; mais leur prononciation, comme celle des Zélandais, est plus
gutturale.

» Les insulaires de Mangia sont d'une belle
figure ; ils ressemblent à ceux de Taïti et à ceux
des Marquésas, plus qu'à aucune autre des
peuplades que j'ai rencontrées dans le grand
Océan. Leur peau est douce ; ils ne sont pas
musculeux. Autant que nous avons pu en juger, ils ont cette disposition au plaisir qui dis-

tingue les Taïtiens : non-seulement leur esprit est gai, mais ils connaissent très-bien les gestes lascifs que les Taïtiens emploient dans leurs danses ; car Maouroua les fit devant nous. Il y a aussi lieu de supposer que leur manière de vivre est la même. Quoique la nature du pays nous ait empêchés de découvrir un grand nombre de leurs habitations, nous aperçûmes près de la grève une maison dont la construction différait peu de celles de Taïti : elle était agréablement située au milieu d'un bocage : elle paraissait avoir trente pieds de long, et sept ou huit de hauteur : l'une de ses extrémités était ouverte, et représentait une ellipse coupée transversalement. Il y avait quelque chose sur des buissons qui se trouvaient devant la façade : nous conjecturâmes que c'était un filet de pêche d'une texture très-délicate.

» Lorsqu'ils saluent un étranger, ils touchent son nez avec le leur, à peu près comme à la Nouvelle-Zélande, mais ils prennent en outre la main de l'homme à qui ils veulent faire cette politesse, et ils la frottent assez durement sur leur nez et leur bouche. » (1)

En examinant sur la carte la position de Mangia, on voit que le capitaine Cook se trou-

(1) Les habitans des îles Palaos, des Nouvelles-Philippines et des îles Carolines, éloignées de Mangia d'environ quinze cents lieues, saluent de la même manière. « Leur civilité et » la marque de leur respect consistent à prendre la main ou » le pied de celui à qui ils veulent faire honneur, et à s'en » frotter doucement tout le visage. » (*Lettres édifiantes et curieuses*, tome XV, page 208, édit. de 1781.)

*...

vait alors à peu de distance de Taïti ; mais des obstacles insurmontables continuèrent à l'en écarter.

Il quitta la côte de Mangia le 3o mars dans l'après-dînée. Le 3i, il découvrit une seconde terre à huit ou dix lieues dans le nord-est quart nord.

Le lendemain à huit heures, il était par le travers de l'extrémité septentrionale de cette terre, à quatre lieues de distance, mais sous le vent, et il reconnut qu'elle formait une île à peu près de la même apparence et de la même étendue que Mangia ; en même temps, il vit de l'avant à lui une autre île beaucoup plus petite : il serait arrivé plus tôt à celle-ci ; mais la première eut la préférence, parce qu'elle sembla plus propre à fournir des provisions pour le bétail, qui commençait à en avoir besoin.

« Comme il y avait peu de vent, et que ce vent était contraire, dit-il, nous en étions encore éloignés de deux lieues, et sous le vent le lendemain à huit heures. Un instant après, deux canots armés de *la Résolution*, et un troisième de *la Découverte*, commandé par le lieutenant Gore, allèrent chercher un mouillage et un lieu convenable pour le débarquement. Sur ces entrefaites, les vaisseaux serraient le vent pour atteindre la côte.

» Au moment où les canots se mirent en mer, nous aperçûmes plusieurs pirogues qui arrivaient près de nous ; elles abordèrent d'abord *la Découverte*, qui était plus voisine de la côte :

trois d'entre elles, dont chacune ne portait qu'un seul homme, se rendirent bientôt à *la Résolution*. Ces embarcations étaient longues et étroites, et garnies d'un balancier. L'arrière avait trois ou quatre pieds d'élévation, et il ressemblait un peu à l'étambord d'un vaisseau; l'avant était aplati par-dessus, et avait par-dessous la forme d'une proue, et se recourbait à l'extrémité comme le manche d'un violon. Nous jetâmes aux insulaires des couteaux, des grains de verroterie, et d'autres bagatelles; ils nous donnèrent un petit nombre de cocos que nous leur demandâmes; mais ils ne les cédèrent point comme un échange de ce qu'ils avaient reçu de nous, car ils ne paraissaient avoir aucune idée de trafic; et ils ne semblaient pas estimer beaucoup nos présens.

» L'un des naturels, que nous n'eûmes pas besoin de presser long-temps, amarra sa pirogue à mon bâtiment, et monta à bord : les deux autres, encouragés par son exemple, le suivirent bientôt. Leur démarche et leur maintien annonçaient une tranquillité parfaite, et ils ne témoignaient aucune crainte de se voir arrêtés ou maltraités.

» Une nouvelle pirogue, conduite par un homme qui m'apportait des bananes en présent, arriva après leur départ : le messager me demanda par mon nom : il l'avait appris d'O-maï, qui était sur le canot de M. Gore. Sensible à cette politesse, je lui donnai une hache et un morceau d'étoffe rouge, et il regagna la côte bien satisfait. O-maï me dit ensuite que ce présent m'avait été envoyé par le roi, ou le chef principal de l'île.

» Une double pirogue, sur laquelle nous comptâmes douze hommes, s'avança bientôt après nous ; à mesure qu'elle s'approchait, les naturels récitaient quelques mots en chœur (1); l'un d'eux se levait et indiquait ce que les autres devaient répéter ensemble. Lorsqu'ils eurent achevé cette cérémonie musicale, ils accostèrent *la Résolution*, et demandèrent le chef du bâtiment : je me montrai ; ils m'offrirent un petit cochon et des cocos. Celui des insulaires qui me parut le principal personnage me donna en outre une pièce de natte dès qu'il fut à bord avec ses compagnons.

» On les mena dans la grand'chambre et dans les autres parties du vaisseau : quelques objets leur causèrent de la surprise, mais rien ne fixa leur attention. Ils craignirent d'approcher des chevaux et des vaches, ne pouvant concevoir la nature de ces quadrupèdes. Les moutons et les chèvres passaient les bornes de leurs idées ; car ils nous firent entendre qu'ils les prenaient pour des oiseaux. Les moutons et les chèvres

(1) Les habitans des Marquésas employèrent un cérémonial à peu près semblable lorsque Cook y aborda en 1774. (*Voyez* son second Voyage.) On retrouve ce cérémonial dans des îles très-éloignées de celles-ci. Padillo, qui partit de Manille en 1710, fut reçu aux îles Palaos de la même manière. L'auteur de la relation de son voyage dit : « Aussitôt « qu'ils s'approchèrent de notre bord, ils se mirent à chanter. » Ils réglaient la cadence en frappant des mains sur leurs « cuisses. » (*Lettres édifiantes et curieuses*, tome XV, page 323.)

ne ressemblant point du tout à un oiseau, les lecteurs trouveront inconcevable que des hommes soient assez ignorans pour faire une si lourde méprise; mais cette peuplade ne paraît connaître d'autres animaux terrestres que les chiens, les cochons et les oiseaux : comme nos moutons et nos chèvres différaient beaucoup des deux premières familles, ils en conclurent que ces quadrupèdes devaient appartenir à la dernière, qu'ils savaient renfermer une variété considérable d'espèces. Je donnai à mon nouvel ami les choses qui me semblèrent devoir lui faire beaucoup de plaisir ; mais lorsqu'il s'en alla, il me parut mécontent; je compris ensuite qu'il désirait un chien, animal qui ne se trouve pas dans l'île, quoique les naturels sachent qu'il y en a sur d'autres terres de la mer Sud. Le capitaine Clerke reçut un présent pareil d'un insulaire qui avait les mêmes vues, et dont les espérances furent également trompées.

» Les hommes qui montaient ces pirogues étaient d'une taille moyenne, et ils ressemblaient beaucoup aux habitans de Mangia; mais leur teint était plus noir : ils nouent leurs cheveux au sommet de la tête, ou bien ils les laissent flotter en désordre sur les épaules ; et quoique la chevelure de quelques-uns bouclât naturellement, elle était en général longue, ainsi que celle des autres qui l'avaient lisse. Nous aperçûmes de la diversité dans leur physionomie, et quelques-unes des femmes avaient la peau assez blanche. Ils portaient, comme les

insulaires de Mangia, des ceintures d'étoffe lustrée ou d'une belle natte, qui passaient entre
les cuisses et couvraient les parties voisines.
Ils portaient aussi des colliers d'une herbe
large, enduite d'une peinture rouge, et où
étaient enfilées des baies de morelle : ils avaient
les oreilles percées, et non pas fendues, et ils
étaient tatoués sur les jambes depuis le genou
jusqu'au talon, en sorte qu'ils paraissaient avoir
des bottes. Ils ne coupent pas leur barbe, non
plus que les habitans de Mangia, et leurs pieds
sont également couverts d'une espèce de sandales; leur maintien annonçait de la franchise,
de la gaieté et de la bonhomie.

» M. Gore fut de retour à trois heures après
midi; il me dit qu'il avait examiné toute la partie occidentale de l'île sans trouver un endroit
propre au débarquement d'un canot ou au
mouillage des vaisseaux; que la côte est environnée dans son entier d'un rocher escarpé de
corail, sur lequel la mer brise avec violence ;
que les naturels montraient néanmoins des dispositions très-amicales, et qu'ils avaient paru
affligés en voyant que nos détachemens ne pouvaient descendre à terre; il ajouta ensuite que
par l'entremise d'O-maï il serait facile de les
déterminer à nous apporter, en-deçà des brisans, les choses dont nous avions le plus besoin, et en particulier des tiges de bananier, qui
seraient bonnes pour le bétail. Le vent était
faible ou nul, et la perte d'un jour ou deux ne
devant pas avoir de suites fâcheuses, je résolus

d'essayer l'expédient que me conseillait M. Gore, et j'ordonnai qu'on en fît les préparatifs pour le lendemain.

» Le 3, à la pointe du jour, nous aperçûmes des pirogues qui venaient aux vaisseaux ; l'une d'elles accosta *la Résolution*. Les insulaires qui la montaient m'apportèrent un cochon, des bananes et des cocos ; ils me demandèrent un chien en échange, et ils refusèrent tout ce que je leur offris d'ailleurs. L'un de nos messieurs avait un chien et une chienne qui nous incommodaient beaucoup ; en les donnant, il aurait propagé sur cette terre la race d'un animal si utile ; mais ses vues n'étaient pas aussi nobles, et il ne se rendit point à ma proposition. O-maï fut plus généreux, il céda un chien favori qu'il avait amené de Londres. Les naturels reprirent le chemin de l'île, très-satisfaits de leur navigation.

» Sur les dix heures M. Gore partit avec deux canots de *la Résolution*, et un troisième de *la Découverte*, afin d'essayer l'expédition qu'il avait proposée. Je pouvais compter sur sa diligence et son habileté, et je lui permis de faire ce qu'il croirait le plus convenable. Deux des naturels qui étaient venus à bord l'accompagnèrent ; O-maï devait lui servir d'interprète. Les vaisseaux se trouvaient à une lieue de l'île, lorsque les canots partirent, comme il y avait peu de vent, nous ne pûmes arriver qu'à midi près du récif. Nous vîmes nos trois canots sur leurs grappins, à quelques pieds des brisans, et vis-à-vis le rivage, rempli d'un nombre prodigieux d'insulaires; nous en conclûmes que M. Gore était descendu : on imagine bien que je désirai avec impatience de savoir les suites de cette démarche. Afin d'observer les mouvemens de nos amis qui avaient débarqué, et d'être prêt à leur donner les secours qu'exigerait et que rendrait possible notre position respective, je m'approchai de la côte autant que le permirent les écueils; je sentis néanmoins que le récif mettait entre nous une barrière insurmontable, et qu'il ne dépendait pas plus de nous de les protéger que s'ils eussent été éloignés de la moitié de la circonférence du globe : mais il était probable que les naturels ne connaissaient point cette impossibilité. Sur ces entrefaites, quelques-uns d'eux arrivèrent aux vaisseaux, et ils échangèrent un petit nombre de cocos; ils acceptèrent tout ce que nous leur offrîmes, et ils ne parurent donner la préférence à aucun article en particulier.

» Ces visites des insulaires diminuèrent mes inquiétudes sur M. Gore et sa petite troupe : je ne pus en savoir des nouvelles; mais dès que quelques-uns des naturels avaient la hardiesse de venir à bord, je supposai que leurs compatriotes n'avaient point abusé de la confiance de mon détachement. Enfin, un peu avant le coucher du soleil, j'eus la satisfaction de voir mes canots reprendre le large. Lorsqu'ils arrivèrent à bord, j'appris que M. Gore, O-maï;

M. Anderson et M. Burney étaient débarqués seuls. M. Gore me rendit un compte très-exact des événemens de cette journée ; mais le récit de M. Anderson étant plus détaillé et contenant des remarques sur l'île et ses habitans, je vais l'insérer ici.

» Nous conduisîmes les canots vers une petite grève sablonneuse ; les naturels étaient assemblés en foule sur cette grève, ainsi que sur les rochers voisins, et nous jetâmes les grappins à trois cents pieds du récif, qui gît à peu près à la même distance de la côte. Plusieurs des insulaires nous apportèrent des cocos à la nage. O-maï et ceux de leurs compatriotes qui nous accompagnaient les instruisirent que nous voulions débarquer ; mais le chien qu'on leur avait donné au vaisseau, et qu'on venait de descendre à terre, absorba quelque temps leur attention, et ils se précipitèrent autour de cet animal. Bientôt après, deux pirogues vinrent nous chercher ; afin de leur inspirer plus de confiance, nous résolûmes d'aller sans armes, au risque d'être bien ou mal traités.

» Je partis sur une des pirogues avec M. Burney, premier lieutenant de *la Découverte*, un peu avant M. Gore et O-maï ; nos conducteurs épièrent d'une manière adroite les mouvemens du ressac, et ils nous débarquèrent sains et saufs sur le récif. Ils nous prirent ensuite sous les bras, afin de nous soutenir au milieu des roches pointues et escarpées que nous devions passer pour arriver à la grève, où nous fûmes reçus par plusieurs autres naturels qui tenaient à la main des rameaux verts d'une espèce de mimosa, et qui nous saluèrent en appliquant leur nez contre les nôtres.

» Nos guides nous firent signe de marcher en avant ; nous étions environnés d'une foule de naturels qui s'empressaient de nous regarder, et qui nous auraient fermé le passage, si des hommes, qui semblaient revêtus de quelque autorité, n'avaient frappé indistinctement sur les spectateurs pour les écarter. On nous conduisit à une avenue de palmiers ; nous arrivâmes bientôt auprès d'une foule de guerriers rangés sur deux lignes, et armés de massues qu'ils tenaient sur leurs épaules, à peu près comme nos soldats portent leur fusil. Nous marchâmes au milieu de ces guerriers, et nous trouvâmes un chef qui était assis par terre, les jambes croisées, et qui se donnait de l'air avec un éventail en forme de triangle, tiré d'une feuille de cocotier, et garni d'un manche de bois noir poli. Il avait à ses oreilles de grosses touffes de plumes rouges dirigées en avant ; mais c'était là toute sa parure, et nous n'aperçûmes pas d'autre marque de distinction. Cependant on lui obéissait avec beaucoup d'empressement ; soit qu'il fût d'un caractère grave, soit qu'il eût composé son visage pour la cérémonie, sa physionomie paraissait sérieuse sans être sévère. Quelques hommes qui semblaient jouer un rôle important nous dirent que nous devions le saluer.

» Nous continuâmes à marcher au milieu des hommes armés de massues, et nous arrivâmes auprès du second chef assis, qui avait des plumes rouges à ses oreilles, et qui se donnait de l'air avec un éventail, comme le premier ; il ne paraissait pas avoir plus de trente ans ; mais nous fûmes frappés de sa grosseur et de son embonpoint. On nous conduisit de la même manière à un troisième chef qui semblait plus vieux que les autres, et qui était fort gros, sans avoir autant d'embonpoint que le second. Nous le trouvâmes encore assis et paré de plumes rouges : nous le saluâmes ainsi que nous avions salué les deux premiers, et il nous pria de nous asseoir. Nous fûmes charmés de cette invitation, car nous étions très-fatigués de notre course et de la chaleur excessive que nous causait la foule dont nous étions environnés.

»Peu de minutes après, la foule eut ordre de faire place, et nous vîmes à la distance de cent pieds vingt jeunes femmes ornées de plumes rouges, ainsi que les chefs ; elles dansaient sur un air d'un mouvement grave et sérieux, qu'elles chantaient en chœur : nous nous levâmes et nous nous approchâmes d'elles. Il semble que notre figure et nos vêtemens auraient dû les frapper ; mais elles continuèrent leur danse sans faire la moindre attention à nous : elles paraissaient dirigées par un homme qui servait de souffleur, et qui leur indiquait les diverses attitudes qu'elles prirent : elles ne changeaient point de place ; elles remuaient seulement les pieds, et surtout les doigts, qu'elles agitaient avec une extrême agilité; elles tenaient leurs mains près du visage, et elles les frappaient de temps en temps l'une contre l'autre. Il régnait un tel accord entre les mouvemens et la musique, que nous les jugeâmes très-familiarisées avec cet exercice. Il est vraisemblable qu'on les avait choisies, car nous en aperçûmes peu d'aussi belles dans la foule qui nous entourait. En général, leur taille était plutôt forte que mince; leurs cheveux flottaient en boucles sur le cou; elles avaient le teint olivâtre : leurs traits, qui se ressemblaient, nous parurent un peu trop gros; leurs yeux étaient très-noirs. Leur physionomie exprimait la douceur et la modestie qui sont particulières au sexe dans chaque partie du monde, mais qui nous frappèrent peut-être davantage sur cette île, où la nature étale ses ouvrages dans toute leur simplicité et leur perfection, où les coutumes n'altèrent point la droiture des sentimens, et où l'art ne farde point les manières. Nous remarquâmes que leur taille et chacune des parties de leur corps avaient de l'élégance. Comme elles n'étaient couvertes que d'une pièce d'étoffe lustrée, attachée autour de la ceinture, et allant à peine jusqu'aux genoux, nous eûmes occasion d'en examiner plusieurs de la façon la plus complète. Elles dansaient encore, lorsque nous entendîmes un bruit pareil à celui d'une troupe de chevaux qui galopent. En regardant du côté d'où venait le bruit, nos yeux rencontrèrent les guerriers armés de massues qui se poursuivaient les uns les autres : nous jugeâmes qu'ils voulaient nous donner le spectacle d'un combat simulé.

» Croyant que la cérémonie de notre présentation aux chefs était achevée, nous songeâmes à chercher M. Gore et O-maï : la foule nous pressait, et nous ne pûmes marcher qu'avec peine ; mais enfin nous les découvrîmes. Ils arrivèrent aussi fatigués que nous de la multitude dont ils étaient environnés, et ils furent présentés de la même manière aux trois chefs, qui s'appelaient *Otterou*, *Taroa* et *Fatoouiera*. Chacun de ces chefs comptait sur un présent, et M. Gore leur donna les choses qu'il avait apportées du vaisseau dans cette intention. O-maï, qui nous servit d'interprète, apprit aux chefs pourquoi nous étions descendus à terre ; mais on lui répondit que nous devions attendre jusqu'au lendemain, et qu'alors on nous fournirait des provisions.

» Ils parurent vouloir nous séparer, et chacun de nous fut entouré d'un cercle particulier qui nous examinait. Je fus, pour mon compte, éloigné de mes camarades durant près d'une heure. Je dis au chef près duquel j'étais assis, que je désirais parler à O-maï ; mais il s'y opposa d'une manière péremptoire. Je m'aperçus en même temps que les naturels commençaient à vider mes poches : le chef à qui je portai mes plaintes justifia les voleurs. D'après ces circonstances, je craignis qu'ils n'eussent formé le projet de nous arrêter : ils n'annonçaient pas , il est vrai, assez de férocité pour me donner de l'inquiétude sur nos jours; mais il était douloureux de voir que leur curiosité pourrait bien nous détenir prisonniers. Je demandai, quelque chose à manger, et ils m'apportèrent tout de suite des cocos, du fruit à pain, et une espèce de poudding acide, qu'une femme me présenta. Ayant témoigné que la chaleur occasionée par la foule me causait beaucoup de malaise, le chef lui-même voulut bien me donner de l'air avec un éventail, et il me fit présent d'une pièce d'étoffe qui lui couvrait les reins.

» M. Burney vint à l'endroit où je me trouvais, et je lui fis part de mes soupçons. Pour reconnaître s'ils étaient bien fondés, nous entreprîmes de gagner la grève; mais nous fûmes arrêtés à mi-chemin par des hommes qui nous dirent qu'il fallait retourner au lieu d'où nous étions partis. En arrivant, nous rencontrâmes O-maï qui avait les mêmes inquiétudes ; il croyait même avoir une raison de plus de s'effrayer : il avait vu les insulaires creuser en terre un four qu'ils chauffaient alors; et il ne pouvait assigner d'autre but à ces préparatifs que celui de nous rôtir et de nous manger, selon l'usage des habitans de la Nouvelle-Zélande. Il alla même jusqu'à leur demander si c'était là leur projet. Les naturels, très-surpris de cette question, demandèrent à leur tour si nous suivions une pareille coutume. Nous fûmes un peu fâchés , M. Burney et moi, du propos indiscret d'O-maï; car jusqu'ici leur conduite envers nous n'autorisait pas un pareil soupçon.

» Nous fûmes aux arrêts la plus grande partie du jour; nous nous trouvâmes quelquefois ensemble, ordinairement séparés, et toujours au milieu d'une foule nombreuse qui ne se contenta pas de nous regarder; les insulaires nous firent déshabiller souvent pour examiner de plus près notre peau; et lorsqu'ils la voyaient à leur aise, nous entendions un murmure général d'approbation. Ils eurent soin en même temps de vider nos poches: l'un d'eux prit une petite baïonnette que M. Gore portait à son côté. On parla de ce vol au chef, qui fit semblant d'envoyer un émisssaire après le voleur; mais selon toute apparence, il autorisa le larcin, car bientôt après on vola à O-maï la dague qu'il avait à sa ceinture.

» J'ignore s'ils s'aperçurent de la peine que nous causait notre détention, ou s'ils cherchèrent à nous donner des marques d'amitié afin de nous ôter l'envie de nous en aller; mais ils apportèrent alors des rameaux verts, ils les plantèrent en terre, et ils nous dirent de nous asseoir et de les prendre dans nos mains : nous leur parlâmes encore des provisions dont nos vaisseaux avaient besoin, et ils nous firent entendre que nous devions demeurer encore quelque temps dans l'île et manger avec eux: un cochon que nous vîmes près du four qu'ils avaient préparé dissipa la frayeur d'O-maï, et il ne crut plus que les habitans de l'île voulaient nous rôtir; il jugea comme nous, qu'ils avaient creusé le four afin d'apprêter notre repas. Le chef promit sur ces entrefaites d'envoyer chercher du fourrage pour notre bétail : mais ses émissaires ne revinrent qu'assez tard dans l'après-dîner, et ils ne rapportèrent qu'une petite quantité de tiges de bananier que l'on conduisit à nos canots.

» Nous essayâmes une seconde fois, M. Burney et moi, de regagner la grève; et en y arrivant, nous fûmes arrêtés par des naturels qui semblaient y avoir été postés pour nous retenir. Lorsque je voulus me mettre dans l'eau, afin de passer sur le récif, l'un d'eux me prit par mes habits, et me tira en arrière. Je ramassai de petits morceaux de corail qu'ils m'enjoignirent de rejeter à terre ; et sur mon refus, ils eurent la hardiesse de me les ôter de force. J'avais aussi cueilli des plantes, et ils ne me permirent pas non plus de les garder. Ils enlevèrent à M. Burney un éventail qu'il avait reçu en présent au moment où il descendit sur la côte. O-maï m'avertit que j'avais mal fait de prendre du corail et de cueillir des plantes ; que, dans les îles du grand Océan, les étrangers né peuvent se permettre ces libertés qu'après avoir reçu des fêtes pendant deux ou trois jours.

» Voyant que le seul moyen d'obtenir un meilleur traitement était de nous soumettre à leur volonté, nous retournâmes à l'endroit dont nous étions partis pour gagner la grève;

ils promirent alors de nous donner une-piro-
gue pour nous conduire à nos canots lorsque
nous aurions mangé les alimens qu'on nous préparait.

» Le second des chefs, à qui nous avions été
présentés le matin s'assit sur une large escabelle, peu élevée, d'un bois dur et noirâtre,
assez bien poli : il ordonna à la multitude de
former un grand cercle, et il nous fit asseoir
auprès de lui. On apporta d'abord une quantité considérable de cocos, et ensuite un long
panier vert, qui renfermait assez de bananes
cuites pour le dîner de douze personnes. On
plaça devant chacun de nous un morceau de
cochon cuit au four, dont j'ai parlé, et on nous
dit de manger. La fatigue de la journée nous
avait ôté l'appétit; nous goûtâmes cependant
leurs mets, afin de ne pas les contrarier; mais
ce fut sans plaisir pour nous.

» La nuit approchait, et nous les avertîmes
que nous devions retourner à bord de nos vaisseaux. Ils y consentirent; ils voulurent que nous
emportassions sur nos canots le reste des vivres
qui avaient été apprêtés, et ils l'envoyèrent à
la grève. Avant notre départ, on régala O-maï
d'une boisson à laquelle il avait été accoutumé
dans sa patrie. Nous observâmes qu'on fait ici
cette liqueur comme sur les autres îles du grand
Océan, c'est-à-dire, qu'on mâche la racine
d'une sorte de poivrier, et qu'on la rejette ensuite dans un vase. Une pirogue attendait sur
la grève pour nous conduire à nos canots. Les

insulaires exécutèrent ce transport avec la même adresse et les mêmes soins qu'à notre descente. Ils nous donnèrent de nouvelles preuves de leur penchant au vol : car un personnage de quelque importance, qui nous accompagnait, profita du moment où on lançait l'embarcation dans les brisans, pour voler un sac que j'avais eu bien de la peine à garder tout le jour : il renfermait un pistolet de poche, que je craignais extrêmement de perdre. J'aperçus le voleur, je poussai des cris, et je témoignai autant de déplaisir que je le pus. Le voleur crut devoir rapporter le sac à la nage ; mais il soutint qu'il ne l'avait pas dérobé, quoique je l'eusse surpris en flagrant délit. Il nous mirent à bord de nos canots, où ils déposèrent des cocos, des bananes, et d'autres provisions, et nous prîmes la route des vaisseaux, bien contens d'être sortis de leurs mains.

» Nous regrettâmes que l'espèce de captivité où l'on venait de nous détenir nous eût laissé si peu de moyens de faire des observations sur le pays. Durant toute la journée, nous nous trouvâmes rarement à 300 pieds de l'endroit où l'on nous avait présenté aux chefs après notre débarquement, et nous ne pûmes examiner que les objets qui nous environnaient. La première chose qui nous frappa, fut la multitude des naturels ; leur nombre était au moins de deux mille : ceux qui nous reçurent sur le rivage formaient une petite troupe en comparaison de celles que nous aperçûmes parmi les arbres en pénétrant dans l'intérieur de l'île.

» Nous remarquâmes aussi que la plupart de ceux que nous avions vus à bord des vaisseaux étaient d'une classe inférieure ; car un grand nombre de ceux que nous aperçûmes à terre avaient l'air plus distingué, et un teint plus blanc. Leur chevelure longue, noire et touffue, était ordinairement nouée sur le sommet de la tête. La plupart des jeunes gens pouvaient servir de modèles aux artistes pour la taille ; leur visage avait autant de délicatesse que celui des femmes, et ils paraissaient d'un caractère aussi doux. D'autres, plus avancés en âge, avaient de l'embonpoint ; la peau de tous indistinctement nous sembla très-fine. Une pièce d'étoffe, ou une natte qui était placée autour des reins, et qui couvrait les parties que cache la pudeur, composait en général leur vêtement ; mais quelques-uns portaient de jolies nattes entremêlées de noir et de blanc, qui formaient une sorte de veste sans manches, et d'autres avaient des chapeaux de forme conique, de bourre de coco, artistement tissue avec de petits grains faits de coquillages. Leurs oreilles étaient percées et ornées de morceaux de la partie membraneuse d'une plante, ou d'une fleur odoriférante, qui me parut être une espèce de *gardenia*. Nous distinguâmes des hommes de la classe supérieure qui avaient, ainsi que les chefs, deux petites balles, tirées d'un os d'animal, suspendues à leur cou par une multitude de cordelettes. Les chefs déposèrent leurs plumes rouges

après que la cérémonie de notre présentation fut
achevée : ces plumes sont sûrement à leurs yeux
une marque particulière de distinction ; car
nous n'en vîmes qu'aux chefs, et aux jeunes
femmes qui dansèrent.

» Quelques-uns des hommes étaient tatoués
sur les côtés et sur le dos d'une manière extraordinaire, et les jambes de plusieurs femmes
nous offrirent la même parure. Mais cette espèce d'ornement nous parut réservée aux insulaires d'un rang supérieur ; et les hommes ainsi
piquetés avaient d'ailleurs de la grosseur et de
l'embonpoint, à moins qu'ils ne fussent très-
jeunes. Les femmes d'un âge avancé portaient
leurs cheveux courts ; plusieurs d'entre elles
étaient couvertes de cicatrices qui formaient
des lignes obliques sur tout le devant du corps ;
quelques – unes de ces blessures présentaient
des figures rhomboïdales, et elles étaient si
récentes, qu'on y voyait encore le sang caillé.

» La femme de l'un des chefs se montra avec
son enfant enveloppé dans un morceau d'étoffe
rouge dont nous avions fait présent à son mari :
elle semblait avoir beaucoup de tendresse pour
son nourrisson ; et pour lui donner à téter,
elle prenait la même attitude que les Anglaises.
Un autre chef amena sa fille qui était jeune et
belle, et qui avait toute la timidité naturelle à
son sexe. Elle nous regarda avec intérêt ; nous
jugeâmes que le désir de nous examiner était
bien plus fort que sa modestie, qu'elle était
bien surprise de rencontrer des hommes qui

ressemblaient si peu à ceux de son pays. D'autres femmes se présentèrent d'une manière plus assurée : il nous parut qu'elles manquaient de réserve; mais elles ne passèrent pas les bornes de la bienséance. Si l'on en excepte quelques individus dont le visage et d'autres parties du corps présentaient de larges ulcères, suite des blessures qu'ils s'étaient faites, ou qu'ils avaient reçues, les deux sexes ne nous offrirent aucune difformité. Le nombre des vieillards des deux sexes n'était pas proportionné à la foule qui nous environnait. Il est aisé d'expliquer cette disproportion en supposant que les naturels d'un âge avancé n'eurent ni le désir ni la force de traverser une grande partie de l'île pour venir auprès de nous. Il y avait beaucoup d'enfans, et lorsque nous étions cachés par la multitude qui nous entourait, ils montaient sur des arbres ainsi que les hommes, afin de nous mieux voir.

» Le tiers à peu près des hommes avait des massues et des piques : ceux-là venaient vraisemblablement des parties éloignées de l'île; car la plupart portaient de petits paniers, des nattes, et d'autres choses suspendues à l'extrémité de leurs armes. En général, les massues étaient de six pieds de longueur, d'un bois dur et noir, bien poli dans toutes les parties, en forme de lance à l'une des extrémités, mais beaucoup plus larges, et dont le tranchant était dentelé. Nous en vîmes de plus étroites, de plus courtes et de plus unies; et nous en aperçûmes de si petites, qu'on pouvait les manier d'une seule main. Les piques étaient du même bois, seulement aiguisées à l'extrémité ; elles avaient ordinairement plus de douze pieds de long, mais le peu de longueur de quelques-unes nous fit juger que les naturels lancent celles-ci comme des dards.

» Le lieu où nous passâmes la journée était couvert de différens arbres, à l'ombre desquels ils retirent leurs pirogues pour les garantir du soleil. Nous y en trouvâmes huit ou dix de doubles : deux embarcations réunies par une sorte de radeau forment ici, comme dans toutes les îles du grand Océan, ce que nous appelons des doubles pirogues : elles avaient environ vingt pieds de long, et quatre de profondeur ; leurs côtés étaient arrondis par un bordage posé sur les premières planches, et fortement attaché avec des baguettes d'osier. Nous en vimes deux qui étaient enduites de noir partout, et qui offraient des carrés, des triangles, etc., sans nombre. Je n'avais pas encore rencontré de dessins aussi bien faits sur les terres du grand Océan : ils annonçaient plus d'habileté que les piqûres de leur peau. Les pagaies avaient quatre pieds de long ; elles étaient à peu près elliptiques, mais plus larges à l'une des extrémités que dans le milieu. Il y avait près de là une hutte ou hangar de trente pieds de long, et de neuf ou dix de hauteur, où peut-être ils construisent leurs embarcations ; nous n'en trouvâmes cependant aucune sur le chantier.

» Parmi les arbres qui nous environnaient,

nous distinguâmes surtout le cocotier, l'*hibiscus*, et une espèce d'euphorbe. Nous rencontrâmes près de la mer un grand nombre de ces arbres que nous avions vus à Mangia Noué Nainaiou, et ils semblaient border de la même manière les côtes de cette île. Ils sont grands et minces, et approchent beaucoup du cyprès ; mais ils ont des touffes de feuilles longues, arrondies et articulées. Les naturels les appellent *etoa*. Le sol produit quelques graminées, une espèce de liseron et beaucoup de moutarde. L'île produit sans doute d'autres arbres fruitiers et d'autres plantes utiles que nous n'avons pas eu occasion de voir ; car, indépendamment de plusieurs espèces de bananes, les naturels nous apportèrent à diverses reprises des racines qu'ils nomment *taro*, du fruit à pain, et un panier de noix grillées, qui avaient une saveur approchante de celle de la châtaigne, mais qui étaient plus grossières.

» Je ne puis dire quelle est la nature du sol dans l'intérieur du pays ; mais près de la mer ce n'est qu'un rocher de corail de dix ou douze pieds de hauteur, escarpé et raboteux, si j'en excepte de petites grèves sablonneuses qui remplissent les crevasses. Ce corail, qui est exposé à l'air depuis un grand nombre de siècles, est devenu noir à la surface ; et comme elle est inégale, il ressemble beaucoup à de grosses masses d'une substance brûlée : il n'a pas subi d'autre altération. La largeur du récif qui borde toute la côte varie ; mais partout il se termine brusquement, et il oppose à la mer une muraille haute et escarpée. Son sommet est brun, ou de couleur de brique; et il est à peu près au niveau des flots : quoique la matière dont il est composé soit un peu poreuse, il suffit pour rompre la force du ressac, dont l'action est continuelle.

» Le débarquement de nos messieurs, ajoute Cook, a enrichi mon journal des observations qu'on vient de lire; mais le principal objet que j'avais en vue ne se trouva point rempli, car ce qu'ils rapportèrent de cette île ne mérite pas d'être cité. Toutefois les naturels jouirent d'un spectacle nouveau pour eux, et dont vraisemblablement ils ne jouiront plus. Il paraît que la curiosité seule les détermina à exercer une sorte de violence contre M. Gore, M. Burney, M. Anderson et O-maï, et à employer tant d'artifices pour les retenir quelques heures de plus avec eux.

» Indépendamment des services qu'O-maï rendit à M. Gore en qualité d'interprète, il nous en rendit peut-être beaucoup d'autres. Les naturels lui firent un grand nombre de questions sur nous, sur nos vaisseaux, sur notre pays, et sur l'espèce d'armes que nous employions; et d'après ce qu'il me raconta, il eut l'adresse de mettre du merveilleux dans ses réponses. Il leur dit, par exemple, qu'il y avait dans notre patrie des vaisseaux aussi grands que leur île; que ces bâtimens portent des instrumens de guerre (il voulait parler de nos canons), si gros, que plusieurs personnes peuvent s'y asseoir, et dont un seul suffit pour réduire en poudre une île entière. D'après cette description imposante, ils voulurent savoir quelle sorte de canons nous avions à bord; O-maï leur répondit qu'ils étaient petits en comparaison de ceux dont il venait de les entretenir; que néanmoins il ne tenait qu'à nous, de la distance où se trouvaient les vaisseaux, de détruire l'île, et de tuer chacun de ses habitans. Ils l'interrogèrent ensuite sur les moyens qui produisaient des effets aussi terribles, et il essaya de les leur expliquer. Il avait par bonheur quelques cartouches dans sa poche; il soumit à l'inspection des insulaires les balles et la poudre, et afin de leur donner une preuve plus frappante, il imagina de les rendre témoins d'une explosion. On a déjà remarqué qu'un des chefs avait ordonné à la multitude de se former en cercle. Ce cercle fournit à O-maï un lieu propre à son expérience. Il disposa sur le terrain et au centre du cercle la quantité peu considérable de poudre qu'il tira de ses cartouches, et il y mit le feu avec un tison enflammé qu'il alla prendre dans le four où l'on apprêtait à dîner. La rapidité du feu, le bruit éclatant, la flamme et la fumée remplirent d'étonnement tous les spectateurs; ils ne doutèrent plus de la force irrésistible de nos armes, et ils ajoutèrent une foi entière à tout ce qu'O-maï leur avait raconté.

» On crut à bord des vaisseaux que, sans

l'effroi inspiré par cette expérience, les naturels auraient tenu nos messieurs aux arrêts
toute la nuit. O-maï les assura que, s'il ne re-
tournait pas le soir à bord avec ses camarades,
je tirerais mes canons sur l'île. Nous étions
plus près de la terre au coucher du soleil que
nous ne l'avions été pendant la journée; et
comme les naturels observèrent beaucoup notre
position, ils pensèrent vraisemblablement que
je méditais cette attaque formidable, et ils laissèrent partir leurs hôtes. Ils comptaient les revoir à terre le lendemain ; mais j'étais trop frappé
du danger que nous avions couru pour y envoyer
du monde une seconde fois. »

C'est avec cette simplicité que le capitaine
Cook parle toujours de ses opérations. Le débarquement dont on vient de parler fut très-
dangereux, et le lecteur pourra juger par ce
seul trait de l'intrépidité qui est nécessaire
aux navigateurs. Il va citer un autre fait très-
important, mais dont il ne relève pas non plus
l'importance. En l'examinant bien, il servira à
éclaircir une question fort obscure. On pourra
juger de quelle manière se sont peuplées les
îles du grand Océan; et il est à propos de faire
ici quelques remarques. Les idiomes de cette
multitude d'îles qui couvrent cette mer annoncent une origine commune : les vocabulaires
très-étendus qu'en ont rapportés les Anglais ne
laissent aucun doute sur cette assertion; il paraît démontré d'ailleurs que ces idiomes viennent de langue malaise, qui s'est plus ou moins

altérée. Mais comment la presqu'île de Malacca a-t-elle pu peupler les îles du grand Océan situées entre les tropiques? La nature et la constance des vents alisés présentent sur ce point de grandes difficultés, et de bons esprits sont tentés de croire que toutes ces îles éparses sur la vaste étendue du grand Océan, surtout celles qui se trouvent entre les tropiques, sont les débris d'un continent que la révolution des âges a submergé, et que la population de la presqu'île de Malacca et celle d'une partie de l'Asie viennent peut-être de ce continent. La discussion d'une pareille conjecture serait déplacée ici; il suffira de dire qu'en lisant avec attention les Voyages de Cook, on verra qu'il y a dans le grand Océan deux sortes d'îles: les unes volcaniques, qui peuvent avoir été produites par une éruption souterraine; et d'autres récentes, qui sont formées par les pluies, et dont l'accroissement est très-sensible; et qu'enfin un accident pareil à celui qu'on va rapporter dérange toutes les combinaisons.

« Cette journée, dit Cook, donna beaucoup d'occupation à O-maï; quoique l'île n'eût pas vu d'autres Européens que nous, il s'y trouvait pourtant des étrangers, et nous aurions ignoré ce fait curieux, si O-maï n'eût point accompagné M. Gore.

» Il eut à peine débarqué sur la grève, qu'il aperçut dans la foule trois de ses compatriotes: les îles de la Société étant éloignées d'environ deux cents lieues, il faut parcourir une vaste mer inconnue pour arriver ici. Ces peuplades n'ayant que de misérables pirogues propres à des traversées où l'on ne perd pas la terre de vue, une telle rencontre sur une île où nous abordâmes par hasard peut être regardée comme un de ces événemens imprévus qu'imaginent les auteurs de romans, afin de surprendre leur lecteur. Sa singularité mérite que j'en parle en détail.

» Il est aisé de concevoir avec quel étonnement et quel plaisir O-maï et ses compatriotes causèrent ensemble. L'histoire de ces derniers est très-intéressante. Ils s'étaient embarqués sur une pirogue à Taïti, au nombre de vingt personnes, hommes et femmes, afin de se rendre à Ouliétéa, une des îles voisines. Un vent contraire qui soufflait avec impétuosité les empêcha d'arriver à leur destination, ou de regagner le port d'où ils étaient partis. Leur passage devant être court, ils n'avaient guère embarqué de provisions, et ils manquèrent bientôt de vivres. On ne peut imaginer tout ce qu'ils souffrirent tandis qu'ils furent chassés sur l'Océan au gré de la tempête. Ils passsèrent un grand nombre de jours sans avoir rien à manger ou à boire. La famine et la fatigue détruisirent peu à peu ce petit équipage. Il ne restait que quatre hommes, lorsque la pirogue chavira : la perte de ces quatre malheureux semblait inévitable : ils eurent cependant l'adresse et la force de saisir les bordages de l'embarcation, et de s'y tenir suspendus pendant quelques jours. Ils furent enfin jetés aux environs de cette île; les naturels du pays détachèrent tout de suite des pirogues qui les sauvèrent et les conduisirent à terre. L'un des quatre était mort, mais les autres vivaient encore; et ils racontèrent à O-maï les détails miraculeux qu'on vient de lire. Ils vantèrent beaucoup le traitement amical qu'ils avaient reçu des naturels, et ils étaient si contens de leur sort, qu'ils refusèrent l'offre de nos messieurs, qui, à la sollicitation d'Omaï, leur proposèrent de les ramener dans leur patrie. La conformité des mœurs et du langage les avait plus que naturalisés sur cette terre; les liaisons qu'ils y avaient formées, et qu'ils auraient eu bien de la peine à rompre après une si longue habitude, expliquent assez pourquoi ils ne voulurent pas revenir au lieu de leur naissance. Ils se trouvaient ici depuis plus de douze ans, car M. Anderson me dit qu'ils ne savaient rien de la relâche du capitaine Wallis à Taïti, en 1765, et qu'ils ignoraient d'autres événemens aussi mémorables, tels que la conquête d'Ouliétéa par les habitans de Bolabola, antérieure à l'arrivée des Européens. M. Anderson m'apprit aussi qu'ils s'appelaient *Orououté*, *Otirreroa*, et *Tavi* : le premier était né à Matavaï, dans l'île de Taïti; le second à Ouliétéa, et le troisième à Houaheiné.

» Le débarquement de nos messieurs sur cette île ne remplit pas mon objet, ainsi que je le disais tout à l'heure; mais on doit le regarder d'ailleurs comme heureux. Il nous a procuré la connaissance d'un fait très-curieux et très-instructif. En effet, l'histoire qu'on vient de lire explique mieux que toutes les conjectures des savans comment les hommes se sont répandus sur les contrées de la terre les plus éloignées, et en particulier sur les îles du grand Océan. (1)

» Les naturels du pays donnent à cette île le nom d'*Ouatihou :* elle gît par 20° 1′ de latitude sud, et 201° 45′ de longitude orientale. Elle a environ six lieues de circonférence ; elle est d'un très-bel aspect ; on y voit des collines et des plaines, et elle est couverte d'une verdure

(1) Il est vraisemblable que de pareils accidens sont communs dans le grand Océan. En 1696, deux pirogues, qui avaient à bord trente hommes ou femmes, et qui partirent d'Amorso, furent jetées, par les vents contraires et les orages, sur l'île de Samal, l'une des Philippines, éloignée de trois cents lieues. Après avoir été promenés soixante et dix jours sur la mer, cinq d'entre eux moururent durant cette pénible traversée. Le tome XV, page 196 jusqu'à la page 215, des *Lettres édifiantes et curieuses*, raconte le fait en détail, et donne la description des îles dont je viens de parler. Le même volume, pages 282 et suivantes, cite une aventure pareille arrivée en 1721. Deux pirogues, dont l'une contenait vingt-quatre et l'autre six personnes, hommes, femmes ou enfans, furent chassées d'une île appelée *Faroilep* à l'île de Guam ou Guaham, l'une des Larrons ou des Mariannes ; mais elles n'eurent pas à essuyer autant de fatigue que les deux autres, car elles ne furent que vingt jours en mer. Il n'y a aucune raison de révoquer en doute l'authenticité de ces relations. Tous les écrivains modernes ont adopté les détails que contiennent les lettres des jésuites sur ces îles, nommées aujourd'hui *Carolines*, et dont les Espagnols durent la connaissance à l'arrivée des deux dernières pirogues à Samal et Guam. *Voyez* les *Voyages aux Terres australes*, du président de Brosses, tome II, pages 443 et suivantes. *Voyez* aussi l'*Histoire universelle moderne*.

de plusieurs nuances. Nos messieurs trouvèrent le sol léger et sablonneux aux endroits où ils passèrent la journée; mais il est peut-être d'une autre qualité dans l'intérieur du pays ; car, à l'aide de nos lunettes, nous aperçûmes du vaisseau une teinte rougeâtre sur les terrains qui s'élèvent. Les habitations des insulaires occupent les collines ; nous en remarquâmes deux ou trois qui étaient longues et spacieuses. On y rencontre des cochons; et ses productions sont d'ailleurs les mêmes que celles de l'île que nous venions de quitter. Les habitans, auxquels nous montrâmes la position de Mangia, l'appelaient *Oaouhavaraouah*, nom qui diffère tellement de *Mangia Nooe Nainaioua*, que, selon toute apparence, *Oaouhavaraouah* est une troisième île.

« D'après les remarques qui précèdent, il paraît qu'Ouaïtiou sera peu utile aux vaisseaux qui auront besoin de rafraîchissemens, à moins qu'ils ne soient dans une nécessité absolue. Les naturels, connaissant aujourd'hui la valeur de quelques - unes de nos marchandises, on les déterminera peut-être à apporter des fruits et des cochons à un bâtiment qui louvoira près de la côte, ou à des canots mouillés aux environs du récif, à l'exemple des nôtres. Je ne sais toutefois si on y trouvera de l'eau douce ; les naturels en offrirent à nos messieurs, il est vrai, dans des cocos; mais ils dirent qu'elle venait de fort loin; et il n'y en a, selon toute apparence, que dans une mare ou dans un étang, car nous ne découvrîmes aucun ruisseau.

» O-maï interrogea ses trois compatriotes sur les mœurs et les usages des insulaires ; il pensait que leur manière de traiter les étrangers et leurs habitudes générales ressemblent beaucoup à celles de Taïti et des îles voisines. Leurs opinions et leurs cérémonies religieuses sont aussi à peu près les mêmes ; car nos messieurs , qui avaient vu un homme barbouillé de noir sur tout le corps , en ayant demandé la raison , on leur dit qu'il venait de rendre les derniers devoirs à un ami mort. Ils découvrirent de plus que les femmes se font , en pareille occasion , les blessures dont j'ai déjà parlé. Enfin toutes les circonstances donnent lieu de penser que ces insulaires sortent originairement de la peuplade qui s'est répandue d'une manière si merveilleuse sur l'immense étendue du grand Océan. Il y a lieu de croire néanmoins que les naturels se glorifient d'une extraction plus illustre ; car, O - maï nous assura qu'ils donnent à leur île la dénomination honorable de *Ouenoua no te Eatoua*, ou de *Terre des dieux* ; qu'ils se croient des espèces de dieux, et qu'ils sont persuadés qu'ils possèdent l'esprit de l'eatoua. Il semblait faire beaucoup de cas de cette prétention enthousiaste et folle. Il nous apprit que plusieurs Taïtiens la formaient également, et qu'elle était générale parmi les habitans de *Mutaia* ou de l'île *Osnabrug*.

» O-maï et nos deux Zélandais entendaient très-bien la langue d'Ouaïtiou. Je ne puis la

compa´rer aux autres dialectes. M. Anderson
avait eu soin d'en écrire quelques mots ; mais
les naturels, qui le dépouillèrent de tout indistinctement, lui volèrent son livre de notes.

» Je quittai l'île d'Ouaïtiou le 3 avril à la
pointe du jour, et je fis mettre le cap sur une
terre voisine que j'avais aperçue trois jours
auparavant. J'y arrivais le 4, à dix heures du
matin.

» Je chargeai M. Gore de prendre deux canots, de débarquer, s'il était possible, et de
rapporter du fourrage pour notre bétail.
Comme il ne semblait pas y avoir d'habitans
sur cette île, je crus que, si le débarquement
se trouvait praticable, nos espérances ne seraient plus trompées, et que nous serions les
maîtres d'y cueillir ce que nous voudrions. Un
récif entourait l'île, ainsi qu'à Ouaïtiou, et un
ressac très-fort battait contre les rochers. Cependant, dès que nos canots eurent atteints la
côte sous le vent ou de l'ouest, M. Gore et son
détachement eurent la hardiesse de pénétrer
en dedans du récif, et ils descendirent à terre
sains et saufs. Je vis du vaisseau que cette
première opération avait réussi, et je leur envoyai un troisième canot pour savoir de quelle
manière nous pouvions les aider. Le troisième
canot ayant voulu revenir avec des productions de l'île, n'arriva qu'à trois heures de
l'après-midi. Dès qu'il fut déchargé, je le renvoyai de nouveau ; j'expédiai aussi une quatrième embarcation, et j'ordonnai à M. Gore

d'être à bord avec tous les canots avant la nuit.
Mon ordre fut exécuté.

» La descente de M. Gore nous procura
environ cent cocos pour chacun des vaisseaux ;
elle fournit d'ailleurs de l'herbe à notre bétail,
et une quantité assez considérable de feuilles,
et de branches de jeunes palmiers, et de l'arbre appelé *ouharra* à Taïti, et *pandanus des
Indes orientales* par les naturalistes. Les
branches du *ouharra* étant molles, spongieuses
et remplies de suc, furent coupées en petits
morceaux et données à notre bétail, qui les
mangea sans répugnance ; ainsi il est vrai, à la
lettre, que nous le nourrîmes avec des morceaux de bois.

» Cette île gît par 19° 15′ de latitude sud,
et 201° 37′ de longitude orientale, à environ
trois ou quatre lieues d'Ouaïtiou, où elle est
appelée *Otakoutaia*. Les insulaires nous en
parlèrent quelquefois sous le nom de *Ouenoua-
etté*, ce qui signifie petite île. M. Anderson,
qui descendit à terre avec M. Gore, et qui en
fit à peu près le tour, conjecture qu'elle n'a
pas plus de trois milles de circonférence. Il
m'a donné en outre les détails suivans : la
grève en dedans du récif est composée d'un
sable de corail blanc ; derrière la grève, le
terrain ne s'élève pas de plus de six ou sept
pieds ; il est couvert d'un sol léger et rougeâtre ; mais il est entièrement dénué d'eau.

» On y trouve plusieurs groupes de cocotiers et un grand nombre d'ouharras. On y

rencontre aussi le *calophyllum*, le *suriana*, le *guettarda*, une espèce de *tournefortia*, des *tabernœmontana*, et quelques autres arbrisseaux, ainsi que l'arbre *etoa*, qu'on voit à Ouaïtiou. L'intervalle qui sépare ces arbres et les arbrisseaux est rempli par une espèce de liseron, excepté en quelques endroits, où l'on voit une quantité considérable de moutardes, une épurge, diverses petites plantes peu nombreuses, ainsi que le *morinda citrifolia*, dont les Taïtiens mangent le fruit dans les temps de disette. O-maï, qui débarqua avec M. Gore, apprêta cette plante pour le dîner du détachement ; mais elle ne parut pas trop bonne.

» Le seul oiseau qu'on aperçut parmi les arbres, était un joli coucou, châtain, tacheté de blanc. M. Gore le tua, il y avait sur la côte des goelands, une petite espèce de courlis, des hérons bleus et blancs, et beaucoup de noddis. Ces derniers faisaient alors leur couvée un peu plus loin dans l'intérieur de l'île, et ils se perchaient souvent sur l'hourra.

» Un de nos gens prit un lézard qui grimpait sur un arbre, et qui, malgré sa petitesse, paraissait dangereux : on en vit un très-grand nombre d'une seconde espèce. Les buissons près de la mer étaient remplis de jolies planelles tachetées de rouge et de noir et de blanc : il y avait aussi plusieurs espèces de phalènes différentes de celles-ci, ainsi que de jolis papillons et d'autres insectes.

» Quoique l'île ne fut pas habitée, des indices

sûrs nous prouvèrent que du moins elle est fréquentée quelquefois. On y trouva des cabanes. Il y avait plusieurs grosses pierres érigées en forme de monumens sous des arbres, et plusieurs terrains enclos par d'autres pierres plus petites; on avait probablement enterré des morts en cet endroit : on rencontra ailleurs une quantité considérable de coquilles, de pétoncles, d'une espèce particulière, sillonnée d'une manière agréable, et plus grosse que le poing : nous pensâmes avec raison que cette terre avait été visitée par des hommes qui tiraient des coquillages une partie de leur subsistance. M. Gore laissa dans une de ces huttes une hache et des clous, dont la valeur excédait ce qu'il prit sur la côte.

» Dès que les canots furent rentrés, je cinglai de nouveau au nord, avec un léger vent de l'est. Je voulais essayer de descendre à l'île d'Hervey, que j'avais découverte en 1773, durant mon second voyage (1) : quoiqu'elle ne fût pas éloignée de plus de quinze lieues, je ne l'aperçus que le 6, à la pointe du jour, dans l'ouest-sud-ouest, à environ trois lieues. A huit heures, nous en étions assez près ; nous vîmes plusieurs pirogues qui partaient de la côte, et qui venaient à nous. Ce spectacle me surprit, car rien ne m'avait indiqué des habitans lorsque j'en fis la découverte. Quand j'y arrivai, en 1773, le vent était assez impétueux,

____

(1) *Voyez* le *second Voyage de Cook*. On y lit que cette île a environ six lieues de tour.

et les pirogues n'osèrent vraisemblablement pas se mettre à la mer, car les vaisseaux passèrent sous le vent : cette fois nous étions au vent.

» Sur ces entrefaites nous avancions nous-mêmes vers l'île, et six ou sept doubles pirogues nous joignirent bientôt. Chacune portait de trois à six hommes. Elles s'arrêtèrent à environ un jet de pierre du vaisseau. O-maï eut bien de la peine à les déterminer à venir le long de *la Résolution ;* mais ses démonstrations amicales et ses prières ne purent engager un seul des naturels à monter à bord. Leur maintien farouche et leur conduite bruyante n'annonçaient pas des hommes disposés à se fier à nous, ou à nous bien traiter. Nous apprîmes ensuite qu'ils avaient essayé d'enlever les avirons d'un canot de *la Découverte,* et frappé un de nos matelots qui s'opposa à leurs desseins. Ils coupèrent de plus, avec une coquille, un filet rempli de viande, qui pendait à l'arrière du vaisseau de M. Clerke ; ils refusèrent opiniâtrément de le rendre, et nous fûmes contraints de leur en payer la valeur. Ceux qui environnaient *la Résolution* se conduisirent avec la même audace : ayant converti une longue perche en crochet, ils s'efforcèrent ouvertement de nous voler plusieurs choses, et ils vinrent à bout de prendre l'habit d'un de nos gens qui pendait en dehors du vaisseau. Ils me prouvèrent en même temps qu'ils avaient l'habitude de faire des échanges ; ils nous vendirent du poisson, et entre autres des carrelets assez singuliers, tachetés comme du porphyre, et des anguilles de la blancheur du lait, piquetées de noir : nous les payâmes avec de petits clous, qui leur firent un extrême plaisir, et qu'ils appelèrent *gouré*. Au reste, ils saisissaient avec la plus grande avidité des morceaux de papier et tout ce que nous leur donnâmes : si ce que nous jetions tombait dans la mer, ils sautaient à l'instant au milieu des flots afin de le ramasser.

» Ils ne ressemblent aux insulaires d'Ouaïtiou ni par la figure, ni par le caractère, quoique les deux îles soient peu éloignées l'une de l'autre : leur teint est foncé; plusieurs avaient une physionomie grossière et farouche, et la peau bise comme les naturels de la Nouvelle-Zélande; mais celle de quelques-uns était assez blanche. Leurs cheveux noirs et forts flottaient sur leurs épaules, ou étaient noués en touffes au sommet de la tête. Quelques-uns néanmoins les portaient courts, et deux ou trois d'entre eux les avaient bruns ou rougeâtres. Une natte étroite qui faisait plusieurs tours sur la partie inférieure du corps, et qui passait entre les cuisses, composait tout leur vêtement. Nous vîmes un joli chapeau de plumes rouges dans l'une des pirogues. Ils n'avaient d'autre parure qu'une nacre de perle polie suspendue à leur cou. Aucun d'eux n'avait adopté l'ornement bizarre, si commun dans les îles du grand Océan; je veux dire que leurs corps n'étaient pas tatoués.

» Malgré, cette différence, il nous fut démontré qu'ils descendent de la même race que les autres insulaires de cet océan. Leur idiome approchait encore davantage de la langue de Taïti que celui d'Ouaïtiou ou de Mangia. Ainsi que les habitans de ces deux îles, ils demandèrent d'où venaient nos vaisseaux et où ils allaient; comment s'appelait le commandant, et combien nous avions d'hommes à bord : ils imaginèrent même que mon bâtiment avait un nom particulier, et ils voulurent le savoir. De leur côté, ils répondirent sur-le-champ aux questions que nous leur fîmes. Ils nous dirent qu'ils avaient déjà vu deux grands vaisseaux pareils aux nôtres, mais qu'ils n'avaient point eu d'entrevue avec les équipages, qui passèrent sans s'arrêter. Il paraît hors de doute qu'il s'agissait de *la Résolution* et de *l'Aventure*. Nous apprîmes que leur île se nomme *Teraouggemaou Atoua*, et qu'ils sont sujets de Tirevatoui, roi d'Ouaïtiou. D'après ce qu'ils nous dirent, leur île ne produit ni bananes, ni fruit à pain; on n'y trouve ni cochons, ni chiens, et les habitans se nourrissent de cocos, de poisson et de tortues. Il y eut un moment où trente de leurs pirogues s'offrirent à nos regards : elles étaient assez grandes et bien faites : l'arrière ressemble un peu à celles d'Ouaïtiou, et l'avant se projette en saillie, à peu près de la même manière ; mais l'extrémité se replie vers le haut, au lieu de se replier vers le bas.

» Le vent était très-faible, et nous n'atteignîmes qu'à une heure la côte nord-ouest de l'île, la seule partie où il parut vraisemblable que nous trouverions un mouillage et un lieu propre au débarquement. J'ordonnai au lieutenant King de prendre deux canots armés, et d'aller sonder et reconnaître la côte tandis que les vaisseaux couraient des bordées. Dès que les canots furent à la mer, les pirogues qui s'étaient tenues jusqu'alors près de nous, et qui avaient fait des échanges, suspendirent leur trafic; elles regagnèrent l'île à force de rames, et elles ne revinrent plus.

» Les canots furent de retour à trois heures, et M. King m'informa qu'il n'y avait point de mouillage pour les vaisseaux, et que les canots pouvaient seulement débarquer au bord extérieur du récif, situé à environ un quart de mille du rivage. Il me dit que les insulaires étaient arrivés sur le récif, armés de longues piques et de massues, comme s'ils avaient voulu s'opposer à sa descente; qu'il s'approcha néanmoins, et qu'alors les naturels lui jetèrent des cocos, et l'engagèrent à descendre : que sur ces entrefaites il vit les femmes qui apportaient en hâte des piques et des dards; mais que, n'ayant point de dessein de débarquer, il ne leur fournit pas l'occasion de s'en servir.

» D'après ces détails, je considérai que, les vaisseaux ne pouvant mouiller, je perdrais du temps, si j'essayais de me procurer du fourrage, et que cette opération serait un peu dangereuse. D'ailleurs nous avions aussi besoin d'eau; et quoique les habitans eussent dit qu'on

en trouvait sur l'île, j'ignorais en quelle quantité et à quelle distance. Enfin, quand nous
n'aurions pas rencontré d'autres obstacles, j'é-
tais sûr qu'il serait difficile et périlleux à bien
des égards de passer le récif.

» Ainsi nos espérances furent trompées sur
toutes les îles que nous avions rencontrées depuis notre départ de la Nouvelle-Zélande; les
vents contraires, et d'autres événemens imprévus auxquels nous ne pûmes nous soustraire
nous avaient tellement retardés, que je me vis
hors d'état de rien faire cette année dans les
hautes latitudes de l'hémisphère septentrional.
Elles se trouvaient fort loin de nous, quoique
la saison nécessaire à nos opérations eût déjà
commencé. Il fallut donc prendre les mesures
les plus propres à conserver le bétail que nous
avions sur nos vaisseaux, et, ce qui était encore
plus important, ménager nos vivres et nos mu-
nitions, afin d'avoir plus de moyens d'aller
faire des découvertes dans le nord, que j'avais
cru pouvoir entreprendre une année plus tôt.

» Si j'avais eu le bonheur de me procurer de
l'eau et du fourrage sur l'une des dernières îles,
je serais retourné au sud jusqu'à ce que j'eusse
rencontré un vent d'ouest. Il était impossible
alors de suivre cette route; tous nos quadrupèdes seraient morts avant d'arriver à Taïti, et
je n'aurais tiré aucun profit de ce mouvement
rétrograde par rapport au grand objet de
notre voyage.

» Je résolus donc de gagner les îles des

Amis, où j'étais sûr de trouver en abondance toutes les choses dont j'avais besoin; et comme il fallait marcher la nuit, ainsi que le jour, j'ordonnai au capitaine Clerke de se tenir à une lieue en avant de *la Résolution*; nous pouvions rencontrer des terres durant la traversée, et je pris cette précaution, parce que son vaisseau était plus propre que le mien à l'attaque d'une côte.

» Je fus encore contrarié dans mes projets, et obligé de relâcher à l'île Palmerston plutôt qu'à celle d'Éouah, à laquelle j'avais donné la préférence. Je l'atteignis le 13 avril, dans la matinée.

» Je fis mettre à la mer quatre canots, commandés chacun par un officier; trois de *la Résolution*, et un de *la Découverte*, et je leur ordonnai de chercher le lieu le plus propre au débarquement. Notre bétail était sur le point de mourir de faim, et je me voyais forcé de tirer de cette île quelques herbages.

» L'île Palmerston renferme neuf ou dix îlots, placés en cercle et réunis par un récif de rochers de corail. Les canots examinèrent d'abord celui des îlots qui est le plus au sud-est. Leurs recherches n'ayant pas eu de succès, ils se rendirent au second, où nous eûmes la satisfaction de les voir débarquer. Je conduisis alors les vaisseaux par le travers de l'endroit où ils étaient descendus, et nous louvoyâmes en les attendant, car la mer se trouvait trop profonde pour mouiller. Je n'en fus pas contrarié : l'île était déserte.

»L'un des canots revint à une heure, chargé de cochléaria et de jeunes cocotiers, que notre bétail mangea avec avidité. Il m'apporta un message de M. Gore, qui commandait le détachement. Cet officier m'informa qu'il y avait dans l'île beaucoup de cochléaria, d'ouharra, de palmiers, et de quelques cocos. Je résolus de prendre un supplément de ces fruits. L'après-dînée je me rendis à terre avec le capitaine Clerke.

» Nous trouvâmes tous nos gens occupés au travail. Ils avaient débarqué dans une petite crique formée par le récif, et un peu plus d'étendue que la longueur d'un canot sur chacune de ses directions. Des rochers saillans le mettaient à l'abri de l'impétuosité des vagues. La circonférence de l'île est à peine d'un mille ; elle n'est pas élevée de plus de trois pieds au-dessus du niveau de la mer. Elle me parut composée en entier de sable de corail et d'un peu de terreau noirâtre, débri des végétaux tombés en pouriture. Le sol, malgré sa maigreur, est couvert d'arbres et d'arbrisseaux de la nature de ceux d'Ouenoua-etté, mais moins variés. On y voit quelques cocotiers. Nous aperçûmes sur les arbres qui étaient le plus près de la mer, ou un peu dans l'intérieur du pays, un grand nombre de frégates et de pailles-en-cul ; nous y rencontrâmes aussi des fous de deux espèces, qui faisaient alors leur couvée, et qui se montrèrent si peu sauvages, qu'ils se laissaient prendre à la main. De petits rameaux d'arbres mal assemblés formaient leur nid. Les pailles-en cul déposaient leurs œufs à terre sous les arbres : ils diffèrent beaucoup de l'espèce commune. Ils sont partout d'un blanc éclatant, un peu tacheté de rouge, et les deux longues plumes de leur queue sont d'un cramoisi foncé, ou d'un rouge de sang. Nos gens tuèrent une quantité considérable de ces divers oiseaux. Leur chair était peu délicate ; toutefois, comme nous ne vivions depuis long-temps que d'alimens salés, nous la trouvâmes assez bonne. Nous rencontrâmes une multitude de crabes rouges qui rampaient parmi les arbres, et nous prîmes plusieurs poissons que la mer, en se retirant, avait laissés dans des trous sur le récif.

» Il y a une lagune en dedans du récif, et nous trouvâmes, sur la portion du récif qui est en face, un grand banc de corail, qui offrait peut-être une des perspectives les plus riantes que la nature ait produites en aucun lieu du monde. Sa base était fixée à la côte, mais elle pénétrait si avant, qu'on ne pouvait la découvrir. Il semblait suspendu dans l'eau, dont la profondeur augmentait si brusquement, qu'à peu de distance la sonde rapportait sept à huit brasses. La mer était absolument calme, et le soleil, brillant de tout son éclat, montrait à nos regards étonnés les différentes espèces de corail qui offraient les formes les plus variées. Des coquillages épars formaient des nuances des plus riches couleurs, et ajoutaient encore à la beauté de cet aspect. La variété des formes des poissons contribuait aussi à la richesse de cette grotte marine, dans laquelle ils se promenaient paisiblement. Nous la regardâmes avec un plaisir inexprimable, et nous éprouvâmes du regret de ce qu'un ouvrage si extraordinaire est caché dans un lieu où les hommes n'ont guère occasion de lui payer le tribut d'éloges qu'il mérite.

» Rien n'annonçait que des hommes fussent jamais venus sur cette terre, si j'en excepte un petit bordage de pirogue qu'on rencontra sur la grève, et que la mer pouvait y avoir apporté d'une autre île. Mais ce qui est assez singulier, nous y vîmes plusieurs petits rats bruns. Il n'est pas aisé d'expliquer l'origine de ces animaux, et je suis tenté de croire qu'ils y sont venus avec la pirogue dont nous aperçûmes les débris.

» Lorsque les canots furent chargés, je revins à bord : M. Gore passa la nuit à terre avec quelques hommes, afin de reprendre plus tôt ses travaux le lendemain.

» La journée du 15 se passa comme celle de la veille. M. Gore cueillit et envoya à bord des provisions pour notre bétail ; il nous procura surtout des choux palmistes, de jeunes cocotiers, et les rameaux tendres du ouharra. Au coucher du soleil, les deux vaisseaux en avaient une quantité suffisante, et je fis revenir le détachement ; mais comme le vent était faible ou nul, je résolus d'attendre un jour de plus, et d'essayer le lendemain de tirer des cocos pour

les équipages de l'île sous le vent la plus voisine de nous, où nous voyions les cocotiers
en plus grande abondance que sur celle où
nous venions de débarquer.

» Je courus des bordées toute la nuit ; et le
16, entre huit et neuf heures du matin, j'allai
avec les canots au côté occidental de l'île : mon
débarquement n'eut rien de difficile. Les hommes qui m'accompagnaient se mirent tout de
suite à cueillir des cocos, que nous y trouvâmes en très-grande quantité. Mais nous eûmes
beaucoup de peine pour les embarquer ; car il
fallut les porter l'espace au moins d'un demi-mille
sur le récif ; et ceux qui firent ce transport eurent de l'eau jusqu'à la ceinture. O-maï, qui était
avec moi, prit en peu de temps assez de poissons pour donner à dîner au détachement et
pour en envoyer aux deux vaisseaux. Nous rencontrâmes aussi une multitude d'oiseaux, et
particulièrement des frégates et des pailles-en-
cul ; en sorte que notre repas fut excellent.
Pour rendre justice à O-maï, je dois dire qu'il
nous était d'un très - grand secours dans ces
excursions sur des îles inhabitées. Non-seulement il pêchait, mais apprêtait encore le poisson, ainsi que les oiseaux qui tombaient sous
nos coups. Il faisait la cuisine selon la méthode
de ses compatriotes, c'est-à-dire, qu'il creusait
un four en terre, et qu'il cuisait les alimens
avec des pierres chaudes. Nous étions enchan-
tés de son adresse et de sa bonne humeur. Chacun des canots fit deux voyages avant la nuit

je retournai à bord sur le soir, mais je laissai à terre M. Williamson, mon troisième lieutenant, avec quelques hommes, en lui recommandant de préparer une autre charge pour les canots que je voulais y renvoyer le lendemain.

» Je renvoyai en effet les canots le lendemain à sept heures, et ils revinrent chargés à midi. Je les renvoyai encore chercher une autre cargaison, et je leur remis un ordre qui enjoignait au détachement de se trouver à bord au coucher du soleil. Dès que M. Williamson fut de retour avec sa petite troupe, on rentra les canots, et nous fîmes voile à l'ouest à l'aide d'un léger vent du nord.

» Cet îlot est plus grand de moitié que l'autre, et presque entièrement couvert de cocotiers ; la plupart de ces arbres offraient d'excellens fruits, et souvent des vieux et des jeunes sur la même tige. Leur trop grande proximité en plusieurs endroits nuisait à leur croissance : en général les autres productions étaient les mêmes que sur le premier îlot. Nous vîmes sur la grève deux morceaux de bordage, dont l'un était grossièrement sculpté, et une pagaie de forme elliptique. Ces débris venaient probablement de la même pirogue que ceux dont j'ai parlé ; car les deux îlots ne sont éloignés que d'un demi-mille. Nous rencontrâmes une jeune tortue jetée depuis peu sur la côte, car elle était encore remplie de vers. Il y a moins de crabes que sur le premier îlot ; mais nous y aperçûmes des mouches et un petit nombre d'autres insectes. Il y avait beaucoup de poissons sur les récifs, entre autres, de grosses anguilles tachetées d'une manière agréable ; lorsque nous les poursuivions, elles élevaient leur tête au-dessus de l'eau, elles ouvraient leur bouche, et elles s'efforçaient de nous mordre. On y voit aussi le poisson perroquet et le rockfish brun et tacheté, de la grandeur de la morue, mais si peu farouche, qu'au lieu de s'enfuir à notre aspect, il s'arrêta pour nous regarder. Si nous avions manqué tout-à-fait de provisions, nous aurions pu en embarquer ici une assez grande quantité ; car le récif était rempli d'une multitude innombrable de ces coquillages dont j'ai déjà fait mention, et qui pesaient deux ou trois livres. Ces coquillages étaient de plusieurs espèces ; nous y ramassâmes la grosse limace de mer. Quand la marée monta, plusieurs requins passèrent par-dessus le récif ; nos gens en tuèrent quelques-uns ; mais il y avait alors du danger pour nous de marcher dans l'eau, à cause de ces gros poissons.

» Le détachement qui passa la nuit à terre avec M. Williamson fut très-incommodé des mousquites, ainsi que celui de M. Gore l'avait été sur l'îlot précédent.

» Notre temps fut au reste employé d'une manière utile sur cet îlot ; car nous y prîmes environ douze cents cocos, qui furent distribués à l'équipage par égales portions ; le jus et la noix furent également bons pour notre santé.

Les vaisseaux qui se trouveront dans ce parage, peuvent, si le vent est modéré, suivre notre exemple et espérer le même succès ; mais les deux îlots sur lesquels nous débarquâmes manquent d'eau douce : s'il y en avait, et s'il était possible de pénétrer dans l'espace de la mer qu'entoure le *récif*, et que l'on peut appeler une lagune, ce mouillage serait pour les bâtimens qui relâcheraient faute de rafraîchissement préférable à ceux des îles habitées ; car ils y trouveraient une quantité suffisante de poissons, et les équipages s'y promèneraient sans être inquiétés de personne.

» Les neuf ou dix îlots peu élevés, compris sous le nom d'*île Palmerston*, peuvent être regardés comme les pointes ou les sommets du récif de corail qui les réunit. Quoiqu'ils soient couverts seulement d'une légère enveloppe de sable, ils se trouvent, ainsi que je l'ai déjà observé, remplis d'arbres et de plantes, la plupart de la même espèce que ceux des terrains bas des hautes îles de cet Océan.

» Les savans qui cherchent à expliquer la formation des diverses contrées de la terre ne sont pas d'accord sur l'origine des îles basses. Les uns disent que ces pointes de rochers ou îlots étaient réunies autrefois ; qu'elles composaient une seule terre plus élevée, dont la mer, dans la révolution des siècles, a englouti une portion, et que les parties les plus hautes qui se montrent encore disparaîtront un jour. D'autres conjecturent qu'elles ont été produites

*

par des tremblemens de terre, et qu'elles sont
l'effet des convulsions intérieures du globe.
Une troisième opinion, qui me paraît la plus
vraisemblable, n'admet que des bas-fonds ou
des bancs de corail qui s'accroissent peu à peu.
Je n'exposerai pas ici les raisons qu'on emploie
pour défendre chacun de ces systèmes; je me
contenterai de décrire les parties de l'île Palmerston que j'ai examinées.

» Un rocher de corail forme partout la base
de l'île. Le sol est un sable de corail auquel les
débris des végétaux se sont mêlés, en quelques
endroits, de manière à former quelque chose
qui ressemble à du terreau. On peut en conclure,
avec beaucoup de vraisemblance, que ces îlots
ne sont pas anciens, et qu'ils ne sont point non
plus les restes d'une île plus grande engloutie
par l'Océan; car, dans l'une ou l'autre des deux
hypothèses, il devrait y avoir plus de terreau,
ou bien il devrait y rester une portion du sol
primitif. Il est facile de prouver d'ailleurs l'accroissement de ces îlots : nous y rencontrâmes
bien au-delà du point où arrivent aujourd'hui
les flots, lors même que la mer est la plus
orageuse, des rochers de corail élevés qui nous
parurent avoir été troués de la même manière
que les rochers de corail qui composent main-
tenant le bord extérieur du récif; d'où il résulte
que les vagues se portaient autrefois jusqu'ici.
J'ajouterai que quelques-uns de ces rochers
troués sont presqu'au centre de l'îlot.

» La meilleure preuve de l'accroissement

des îlots et de la théorie que j'adopte, c'est la gradation insensible que l'on observe dans les plantes des rivages de ces terres, depuis un point qui n'est éloigné que de quelques pouces de la marque de la marée haute, jusqu'au bord des bois. On voit de la manière la plus évidente, en plusieurs endroits, et surtout sous le vent, ou à la côte occidentale, que ces plantes ont poussé à des époques différentes. Je pense qu'elles doivent leur origine à des marées extraordinairement hautes, produites par des coups de vent impétueux de l'ouest; que ces marées ont accumulé du sable au delà de la ligne où s'arrêtent les marées ordinaires, et qu'ensuite le mouvement régulier et imperceptible de ces dernières marées a jeté assez d'autre sable pour former une barrière contre les marées très-hautes, et empêcher les flots et la tempête de venir aussi loin qu'ils arrivaient précédemment, et de détruire les plantes qui commencent à végéter, telles que les cocos, les racines et les graines apportées par les oiseaux, ou poussées par les vagues. Cette transplantation doit arriver très-souvent; car nous vîmes beaucoup de cocos et d'autres semences qui germaient tout près du point où la mer vient aujourd'hui, et dans des lieux où il était clair que ces fruits ne provenaient pas des plantes qui se trouvaient plus voisines du centre de l'île, et qui avaient acquis toute leur croissance. La multiplication des végétaux augmente rapidement la hauteur d'une terre nouvelle ainsi créée ; car les feuilles qui tombent, et les branches d'arbres qui se détachent de la tige, se convertissent bientôt en un bon terreau noir, sous un climat tel que celui-ci (1).

» Une autre cause ne contribue peut-être pas moins à l'accroissement de ces îles, et explique comment la mer s'est éloignée des rochers troués dont j'ai parlé plus haut. Il me paraît que le banc de corail et le récif s'étendent de jour en jour sous les flots d'une manière imperceptible. Les vagues, se retirant à mesure que la largeur et la hauteur du récif augmentent, laissent derrière elles un rocher sec, prêt à recevoir des morceaux de corail brisés, du sable et les divers matériaux nécessaires à la formation d'une terre qui produise des végétaux.

» Ainsi on ne peut guère douter que le récif

(1) Le journal de M. Anderson offre, sur l'île Palmerston, les détails suivans, qui confirment l'opinion du capitaine Cook : « Les arbres très-nombreux dans le dernier des îlots » sur lequel nous descendîmes, avaient déjà formé de leurs » débris des terres que la même cause élèvera par la suite » des temps à la hauteur des petites collines. Ils se trouvaient » en moindre quantité sur le premier, qui n'offrit aucune » éminence, et qui indiqua cependant d'une manière plus » sensible l'origine de ces terres ; car, tout près de cet îlot, il » y en a un second plus petit, formé sans doute depuis peu : » on n'y trouvait aucun arbre, mais on y voyait une multi- » tude d'arbrisseaux, et quelques-uns sur des morceaux de » corail jetés par la mer. Je remarquai un peu plus avant » une autre chose qui donne une nouvelle force à cette théo- » rie ; je veux parler de deux bandes de sable de cent cinquante » pieds de long, et d'un pied ou dix-huit pouces de haut, » qui étaient sur le récif, et qui n'avaient pas encore un ar- « brisseau. »

entier ne devienne une île avec le temps. Je pense que l'accroissement des îlots déjà formés, ou la formation de quelques îlots nouveaux, sur les lits de corail qu'on rencontre dans la lagune, et qui doivent s'élever assez pour se montrer au-dessus du niveau des flots, l'agrandiront peu à peu du côté intérieur. »

Après avoir quitté l'île Palmerston, le capitaine Cook mit le cap à l'ouest, afin d'arriver promptement à Anamocka. Les vents continuèrent à être variables, et ils se tinrent souvent entre le nord et l'ouest, avec des rafales, du tonnerre et beaucoup de pluie. Ces pluies, en général très-abondantes, lui procurèrent une quantité considérable d'eau douce. Voyant qu'une pluie d'une heure lui en donnait davantage qu'une distillation prolongée durant un mois, il fit mettre de côté la machine à dessaler, comme une chose plus incommode qu'utile.

La chaleur, qui était forte depuis environ un mois, devint beaucoup plus désagréable sous ce ciel constamment pluvieux. Cook ne pouvait ni tenir les vaisseaux à sec, ni ouvrir les écoutilles, et l'humidité l'effrayait pour la santé des équipages. Il faut observer que, depuis son départ du cap de Bonne-Espérance, il n'avait pris des rafraîchissemens qu'à la Nouvelle-Zélande, et que, malgré les nourritures salées et la vicissitude du climat, il n'avait pas un seul malade. Il se trouva le 28 avril sur la côte d'Anamocka.

Il ne mouilla que le 1er. mai dans un des havres de cette île.

« En arrivant au mouillage, nous fûmes retardés, dit Cook, par une multitude de pirogues qui environnèrent sans cesse nos vaisseaux, et nous apportèrent diverses productions de leur île. Quelque-unes étaient doubles et munies d'une grande voile, et portaient quarante à cinquante hommes chacune. Elles manœuvraient autour de nous aussi lestement que si nous avions été à l'ancre. Nous y vîmes plusieurs femmes que la curiosité amena peut-être : j'ajouterai toutefois qu'elles ne mirent pas moins d'ardeur que les hommes à faire des échanges, et qu'elles maniaient la pagaie avec la même dextérité. Je mouillai au même endroit que j'avais occupé trois années auparavant ; et vraisemblablement à peu de distance de celui où Tasman, qui découvrit cette terre et quelques-unes des îles voisines, mouilla en 1643.

» Le lendemain, dans la matinée, tandis qu'on se préparait à aller remplir les pièces à eau, je descendis à terre avec le capitaine Clerke et quelques officiers pour fixer le lieu où l'on établirait l'observatoire et la garde. Les naturels nous avaient permis de bon gré de choisir l'emplacement, ils nous accordèrent aussi une remise à pirogues pour nous servir de tente, et ils nous reçurent de la manière la plus affectueuse. Toubaou, le chef de l'île, nous mena, O-maï et moi, dans sa maison : nous la trouvâmes située dans un emplacement charmánt, au centre de sa plantation : un joli gazon l'entourait, et Toubaou nous dit que c'était pour nettoyer les pieds de ceux qui entraient chez lui. Jusqu'alors je n'avais remarqué cette recherche de propreté sur aucune des îles du grand Océan ; mais je vis ensuite qu'elle était très-commune aux îles des Amis. Le plancher de la maison de Toubaou était couvert de nattes : les tapis des salons anglais les plus élégans ne sont pas plus propres. Tandis que j'étais à terre, j'achetai quelques cochons et des fruits ; en arrivant à bord, je trouvai le vaisseau rempli d'insulaires. Ils n'étaient pas venus les mains vides, et nous avions des rafraîchissemens dans la plus grande abondance. L'après-dînée, je descendis de nouveau à terre avec un détachement de soldats de marine, les chevaux et ceux de nos bestiaux qui étaient malades. Tout étant disposé à ma satisfaction, je retournai au vaisseau au coucher du soleil, laissant à M. King le commandement à terre. Taïpa, qui était devenu notre intime ami, et qui semblait être le seul qui s'occupât de nous, pour se trouver près de notre détachement la nuit ainsi que le jour, se fit apporter sa maison sur les épaules d'un homme l'espace d'un bon quart de mille, et la plaça près de la remise qu'occupait ma petite troupe.

» Nos diverses opérations à terre commencèrent le 3 : quelques-uns de nos gens cueillirent de l'herbe pour le bétail, d'autres remplirent les futailles à l'étang voisin, et un troisième détachement coupa du bois ; il s'en trouvait vis-à-vis des vaisseaux, et dans un lieu très-commode pour l'embarquement, une grande quantité propre au chauffage; il était naturel de commencer par abattre ces arbres; mais les arbres que nos matelots prirent mal à propos pour des mancenilliers, et qui étaient une espèce de poivrier, appelée *faitanou* par les naturels, rendaient un suc blanc si corrosif, qu'il faisait naître des ampoules sur la peau, et offensait les yeux. Les travailleurs furent obligés d'abandonner cet endroit et d'aller dans l'anse, où était postée notre garde, et où l'on embarquait de l'eau. Les naturels nous y cédèrent d'autres bois plus convenables à l'usage que nous en voulions faire. MM. King et Beyley prenaient sur ces entrefaites des hauteurs correspondantes du soleil, afin de déterminer le mouvement journalier des garde-temps. Au moment où les insulaires s'éloignèrent de notre camp, le soir, Taïpa les harangua. Nous ne pûmes que deviner le sujet de son discours; nous jugeâmes qu'il les instruisait de la manière dont ils devaient se conduire envers nous, et qu'il les encourageait à apporter au marché les productions de l'île. Son éloquence produisit pour nous de bons effets, car on nous apporta beaucoup de provisions le lendemain.

» Le 4, *la Découverte* perdit son ancre d'affourche, parce que le câble fut coupé par les rochers. On examina les câbles de *la Résolution*, qui se trouvèrent en bon état.

» Le 6, nous reçûmes la visite d'un chef de Tongatabou qui se nommait *Finaou*, et que Taïpa présenta comme roi de toutes les îles des Amis. J'appris alors qu'immédiatement après mon arrivée, on avait envoyé une pirogue à Tongatabou, et que ce chef avait passé tout de suite à Anamocka. L'officier qui commandait à terre me dit qu'au moment où ce chef arriva, tous les insulaires eurent ordre d'aller à sa rencontre; que, pour lui témoigner leur soumission, ils se prosternèrent jusqu'à terre, et qu'ils lui touchèrent la plante des pieds avec la paume, puis avec les revers de leurs mains : il paraissait clair qu'un homme accueilli d'une manière si respectueuse était véritablement le roi.

» Je reçus bientôt de ce grand personnage un présent de deux poissons que m'apporta un de ses domestiques, et j'allai lui faire une visite l'après-dînée. Il s'approcha de moi dès que je fus débarqué; il paraissait âgé d'environ trente ans; il était grand, mais mince; sa physionomie, de toutes celles que j'avais vues, ressemblait davantage à celle des Européens. Je lui demandai, après les premières salutations, s'il était le roi; car, ne le reconnaissant pas pour celui que j'avais vu dans mon second voyage, je commençais à avoir des doutes, malgré ce qu'on m'avait dit. Taïpa s'empressa de répondre affirmativement pour lui, et il ne compta pas moins de cent cinquante-trois îles, dont il assura que Finaou était souverain. Après une courte visite, Finaou m'accompagna à bord, avec six personnes de sa suite. Je leur fis des présens convenables, et je les traitai de la manière que je crus la plus conforme à leurs goûts.

» Je les reconduisis à terre le soir. Le chef, pour me remercier des présens qu'il avait reçus, fit mettre trois cochons dans mon canot. J'appris alors un accident qui venait d'arriver, et dont je vais parler avec quelques détails, parce qu'il donnera une idée de l'étendue du pouvoir que les chefs exercent ici sur le bas peuple. Tandis que Finaou était à bord de mon vaisseau, un chef inférieur, par des raisons que notre détachement ne put découvrir, ordonna aux naturels de s'éloigner du poste que nous occupions. Quelques-uns s'étant hasardés à revenir, ce chef prit un gros bâton, et les en frappa sans pitié. Il asséna un coup si vigoureux sur le visage de l'un d'eux, que le sang jaillit par la bouche et les narines de ce malheureux, qui tomba sans connaissance, eut ensuite des convulsions, et fut emporté. Ce chef brutal, à qui l'on vint raconter qu'il avait tué cet homme, ne fit qu'en rire ; il était évident qu'il n'éprouvait pas le moindre regret de ce meurtre. Nous apprîmes depuis que le blessé n'était pas mort.

» *La Découverte* ayant relevé sa petite ancre d'affourche, changea de mouillage le 7, parce que son meilleur câble avait été coupé comme l'autre. Finaou vint dîner avec moi le même jour; il y revint aussi le lendemain, accompagné de Taïpa, de Toubaou et de quelques autres chefs. J'observai que Taïpa eut seul la permission de s'asseoir à la même table, ou même de manger en sa présence. J'avoue que cette étiquette me fit plaisir; car, avant l'arrivée de Finaou, j'avais plus de convives que je ne pouvais en loger, des hommes et des femmes venant en foule s'emparer de ma table. Les habitans des îles des Amis n'ont pas, comme les Taïtiens, refusé aux femmes le droit de manger avec les hommes.

» On nous avait volé une grande hache dès le premier jour de notre arrivée. Je m'adressai à Finaou pour qu'il interposât son autorité afin qu'on me la rendît; il donna en effet ses ordres, et on les exécuta si promptement, que la hache me fut rapportée à bord le lendemain, tandis que nous étions à dîner. Ce peuple nous fournit des occasions fréquentes de remarquer son adresse à voler. Quelques-uns des chefs eux-mêmes ne jugèrent pas que le larcin fût au-dessous de leur dignité. Le 9, l'un d'eux fut surpris emportant sous ses habits la manivelle de la machine avec laquelle nous tordions nos fils de carets; je le condamnai à recevoir douze coups de fouet; et je le tins aux arrêts jusqu'au moment où il racheta sa liberté avec un cochon. Depuis cette époque, nous ne rencontrâmes plus de filoux d'un rang distingué. Leurs domestiques, ou leurs esclaves, se livraient cependant toujours à ces vilaines pratiques; et les coups de fouet ne semblaient pas produire plus d'effet sur eux que sur un morceau de bois. Lorsqu'on en surprenait en un flagrant délit, son maître, loin d'intercéder en sa faveur, me conseillait souvent de tuer le coupable. J'étais bien éloigné de suivre ce conseil, et les voleurs, en général, échappaient à tout châtiment, car ils paraissent aussi insensibles à la honte qu'aux coups. Le capitaine Clerke imagina enfin une punition qui me sembla les contenir un peu: il mit les voleurs entre les mains du barbier, qui lui rasa entièrement la tête. Nous les renvoyions ainsi couverts de ridicule aux yeux de leurs compatriotes; et nous mettions nos gens en état de les empêcher de commettre de nouvelles friponneries en les tenant bien éloignés.

» Finaou recherchait tellement notre compagnie, qu'il dînait tous les jours à bord, quoiqu'il lui arrivât quelquefois de ne pas partager notre repas. Le 10, par exemple, ses domestiques lui apportèrent du poisson, une soupe et des ignames. Au lieu d'eau pour la soupe, c'était du jus de cocos dans lequel on avait fait cuire le poisson, vraisemblablement dans un vase de bois, au moyen de pierres chaudes; mais on l'apporta dans une feuille de bananier. Je goûtai ce mets, et je le trouvai si bon, que j'ordonnai ensuite d'apprêter du poisson de la même manière. Mon cuisinier réussit assez bien, sans cependant approcher jamais de la perfection de ses modèles.

» Comme nous avions épuisé cette île, et qu'il y restait peu de cochons ou de fruits, le 11 on reconduisit à bord les chevaux, les observatoires, et les autres choses que nous avions débarquées, ainsi que le détachement de marine qui montait la garde à terre. Je songeais à appareiller dès que *la Découverte* aurait retrouvé sa seconde ancre. Finaou, comprenant que je voulais passer tout de suite à Tongatabou, me pressa vivement de changer de projet. L'aversion que lui inspirait ce voyage me fit penser qu'il était intéressé à m'en détourner. Il m'exhorta avec beaucoup d'instances de préférer une île ou plutôt un groupe d'îles appelé *Hapaï*, situé au nord-est. Il m'assura que nous y trouverions des rafraîchissemens de toute espèce, et en grande abondance; et, pour donner plus de poids à ce qu'il disait, il promit de nous accompagner. Je me rendis à ses prières, et je décidai que nous irions à bord à Hapaï. Aucun vaisseau européen n'y avait abordé, et je désirais connaître les mœurs des habitans.

» Le 12 et le 13 se passèrent à essayer de de recouvrer l'ancre du capitaine Clerke; après beaucoup de peines, nous en vînmes à bout, et nous partîmes d'Anamocka le 14 au matin.

» Cette terre est un peu plus élevée que les autres petites îles qui l'environnent; mais on ne peut la compter, comme celles de Mangia et d'Ouaïtiou, parmi celles d'une hauteur modérée. La côte, à l'endroit où mouillèrent nos vaisseaux, est un rocher de corail escarpé et haché, de neuf à dix pieds d'élévation, excepté en deux endroits où il y a des grèves sablonneuses dont l'entrée est traversée par un récif de la même espèce de rocher, qui les met à l'abri de la lame. La lagune d'eau salée qui est au milieu de l'île a environ un mille et demi de largeur ; le terrain qui l'environne s'élève comme un banc par une pente insensible ; nous ne pûmes découvrir sa communication avec la mer. Le terrain qu'on traverse pour y arriver, depuis la grève sablonneuse la plus grande, est plat, bas et sablonneux ; ils est probable que la communication était autrefois de ce côté. Le sol, dans les cantons de l'île qui s'élèvent un peu, et particulièrement vers la mer, est une espèce d'argile rougeâtre, ou un terreau noir et léger. On n'y voit pas un seul courant d'eau douce.

» L'île est bien cultivée, excepté un petit nombre d'endroits qui parurent être en friche : mais on les laisse seulement reposer ; car les naturels y travaillaient souvent pour les cultiver de nouveau. Les plantations offrent surtout des ignames et des bananes. La plupart sont très-étendues et enfermées par de jolies haies de roseaux disposés en travers les unes des autres en ligne oblique, et d'environ six pieds de hauteur. En dedans de ces haies, nous en vîmes fréquemment une seconde qui entourait les maisons des principaux personnages. Les arbres à pain et les cocotiers sont épars sans beaucoup d'ordre, mais principalement près

des habitations ; les autres parties de l'île, surtout vers la mer et aux environs de la lagune,
sont couvertes d'arbres et d'arbrisseaux d'une
végétation très-vigoureuse. Les environs de la
lagune sont garnis d'un grand nombre de pa-
léluviers, et les rivages de la mer d'une quantité considérable de faitanous, arbres dont j'ai
déjà parlé. Tous les rochers et toutes les pierres
paraissent être de la nature du corail : j'en excepte néanmoins un rocher de vingt ou de
trente pieds de hauteur, situé à droite d'une
des grèves sablonneuses, qui est d'un calcaire
jaunâtre et compacte; même dans cet endroit,
qui est la partie la plus élevée de l'île, on voit
que de gros rochers de corail forment la côte.

» Nous nous promenâmes beaucoup dans l'intérieur du pays, et jamais les naturels ne s'y
opposèrent. Nous nous amusâmes quelquefois
à tirer des canards sauvages, peu différens du
millouin, qui sont très - nombreux sur la lagune d'eau salée, et sur l'étang d'eau douce où
nous remplîmes nos futailles. Durant ces excursions, nous observâmes souvent que les insulaires avaient abandonné leurs maisons pour
se rendre à notre marché ; ils ne semblaient pas
craindre qu'en rôdant au milieu de l'île, nous
prissions quelque chose qui leur appartînt. Quoique cette circonstance pût nous faire croire
que la plupart des naturels se trouvaient quelquefois rassemblés sur la grève, il ne fut pas
possible de former une évaluation exacte de
leur nombre ; car l'arrivée continuelle d'une

foule d'étrangers qui venaient des autres îles nous aurait trompés dans nos calculs. Cependant, comme il ne parut jamais y avoir plus de mille personnes à la fois, la population entière de cette terre n'excède peut-être pas deux mille âmes.

» Au nord et au nord-est d'Anamocka, en allant directement à Hapaï, route que nous suivions, je ne pus pas m'assurer qu'il existât un passage libre ou sûr pour des bâtimens de la grandeur des nôtres, au milieu des écueils et des rochers qui environnent ce groupe, quoique je visse les pirogues des naturels naviguer dans les intervalles. La mer est parsemée d'un grand nombre de petites îles : c'est pourquoi, en quittant Anamocka, je dirigeai ma route à l'ouest de ces îles, vers Kao et Tofoa, les deux îles occidentales plus en vue. Finaou et les gens de sa suite restèrent à bord de *la Résolution* jusqu'à midi. Alors il se mit dans la grande pirogue qui l'avait amené de Tongatabou, et navigua au milieu du groupe d'îles dont je viens de parler, et le long desquelles nous étions alors. Une marée ou un courant de l'ouest nous en avait beaucoup approchés.

» Ces îles sont dispersées à différentes distances, et en général aussi hautes qu'Anamocka; mais elles n'ont que deux ou trois milles de longueur, et quelquefois même un demi-mille seulement, ou moins encore. Leurs côtes présentent des rochers escarpés comme ceux d'A-

namocka, ou des falaises rougeâtres ; quelques-unes ont des grèves de sable qui se prolongent sur toute leur longueur. La plupart
sont entièrement couvertes d'arbres , parmi
lesquels on distingue un grand nombre de cocotiers; et chacune offre le coup d'œil d'un joli
jardin placé au milieu de la mer. Le beau temps
que nous avions alors augmenta le charme de ce
riant paysage; nous nous croyions transportés
dans le pays des fées. La théorie que j'ai donnée
plus haut, sur la formation de l'île Palmerston
paraît applicable à quelques-unes de celles-ci;
car nous en aperçûmes une qui n'était composée que de sable, et une seconde sur laquelle
il n'y avait encore qu'un arbrisseau ou un
arbre. »

Le capitaine Cook mouilla, le 17 mai, dans
une des rades de Lefouga , une des îles qui
forment le groupe de Hapaï ; il y fut reçu de
la manière la plus amicale , et on lui donna
des fêtes champêtres, dont la description amu-
sera sans doute les lecteurs.

« Dès que nous eûmes mouillé, dit-il , les
vaisseaux furent remplis de naturels, et en-
tourés d'une multitude de pirogues. Les insulaires nous apportèrent des cochons , des
volailles, des fruits et des racines, qu'ils échangèrent contre des haches, des clous, des grains
de verroterie et des étoffes. Finaou et O-maï
arrivèrent à bord au lever du soleil, afin de
me présenter aux habitans de l'île ; et je descendis bientôt sur la côte avec eux ; nous dé-

barquâmes dans la partie du nord de Lefouga,
un peu à droite de notre mouillage.

» Le chef me conduisit à une maison, ou
plutôt à une cabane située près de la grève,
et que j'avais vu apporter quelques minutes
auparavant. Nous nous y assîmes, Finaou,
O-maï et moi. Les autres chefs et la multitude
formaient un cercle en dehors vis-à-vis de nous,
et ils s'assirent également. On me demanda
combien de temps je voulais demeurer dans
l'île : je répondis que je me proposais d'y
rester cinq jours. Alors on ordonna à Taïpa
de venir s'asseoir près de moi, et d'annoncer
cette nouvelle. Il harangua en effet le peuple,
et Finaou lui souffla la plus grande partie de
son discours. Selon le rapport d'O-maï, l'orateur essaya de prouver qu'ils devaient tous,
jeunes et vieux, me regarder comme un ami
qui voulait passer quelque temps avec eux, et
que durant mon séjour ils devaient s'abstenir
de me voler et de m'inquiéter; il exhorta ensuite ses auditeurs à apporter aux vaisseaux
des cochons, des volailles, des fruits, etc., et il
leur fit la description des diverses choses qu'ils
recevraient en échange. Taïpa eut à peine terminé sa harangue, que Finaou nous quitta.
Taïpa profita de son absence pour me dire
que j'étais obligé de faire un présent à Iroupa,
chef de l'île. Comme je m'attendais à cet avis,
je lui fis un présent plus riche qu'il ne l'espé-
rait. Voyant que j'étais si généreux, deux
chefs d'une autre île qui se trouvaient à l'as-

semblée, et Taïpa lui-même, me demandèrent quelque chose pour eux. Je les contentai. Finaou revint au moment où j'achevais mes largesses ; il parut fâché contre Taïpa, qui m'avait laissé donner tant de choses ; mais, persuadé qu'il agissait de concert avec eux, je ne fus pas dupe de sa finesse. Il reprit sa place auprès de moi ; il ordonna à Iroupa de s'asseoir à ses côtés, et de haranguer le peuple à l'exemple de Taïpa : il indiqua à l'orateur, comme la première fois, les principaux points du discours, qui roula encore sur notre arrivée et sur la manière amicale dont il fallait nous accueillir.

» Ces cérémonies achevées, le chef me mena à trois mares qui, suivant lui, contenaient de l'eau douce : l'une des trois offrait en effet une eau assez bonne, et il n'était pas difficile d'y remplir nos futailles. Après avoir examiné l'aiguade, nous retournâmes à notre première station, où j'aperçus un cochon cuit au four, et des ignames fumantes, que les naturels se disposaient à porter à bord pour mon dîner. J'invitai Finaou et ses amis à venir manger le cochon et les ignames, et nous prîmes la route du vaisseau ; mais Finaou seul s'assit à ma table. Après dîner, je les conduisis à terre, et au moment où je me rembarquai, le chef me donna une grosse tortue, et une grande quantité d'ignames. Nous avions des rafraîchissemens en abondance ; car, dans le cours de cette journée, *la Résolution* acheta vingt petits cochons, outre des fruits et des racines. On m'apprit qu'au moment où j'étais descendu à terre le matin, un des naturels vint à bord et ordonna à tous ses compatriotes de retourner sur l'île. Il voulait vraisemblablement que tous les insulaires assistassent à la cérémonie de ma réception ; car, dès qu'elle fut terminée, une foule d'entre eux revinrent au vaisseau.

» Le lendemain, Finaou et O-maï, qui ne se quittaient guère, et qui avaient passé la nuit à terre, arrivèrent à bord de très-bonne heure. Ils me dirent l'un et l'autre qu'on m'attendait dans l'île. Je m'y rendis bientôt avec eux, et on me conduisit à l'endroit où je m'étais assis la veille : j'y trouvai un concours nombreux d'habitans déjà rassemblés, et je jugeai qu'on préparait quelque chose d'extraordinaire ; mais je ne devinais pas ce que c'était, et O-maï ne pouvait me l'apprendre.

» Je fus à peine assis, que je vis paraître environ cent insulaires qui s'avancèrent à notre gauche, chargés d'ignames, de fruits à pain, de bananes, de cocos et de cannes à sucre. Ils déposèrent leurs charges, et ils en formèrent deux tas ou pyramides. Bientôt après, d'autres naturels arrivèrent sur notre droite, et apportèrent les mêmes provisions, dont ils firent également deux pyramides de ce côté. Ils attachèrent sur la pyramide de notre droite deux cochons et six volailles ; et sur celle de notre gauche, six cochons et deux tortues. Iroupa s'assit devant la pyramide de la gauche, et un autre chef devant la pyramide de la droite. Je

pensai qu'ils avaient rassemblé cette contribution par ordre de Finaou, auquel on paraissait
obéir ici avec autant de soumission qu'à Anamocka, et qu'il avait beaucoup d'autorité sur
les chefs de Hapaï.

» Les hommes qui avaient apporté ces provisions eurent soin de les étaler de la manière
la plus pittoresque, et ils allèrent ensuite se
joindre à la multitude rangée en cercle autour
des deux pyramides. Des guerriers, armés de
massues de cocotier, pénétrèrent ensuite dans
l'enceinte, et défilèrent devant nous. Après
avoir fait des évolutions durant quelques minutes, ils se retirèrent la moitié d'un côté et le
reste de l'autre, et ils s'assirent. Ils entrèrent
bientôt en lice, et ils nous donnèrent le spectacle de plusieurs combats singuliers. Un
champion se levait, il s'avançait fièrement, et,
par des gestes expressifs, plutôt qu'avec des
paroles, il proposait un défi à la troupe opposée. Si l'on acceptait le cartel, ce qui arrivait
ordinairement, les deux champions se mettaient en attitude de combattre, et ils se char-
geaient mutuellement jusqu'à ce que l'un ou
l'autre avouât sa défaite, ou jusqu'à ce que
leurs armes fussent brisées. A la fin de ces
combats, le vainqueur venait s'accroupir devant le chef; il se relevait ensuite, et s'éloignait.
Sur ces entrefaites, quelques vieillards qui paraissaient les juges du camp, lui donnaient des
éloges en peu de mots; et les spectateurs, surtout ceux qui étaient du côté du vainqueur,

célébraient sa victoire par deux ou trois exclamations de joie.

» Il y eut de temps en temps quelques minutes d'intervalle d'un combat à l'autre. Ces entr'actes furent remplis par des combats de lutte et de pugilat. Les premiers ressemblaient entièrement à ceux de Taïti, et les seconds différaient peu de ceux de la populace d'Angleterre. Ce qui nous étonna le plus, fut de voir deux grosses femmes arriver au milieu de la lice, et se charger à coups de poings, sans aucune cérémonie, et avec autant d'adresse que les hommes. Leur combat ne dura pas plus d'une demi-minute, et l'une d'elles s'avoua vaincue. L'héroïne victorieuse reçut de l'assemblée les applaudissemens qu'on donnait aux hommes dont la force ou la souplesse avaient triomphé de leur rival. Nous témoignâmes du dégoût pour cette partie de la fête : mais notre improbation n'empêcha pas deux jeunes filles de se présenter sur l'arène : elles paraissaient avoir du courage, et elles se seraient sûrement porté des coups vigoureux, si deux vieilles femmes n'étaient venues les séparer. Ces divers combats eurent lieu en présence au moins de trois mille personnes, et les champions montrèrent beaucoup de bonne humeur : cependant hommes et femmes reçurent des coups dont ils durent se ressentir assez long-temps après.

» A la fin de ces jeux, le chef me dit que le tas des provisions à notre droite était destiné à

O-maï; et que celui de notre gauche, qui comprenait à peu près les deux tiers du tout, était pour moi. Il ajouta que je pouvais les faire porter à bord quand je le voudrais; qu'il serait inutile de les environner d'une garde, et que les naturels n'en ôteraient pas un seul coco. Il avait raison, car je retournai dîner au vaisseau avec ce chef, laissant ces provisions à terre; et lorsqu'on les embarqua dans l'après-midi, nous reconnûmes qu'on n'y avait pas touché. Il y en eut assez pour charger quatre canots : je fus très-surpris de la libéralité de Finaou, car aucun des chefs des îles du grand Océan ne m'avait jamais fait un présent si magnifique. Je m'empressai de prouver à mon ami que je n'étais pas insensible à sa générosité, et je lui donnai toutes les choses auxquelles je crus qu'il mettait du prix. Il fut si satisfait de mes dons, qu'immédiatement après son arrivée à terre, il m'envoya encore deux cochons, une quantité considérable d'étoffes, et des ignames.

» Finaou avait désiré voir nos soldats de marine faire l'exercice. Afin de lui procurer cette satisfaction, j'ordonnai aux soldats des deux vaisseaux de se rendre à terre dans la matinée du 20. Après différentes évolutions, ils firent plusieurs décharges; l'assemblée, qui était très-nombreuse, parut enchantée. Le chef nous offrit à son tour un spectacle où les naturels déployèrent une adresse et une précision extrêmes, et nous le trouvâmes bien supérieur à nos manœuvres militaires. C'était une espèce de danse, si différente de celles que j'avais vues jusqu'alors, que je crains de ne pouvoir la décrire à mes lecteurs. Elle fut exécutée par des hommes; cent cinq acteurs y prirent part. Chacun d'eux tenait à la main un instrument, à peu près de la forme d'une pagaie, de deux pieds et demi de longueur, qui avait un petit manche, et une pale de peu d'épaisseur, et était très-léger. Ils l'agitèrent d'un nombre infini de manières, en prenant diverses attitudes, ou faisant divers mouvemens. Les acteurs se rangèrent d'abord sur trois lignes; et, par différentes évolutions, chacun changea de place, de sorte que ceux qui s'étaient trouvés en arrière se trouvèrent en avant. Ils ne gardaient pas long-temps la même position; chaque fois qu'ils en changaient, c'était toujours par des mouvemens très-vifs. Ils s'étendirent d'abord sur une seule ligne, ensuite ils se formèrent en demi-cercle, et enfin en deux colonnes. Tandis qu'ils achevaient cette dernière évolution, l'un d'eux s'avança, et exécuta devant moi une danse grotesque, qui termina le spectacle.

» Il n'y avait d'autres instrumens que deux tambours, ou plutôt deux troncs d'arbres creusés, que l'on frappait avec un morceau de bois, et d'où l'on tirait quelques tons. Il me parut néanmoins que les danseurs étaient dirigés non par ces tons, mais par un chœur de musique vocale, auquel leur voix se joignait. Leur chant avait une sorte de mélodie, et les évolutions ou les pas qui répondaient à ce chant

s'exécutaient avec tant de justesse et de vivacité, que la troupe nombreuse des acteurs semblait ne former qu'une grande machine. Nous
pensâmes tous qu'un pareil spectacle serait
universellement applaudi sur un théâtre d'Europe; il surpassa, comme je l'ai déjà dit, tout
ce que nous avions imaginé pour les divertir,
et ils eurent l'air de sentir leur supériorité sur
nous. Excepté le tambour, ils ne faisaient aucun cas de nos instrumens de musique, encore
le jugeaient-ils inférieur au leur. Nos cors de
chasse en particulier excitèrent leur mépris;
car ces insulaires ni aucun de ceux du grand
Océan ne daignèrent pas les examiner.

» Afin de leur donner une opinion plus favorable de nos amusemens, et de leur inspirer
un sentiment profond de notre force et de
notre adresse, je fis préparer des feux d'artifice qui furent tirés le soir, en présence de
Finaou, des autres chefs et d'une multitude
d'habitans. Des pièces gâtées manquèrent; mais
celles qui étaient en bon état réussirent parfaitement, et remplirent très-bien les vues que
je me proposais. Les fusées volantes et les ser-
penteaux causèrent surtout un plaisir et un
étonnement qu'on ne peut concevoir; alors les
insulaires convinrent qu'en fait de spectacles
nous en savions plus qu'eux.

» Cette supériorité de notre part les excita
à nous donner de nouvelles preuves de leur
dextérité; et, dès que notre feu d'artifice fut
terminé, nous vîmes commencer une suite de

danses que Finaou avait ordonnées pour nous divertir. Une bande de dix-huit musiciens vint d'abord s'asseoir devant nous, au milieu d'un cercle qui était composé d'une foule nombreuse de spectateurs, et qui devait servir de théâtre. Quatre ou cinq d'entre eux tenaient chacun un grand morceau de bambou de trois à cinq ou six pieds de longueur qu'ils tenaient à peu près dans une position verticale; l'extrémité supérieure était ouverte, et l'extrémité inférieure fermée par un des nœuds. Ils frappaient la terre avec cette extrémité inférieure, constamment, mais lentement : ils produisaient ainsi divers tons, suivant la longueur des bambous ; mais chacun de ces tons était grave; afin d'établir des contrastes, un autre homme frappait très-vite, avec deux bâtons, un morceau de la même substance, fendu et étendu à terre, où il en tirait des tons aussi aigus que les premiers étaient graves. Le reste des musiciens, ainsi que ceux qui jouaient du bambou, chantaient un air doux et lent, qui tempérait si bien l'âpreté des sons des instrumens dont je viens de parler, qu'un auditoire habitué aux modulations les plus parfaites et les plus variées de sons mélodieux aurait admiré la forte impression et l'effet agréable qui résultait de cette harmonie simple.

» Après ce concert, qui dura environ un quart d'heure, vingt femmes entrèrent sur la scène, ayant la plupart la tête ornée de guirlandes de roses de la Chine, ou d'autres fleurs cramoisies. Plusieurs avaient le corps paré de guirlandes de feuilles d'arbres, découpées avec beaucoup de délicatesse. Elles formèrent un cercle autour des musiciens qu'elles regardaient en face, et elles commencèrent par chanter des airs tendres, auxquels le chœur répondit sur le même ton : elles accompagnèrent leur voix de mouvemens de leurs mains, qui se portaient avec grâce vers leur visage et vers la poitrine; en même temps elles faisaient constamment un pas en avant avec un pied, tandis que le second demeurait immobile. Elles se tournèrent ensuite du côté des spectateurs ; et, après avoir chanté quelque temps, elles marchèrent lentement vers la partie du cercle qui se trouvait vis-à-vis de la cabane où nous étions assis au milieu des chefs. Deux de ces femmes firent alors le tour du cercle, chacune d'un côté différent, de façon qu'elles se rencontrèrent à l'extrémité du diamètre d'où elles étaient parties, puis elles revinrent à leur place. Deux nouveaux couples s'avancèrent de la même manière : l'un de ces couples revint aussi à sa place; mais le second demeura en scène, et les femmes, qui n'avaient pas encore parcouru l'enceinte, s'approchèrent de celles-ci deux à deux jusqu'à ce qu'elles eussent toutes décrit un cercle autour des musiciens.

» Leur danse devint plus animée; elles firent deux tours sur elles-mêmes en sautant, en frappant leurs mains l'une contre l'autre, ou en faisant claquer leurs doigts, et répétant quel-

ques mots avec le chœur. Vers la fin, le mouvement de la musique augmenta, et elles déployèrent dans leurs gestes et leurs attitudes
une force et une dextérité merveilleuses; quelques-unes de ces attitudes, si nous les jugeons
d'après les idées reçues en Europe, étaient in-
décentes. Il est vraisemblable toutefois que cette
partie du spectacle n'avait point de but mal-
honnête, et qu'on voulait seulement nous montrer la souplesse extraordinaire des femmes
du pays.

» Ce grand ballet de femmes fut suivi d'un
second exécuté par quinze hommes. Il y en
avait quelques-uns de vieux; mais l'âge ne paraissait point diminuer leur agilité et leur ardeur pour la danse. Ils formèrent une espèce
de cercle ouvert en avant; ils ne regardaient
ni l'assemblée ni les musiciens, mais une moitié
regardait en avant à mesure qu'elle marchait,
et l'autre moitié dans une direction contraire :
ils chantaient quelquefois en chœur avec les
musiciens, sur un ton lent, en agitant les mains
d'une manière agréable, mais différente de celle
des femmes; ils penchaient en même temps le
corps, tantôt d'un côté, tantôt d'un autre; ils
élevaient une jambe qu'ils jetaient en dehors,
et ils étendaient les bras du même côté; d'autres fois ils chantaient des phrases auxquelles
le chœur répondait, et ils pressaient par intervalles la mesure de la danse en frappant leurs
mains, et en remuant avec plus de vivacité leurs
pieds sans varier leurs pas; enfin la rapidité de

la musique et de la danse augmenta si fort,
qu'il fut à peine possible de distinguer leurs
divers mouvemens : nous avons pourtant lieu
de croire que les acteurs étaient un peu fatigués, car ils jouaient depuis environ une
demi-heure.

» Après un entr'acte assez long, les jeux
recommencèrent : douze insulaires s'avancèrent
et se placèrent sur deux lignes de chaque côté
du cercle, en face les uns des autres; un homme
placé sur un des côtés semblait remplir les
fonctions de nos souffleurs; il répéta plusieurs
phrases auxquelles les douze nouveaux acteurs
et le chœur répondirent : ils chantèrent d'abord
lentement; ensuite ils chantèrent et dansèrent
environ un quart d'heure d'une manière plus
animée, comme les danseurs qu'ils rempla-
çaient.

» Dès qu'ils eurent fini, neuf femmes vinrent s'asseoir en face de la cabane où était le
chef : un homme se leva et alla frapper de ses
deux poings réunis la première de ces femmes
sur le dos; il passa à la seconde et à la troisième, qu'il frappa de la même manière : mais
lorsqu'il fut à la quatrième, il la frappa sur la
poitrine; j'ignore si ce fut par hasard ou à
dessein. L'un des spectateurs sortit à l'instant
de la foule, et le renversa d'un coup sur la
tête : on emporta le blessé sans bruit et sans
aucun désordre. Cette correction ne put soustraire les cinq autres femmes à une discipline
si étrange, ou peut-être à une cérémonie né-

cessaire; car il se présenta un nouvel insulaire qui les frappa également sur le dos : leur humiliation fut portée plus loin; elles eurent le chagrin de voir leur danse désapprouvée deux fois, et elles furent obligées de recommencer. Leur ballet différa peu de celui dont j'ai parlé plus haut; seulement elles élevèrent quelquefois leur corps sur une jambe par un double mouvement, et ensuite sur l'autre, et elles firent claquer leurs doigts tandis qu'elles étaient dans cette attitude : elles répétèrent ensuite avec beaucoup d'agilité ces mouvemens vifs que la première troupe de danseuses avait exécutés si heureusement.

» Peu de temps après, un homme entra brusquement au milieu du cercle, et parla d'une manière bouffonne de nos feux d'artifice, ce qui fit naître des éclats de rire dans toute l'assemblée. Les insulaires de la suite de Finaou dansèrent alors; ils formèrent autour des musiciens deux cercles concentriques de vingt-quatre acteurs chacun, et ils chantèrent un air lent et doux accompagné de gestes de mains et de tête analogue aux paroles. Ces chants langoureux furent longs; les acteurs pressèrent ensuite la mesure, et ils répétèrent des phrases de concert avec le chœur, ou en réponse aux couplets de quelques-uns des musiciens. Quand ils eurent fini, ils se retirèrent sur le derrière de la scène, ainsi que les femmes l'avaient fait : ils revinrent bientôt de chaque côté, et ils dessinèrent un triple demi-cercle

dont la formation prit assez de temps ; car ils
s'approchèrent en inclinant le corps sur une
jambe et en avançant un peu l'autre. Leur
marche fut accompagnée d'un air pareil à celui
qu'ils avaient chanté à leur première entrée
sur le théâtre ; mais ils changèrent bientôt de
ton pour déclamer des phrases avec des sons
plus rudes. Sur ces entrefaites, leur danse
s'anima, et ils finirent par pousser tous des
acclamations et battre des mains. Cette partie
du spectacle fut répétée plusieurs fois : ils formèrent encore deux cercles concentriques ; ils
dansèrent et chantèrent des couplets sur un
mouvement très-vif, et finirent par des trans-
positions très-adroites des deux cercles.

» Les derniers amusemens de cette nuit mé-
morable furent une danse exécutée par les
principaux personnages de l'île. Elle ressembla,
à quelques égards, à celle qui venait de finir ;
le même nombre d'acteurs l'exécuta ; elle
commença à peu près de la même manière ;
mais elle se termina à chaque pause d'une façon
différente, car les danseurs mirent une vivacité
prodigieuse dans leurs mouvemens : ils balan-
çaient leur tête d'une épaule à l'autre avec
tant de force, que nous craignions de les voir
se rompre le cou. Durant cette farce grotesque,
ils se frappèrent les mains par un coup très-
sec, et ils poussèrent des cris perçans à peu
près semblables à ceux qu'on entend quelquefois dans les danses bouffonnes de nos théâtres
d'Angleterre. Ils dessinèrent le triple demi-

cercle ainsi que les acteurs qui avaient paru avant eux : alors un homme s'avança à la tête des acteurs qui formaient l'un des côtés du demi-cercle, et débita quelques paroles d'un vrai ton de récitatif, et avec des gestes si expressifs et si justes, qu'il parut supérieur à nos acteurs les plus applaudis. Le premier des acteurs de l'autre côté du demi-cercle lui répondit de la même manière. Plusieurs de ces scènes de récitatifs se succédèrent ; ensuite le demi-cercle s'avança ; les hommes qui se trouvaient à l'un des côtés répondant en chœur à ceux de l'autre côté ; et ils finirent par chanter et danser comme à leur entrée sur la scène.

» Ces deux dernières danses furent si animées et si justes, qu'elles obtinrent des éloges universels. Les naturels qui assistèrent au spectacle, et qui étaient sûrement de bons juges, ne pouvaient contenir leurs applaudissemens, et nous éprouvâmes nous-mêmes une satisfaction aussi grande. Nous fûmes d'abord frappés de l'ensemble qui régnait parmi tous les acteurs, et de l'exactitude de leurs pas et de leur chant, qui ne manquaient jamais de suivre la mesure de la musique ; quelques-uns de leurs gestes étaient si expressifs, que nous croyions entendre les paroles qui les accompagnaient. Quoique l'orchestre et la voix des danseurs fussent parfaitement d'accord, la longue habitude de ces ballets entremêlés d'airs semble contribuer beaucoup à la mesure exacte qu'ils observent ; nous remarquâmes, en effet, que ceux qui se trouvaient distraits ou dérangés de quelque manière reprenaient la note et le pas sans aucune peine. Ils passaient brusquement et avec une extrême adresse des contorsions rudes et des cris aigus à des mouvemens doux et à des chants mélodieux; ce qui prouvait que ces exercices leur sont très-familiers.

» Ces danses furent exécutées sous des arbres au bord de la mer. Le lieu de la scène était éclairé par des flambeaux placés de distance en distance. Il s'y trouvait un grand nombre de spectateurs, quoique l'assemblée fût moins nombreuse qu'elle ne l'avait été le matin lorsque nos soldats de marine firent l'exercice. Quelques-uns de nos messieurs conjecturèrent qu'environ cinq mille personnes assistèrent à ce spectacle de nuit; d'autres jugèrent cette estimation trop faible; il me sembla qu'il y en avait un peu moins, et je crois approcher davantage de la vérité.

» Les divers spectacles dont je viens de parler ayant satisfait la curiosité des insulaires et la nôtre, j'eus enfin le loisir d'examiner le pays, et le 21 je fis une promenade dans l'île de Lefouga. Je la trouvai à bien des égards supérieure à Anamocka. Les plantations étaient plus nombreuses et plus étendues; cependant le terrain est encore en friche dans plusieurs endroits situés vers la mer, et surtout dans la partie orientale, ce qui vient peut-être de ce que le sol y est sablonneux; car il est beaucoup moins élevé qu'à Anamocka et aux îles voisines. Il est meilleur au centre de l'île ; tout y annonçait une population considérable et une culture soignée ; nous y vîmes de vastes plantations enfermées par des haies qui sont parallèles l'une à l'autre, et qui forment de grands chemins si beaux et si spacieux, qu'ils embelliraient des pays où les agrémens et les commodités de la campagne ont été portés à une extrême perfection. Nous y aperçûmes de vastes emplacemens couverts de mûriers à papier ; les plantations offraient en général toutes les racines et les fruits que produit cette terre. Afin d'augmenter les richesses naturelles des habitans, j'y semai du maïs, des graines de melon, de citrouille et d'autres plantes de ce genre. Nous aperçûmes une maison quatre ou cinq fois aussi grande que les habitations ordinaires ; nn large tapis de gazon s'étendait devant la façade ; je jugeai que les naturels y tenaient des assemblées publiques. Nous rencontrâmes près du lieu de notre débarquement un tertre de deux ou trois pieds de hauteur, et couvert de gravier ; il était surmonté de quatre ou cinq petites huttes dans lesquelles les naturels nous dirent qu'on avait enterré quelques-uns des principaux du pays.

» L'île n'a pas plus de sept mille de longueur ; et sa largeur, en quelques endroits, n'est que de deux ou trois milles. La partie orientale, qui est exposée au vent alisé, offre un récif d'une largeur considérable, sur lequel la mer brise avec beaucoup de violence. Ce récif, en se prolongeant, joint Lefouga à Koa, qui n'est éloignée que d'un demi - mille ; et comme il est à sec en partie lorsque la marée est basse, les naturels peuvent passer à pied d'une terre à l'autre. Le rivage est un rocher de corail élevé de six ou sept pieds, ou une grève sablonneuse, plus haute que celle de la côte occidentale qui est élevée seulement de trois ou quatre pieds au - dessus du niveau de la mer, et terminée par une grève de sable dans toute sa longueur.

» Au retour de mon excursion, je vins dîner à bord, et je trouvai une grande pirogue à voile amarrée à l'arrière de *la Résolution*. Latoulibaoula, que j'avais vu à Tongatabou, durant mon second voyage (1), et que je supposai être le roi de cette île, était assis dans l'embarcation avec toute la gravité qu'il montrait à cette époque, et dont j'ai parlé : nos invitations et nos prières ne purent le déterminer à monter sur le vaisseau. Nous avions à bord une foule d'insulaires, qui tous l'appelaient eriki, ce qui signifie roi. Malgré l'étendue du pouvoir dont Finaou semblait jouir ici et à Anamocka, je n'avais jamais entendu personne lui donner ce titre ; et je soupçonnais depuis long-temps qu'il n'était pas roi, quoique son ami Taïpa eût pris beaucoup de peine afin de nous le persuader. Latoulibaoula demeura jusqu'au soir sous l'arrière de *la Résolution*, puis regagna une des

(1) Dans la Relation du second Voyage, Cook lui donne le nom de *Kouhaghito Fallangaou.*

îles; Finaou passa la journée avec nous; mais ces deux grands personnages ne se regardèrent et ne se saluèrent point.

» Le lendemain, quelques-uns des naturels volèrent sur le pont un prélart et d'autres objets. On s'en aperçut bientôt; je fis poursuivre les voleurs; mais mon détachement partit un peu trop tard. Je portai mes plaintes à Finaou, qui, s'il n'était pas roi, avait du moins beaucoup d'autorité, et je lui recommandai de mettre tout en usage pour qu'on me rendît ce qu'on m'avait dérobé. Il me renvoya Iraoupa, qui m'amusa par de vaines promesses, et qui ne fit aucune démarche.

» Le 25 au matin, au moment où nous allions démarrer pour quitter l'île, Finaou et Taïpa son premier ministre, arrivèrent sur une pirogue à voile, et m'avertirent qu'ils partaient pour Vavaou, terre située, disaient-ils, à environ deux jours de navigation au nord d'Hapaï. Ils voulurent me faire croire que leur voyage avait pour but de me procurer des cochons, et de rapporter à O-maï des chapeaux de plumes rouges, si estimés à Taïti. Le premier m'assura qu'il reviendrait dans quatre ou cinq jours; il me pria de différer mon départ jusqu'à son retour, et il me promit de m'accompagner à Tongatabou. Je pensai que c'était pour moi une belle occasion d'examiner Vavaou, et je lui proposai de m'y rendre avec les vaisseaux; mais il ne parut pas approuver ce dessein, et afin de m'en détourner, il me déclara qu'il n'y avait ni hàvre ni mouillage. Je consentis donc à l'attendre ici, et il mit tout de suite à la voile.

» Le 24, plusieurs des naturels répandirent le bruit qu'un vaisseau pareil aux nôtres était arrivé à Anamocka depuis que j'avais quitté cette île, qu'il y mouillait encore. Cette nouvelle excita beaucoup notre curiosité : ils eurent soin d'ajouter que Toubaou, l'un des chefs d'Anamocka, avait repris en hâte le chemin de son pays afin de recevoir les étrangers. Toubaou venait en effet de nous quitter, et cette circonstance nous fit ajouter un peu de foi à la nouvelle. Je descendis à terre avec O-maï pour obtenir des informations ultérieures ; je voulais parler à un homme qui arrivait, disait-on, d'Anamocka, et qui y avait vu le vaisseau. Nous le trouvâmes chez Iraoupa, et O - maï lui adressa diverses questions que je dictai ; les réponses furent si claires et si satisfaisantes, qu'il ne me resta plus de doute. Cependant un chef d'une certaine importance, qui arriva au même instant d'Anamocka, déclara qu'il ne se trouvait point de vaisseau dans cette île, et qu'il n'y en était point venu depuis notre départ : alors le naturel qui avait répandu le bruit s'éloigna tout de suite, et nous ne le rencontrâmes plus. Il n'était pas aisé de découvrir le but de ce mensonge : peut-être l'imaginèrent-ils afin de nous déterminer à partir.

» Je parcourus de nouveau l'intérieur de l'île, le 25 ; et j'entrai par hasard dans une maison où une femme pansait les yeux d'un enfant qui

paraissait aveugle : les yeux de l'enfant étaient
très - enflammés, et couverts d'une pellicule.
Elle n'avait d'autres instrumens que deux petites sondes de bois, avec lesquelles elle venait
de frotter les yeux du malade de manière à les
faire saigner. Je fus un peu étonné de voir que
les naturels entreprenaient une opération de
cette espèce ; mais j'arrivai trop tard, et je ne
puis décrire en détail comment la femme ocu-
liste employa les misérables instrumens que
j'aperçus entre ses mains.

» Il m'arriva aussi d'être témoin d'une autre
opération que je vais décrire avec assez d'exactitude. Je rencontrai une seconde femme qui
rasait la tête d'un enfant avec une dent de requin fixée à l'extrémité d'un bâton : je remarquai qu'elle mouilla d'abord les cheveux à l'aide
d'un morceau d'étoffe qu'elle plongeait dans
l'eau, et qu'elle appliquait ensuite son instrument sur la partie mouillée. L'enfant sembla
n'éprouver aucune douleur, et les cheveux furent aussi bien coupés que si l'on avait employé nos rasoirs. Encouragé par ce qui s'était
passé devant moi, j'essayai bientôt sur ma
barbe un instrument de la même espèce, et mon
expérience eut du succès : toutefois les hommes ne se coupent pas ainsi la barbe ; ils se ra-
sent avec deux coquilles. Ils placent une des
coquilles au-dessous d'une des touffes de leur
barbe, appliquent la seconde au-dessus, et enlèvent les poils. Ils viennent ainsi à bout de les
couper très-près de la peau. L'opération est un

peu longue, mais elle n'a rien de douloureux.
Il y a parmi eux des gens qui semblent faire le
métier de barbier.: nos matelots allèrent souvent à terre pour se faire raser à la manière
du pays, et les chefs de l'île vinrent à bord
pour se faire raser par nos barbiers.

» Comme les insulaires ne nous apportaient
plus ni fruits, ni cochons, je résolus de changer de mouillage, et d'attendre le retour de
Finaou, dans un endroit plus propre à nous
fournir des vivres. Nous appareillâmes donc le
26 au matin, et nous fîmes route au sud. »

Cook mouilla le lendemain sur une autre
portion de la côte de Hapaï, et y reçut la visite d'un roi du pays. Il en parle en ces termes :

« Une grande pirogue à voile arriva sous
l'arrière de *la Résolution;* elle amenait un
homme qui s'appelait Fettafaihé, ou Paoulaho;
peut-être même portait-il ces deux noms. Les
naturels qui se trouvèrent à bord nous dirent
qu'il était roi de Tongatabou et de toutes les
îles voisines que nous avions vues, ou dont
nous avions entendu parler. J'avais lieu de
croire que le titre de roi appartenait à un autre, et je fus étonné qu'on m'annonçât Paoulaho de cette manière. Les insulaires néanmoins
persistèrent à dire qu'il était revêtu de cette
haute dignité, et ils m'avouèrent alors, pour la
première fois, que Finaou n'était pas le roi,
que c'était un chef qui avait beaucoup de pouvoir ; que, lorsqu'il s'agissait de faire la guerre,
ou de terminer des différens, on l'envoyait

aux îles voisines. Mon intérêt et mon inclina-
tion me portaient également à faire ma cour à
tous les grands personnages, sans examiner la
validité des titres qu'ils prenaient; c'est pourquoi ayant appris que Paoulaho avait grande
envie de venir à bord, je le priai d'y monter.
Je l'y accueillis d'autant mieux, qu'il m'apporta
deux cochons gras. Il était d'un embonpoint
extrême. Si le rang ou l'autorité sont propor-
tionnés parmi eux à la grosseur du corps, c'é-
tait sûrement le personnage le plus considérable que nous eussions rencontrés; très-replet,
malgré sa petite taille, il ressemblait à un gros
tonneau. Il paraissait avoir quarante ans; ses
cheveux étaient lisses, et ses traits différaient
beaucoup de ceux de la populace. Je le trouvai
intelligent, grave et posé; il examina avec une
attention singulière le vaisseau et les choses qui
étaient nouvelles pour lui; il me fit plusieurs
questions judicieuses : il me demanda, par
exemple, ce qui pouvait nous engager à abor-
der à cette île. Quand il eut satisfait sa curiosité
sur le pont, et qu'il eut bien regardé notre bétail, etc., je l'engageai à passer dans ma chambre. Quelques-uns des insulaires de sa suite ob-
jectèrent que, s'il acceptait l'invitation, on mar-
cherait sur sa tête, ce qui n'était pas permis.
Je chargeai O-maï, mon interprète, de répondre que je défendrais de se tenir à la partie
du pont située au-dessus de ma chambre. Cet
arrangement ne parut pas leur convenir du
tout; mais le chef lui-même fut moins scrupu-

leux que ses courtisans, car il s'affranchit du cérémonial, et descendit sans stipuler aucune condition. Il s'efforça, ainsi que les gens de sa suite, de nous convaincre qu'il était le roi, et que Finaou ne l'était pas ; car il s'aperçut bientôt que nous en doutions. O-maï ne se souciait point d'éclaircir le fait : il avait formé une liaison intime avec Finaou (ils avaient échangé leurs noms en témoignage de leur amitié), et il était fâché qu'un autre insulaire vînt réclamer les honneurs dont son ami avait joui jusqu'alors.

» Paoulaho dîna avec nous; mais il mangea peu et but encore moins : quand nous fûmes hors de table, il m'invita à l'accompagner à terre. On proposa à O-maï d'y venir aussi; mais il était trop fidèlement attaché à Finaou pour montrer des égards à son rival, et il refusa. Je ramenai le chef dans mon canot, après lui avoir fait présent de choses qui me semblèrent avoir un grand prix à ses yeux; je jugeai que ma générosité passait ses espérances. Je cherchai à mériter son affection, et je la méritai en effet; car, dès que nous eûmes abordé à terre, il donna ordre, avant de descendre de mon canot, qu'on m'apportât deux autres cochons. Quelques-uns de ses gens vinrent le prendre sur une planche qui ressemblait à une de nos civières, et ils allèrent l'asseoir près du rivage, dans une maison qu'on lui avait préparée. Il me plaça auprès de lui; sa suite, qui n'était pas nombreuse, s'assit, et forma un demi-cercle devant nous en dehors de la cabane : derrière le chef, ou plutôt à un de ses côtés, se trouvait une vieille femme qui tenait à la main une espèce d'éventail, et qui était chargée de veiller à ce qu'il ne fut pas incommodé par les mouches.

» On étala devant lui les différentes choses que les insulaires avaient achetées de nous : il les examina toutes avec attention; il demanda ce qu'on avait donné en échange, et il parut content du marché : il fit ensuite rendre aux propriétaires chacun des objets, excepté un verre à boire, dont il fut si enchanté, qu'il le garda pour lui. Les insulaires, qui montrèrent leurs emplètes, s'accroupirent d'abord à ses genoux, et t déposèrent ensuite ce qu'ils apportaient; ils se relevèrent un instant après, et se retirèrent. Ils observèrent ce cérémonial respectueux quand ils vinrent reprendre leurs richesses, et aucun d'eux ne s'avisa de parler debout à Paoulaho. Au moment où je le quittai, plusieurs de ses courtisans avaient déjà pris congé de lui, et j'étudiai l'étiquette de la cour en cette occasion : ils mirent leur tête sous la plante de ses pieds, qu'ils touchèrent et frottèrent d'ailleurs avec le revers et le dedans des doigts des deux mains : d'autres, qui n'étaient pas dans le cercle, s'approchèrent également, afin de lui donner cette marque de respect, et ils s'éloignèrent sans dire un seul mot. L'air décent de ceux qui vinrent faire leur cour à Paoulaho me charma; je n'avais rien vu de pareil, même chez les nations les plus civilisées.

» J'aurais appareillé le lendemain, si le vent n'eût pas été trop de la partie du sud et très-variable. Paoulaho, à qui je donnerai désormais le titre de roi, vint à bord dès le grand matin, et m'apporta un de leurs chapeaux de plumes rouges. Nous faisions grand cas de ces chapeaux, car nous savions qu'ils seraient d'un prix extrême à Taïti; mais nous en offrîmes inutilement une valeur considérable; on ne voulut nous en vendre aucun, et nous en conclûmes qu'ils ne les jugeaient pas moins précieux : excepté le capitaine Clerke, O-maï et moi, personne des deux vaisseaux ne put s'en procurer un. Ces chapeaux, ou plutôt ces bonnets, sont faits de plumes rouges de la queue des pailles-en-cul, tissues avec des plumes rouges de perruche; ils n'ont point de coiffes; on les attache sur le front comme un diadème; leur forme est celle d'un demi-cercle, dont le rayon a dix-huit ou vingt pouces. Le roi demeura à bord jusqu'au soir; mais son frère, qui s'appelait aussi Fettafaihé, et quelques personnes de sa suite passèrent la nuit sur *la Résolution.*

» Je mis à la voile le 29, à la pointe du jour. Je voulais retourner à Anamocka par la route que j'avais déjà tenue durant cette campagne. Plusieurs pirogues à voile, dont l'une était montée par le roi, nous suivirent. Dès que le prince fut à bord de *la Résolution,* il demanda son frère et ses autres compatriotes qui avaient passé la nuit avec nous : nous jugeâmes qu'ils étaient restés sur notre vaisseau sans permission. Quoiqu'ils n'eussent pas moins de trente ans, la réprimande sévère que Paoulaho leur fit en peu de mots leur arracha des larmes. Le roi ne tarda pas à changer de disposition, car, en nous quittant, il laissa à bord son frère et cinq hommes de sa suite; nous eûmes de plus la société d'un chef qui arrivait de Tongatabou, et qui s'appelait *Toubaoueïtoa*. Dès l'instant où il fut sur le pont, il renvoya sa pirogue, déclarant qu'il coucherait à bord avec les cinq hommes qui l'accompagnaient. Ma chambre était remplie d'étrangers : cette foule était bien incommode, mais je ne désirais pas qu'elle fût moins nombreuse, car les insulaires m'apportaient une quantité considérable de provisions, pour lesquelles toutefois je leur donnais toujours quelque chose en retour. »

Le 31 mai, la capitaine Cook courut d'assez grands dangers entre les îles au milieu desquelles il naviguait. Voici comment il en parle :

« Le vent fraîchit; il fut accompagné de rafales et de pluie, et nous conçûmes des craintes. Je restai sur le pont jusqu'à minuit; j'y laissai alors le maître, auquel je donnai les ordres que je jugeai propres à dégager les vaisseaux des bas-fonds et des rochers qui nous environnaient; mais après avoir couru une bordée au nord, et être revenus au sud, un petit changement de vent porta *la Résolution* plus au vent que je ne l'avais compté : elle manqua d'échouer sur une île basse et sablonneuse, appelée *Poutou-poutoua*, qui est entourée de brisans; heureusement que l'équipage venait de recevoir l'ordre de revirer, et que la plupart des matelots étaient à leurs postes; on exécuta avec justesse et avec promptitude les mouvemens nécessaires, et nous ne dûmes notre salut qu'à cette manœuvre. *La Découverte*, se trouvant de l'arrière, ne courut pas le même péril. Tous les navigateurs qui entreprennent des voyages de découvertes courent inévitablement des dangers semblables.

» Nos passagers eurent tant d'effroi, qu'ils montrèrent une grande envie de gagner la terre dès la pointe du jour. Je fis donc mettre un canot à la mer, et j'ordonnai à l'officier qui le commandait de les débarquer à Kotou, de sonder ensuite le long du récif de cette île qui s'avance en pointe dans la mer, et de chercher un mouillage. J'étais aussi fatigué que les insulaires de louvoyer au milieu des îles et des bas-fonds, et j'avais résolu de mouiller le plus tôt possible. Tandis que le canot était absent, nous essayâmes de conduire les vaisseaux dans le canal qui est entre l'île sablonneuse et le récif de Kotou; nous comptions y trouver une profondeur suffisante pour y jeter l'ancre; mais la marée ou un courant s'opposa à nos efforts, et nous fûmes réduits à mouiller à un mille d'une petite île sablonneuse. »

Cook arriva à Anamocka le 5 juin, et il y

mouilla à peu près à l'endroit où il avait jeté l'ancre quelque temps auparavant.

« Je descendis à terre bientôt après , dit-il , et je trouvai les habitans qui travaillaient avec ardeur à leurs plantations; ils recueillaient des ignames pour les apporter à notre marché. Deux cents d'entre eux s'assemblèrent sur la grève , et ils firent, jusqu'à la fin du jour , des échanges d'une manière aussi empressée que durant ma première relâche. Quoiqu'il se fût écoulé peu de temps depuis notre départ, le fonds de leurs richesses semblait avoir beaucoup augmenté : nous n'avions pu y acheter que du fruit à pain la première fois; celle-ci ils nous vendirent des ignames et des bananes : ce qui montre que les saisons des différens végétaux de cette contrée se succèdent rapidement. Il parut aussi qu'ils s'étaient beaucoup adonnés à la culture pendant notre absence, car nous trouvâmes de vastes plantations de bananes sur des terrains que nous avions laissés en friche. Les ignames étaient parfaitement mûrs ; nous en achetâmes une quantité considérable, et nous donnâmes des ouvrages de fer en échange.

» Nous avions laissé à Kotou, Toubaou avec Paoulaho et d'autres chefs ; et nous pûmes nous apercevoir que les naturels du pays n'étaient contenus par personne. Durant cette journée , aucun d'eux ne parut avoir de l'autorité. Avant de retourner à bord, j'allai jeter un coup d'œil sur les terrains où j'avais semé des graines de melon , et j'eus le chagrin de voir qu'une petite fourmi avait gâté la plupart de ces graines; mais les plantes d'ananas que j'y avais déposées croissaient à merveille.

» Finaou arriva de Vavaou le lendemain à midi; il nous dit que le gros temps avait coulé bas plusieurs pirogues chargées de cochons, et d'autres choses qu'il amenait de cette île, et que les équipages avaient péri. Une nouvelle si affligeante ne sembla intéresser aucun des naturels; quant à nous, nous le connaissions trop pour ajouter beaucoup de foi à son histoire. Vraisemblablement il n'avait pu se procurer à Vavaou ce qu'il nous avait promis : en supposant qu'il y eût embarqué des provisions, il les avait sans doute laissées à Hapaï, où il dut apprendre que Paoulaho était près de nous. Il savait bien que celui-ci aurait, comme son supérieur, le mérite et la récompense du voyage. Son mensonge cependant ne fut pas mal imaginé; car le ciel avait été si orageux les derniers jours, que le roi et tous les chefs qui nous suivirent de Hapaï à Kotou étaient demeurés sur cette dernière île, n'osant pas, ainsi que nous, affronter le gros temps. Ils m'avaient prié de les attendre à Anamocka; c'est pour cela que j'y vins une seconde fois, et que je ne me rendis pas directement à Tongatabou.

» Paoulaho et les chefs qui l'accompagnaient arrivèrent le 7 : j'étais à terre avec Finaou, qui sentit combien il avait eu tort de prendre un titre qui ne lui appartenait pas. Non-seulement il reconnut Paoulaho pour le roi de Tongatabou et des autres îles, mais il affecta d'insister beaucoup sur ce point, sans doute afin de réparer sa faute. Je le quittai, et j'allai faire ma cour à Paoulaho, que je trouvai assis, ayant devant lui quelques personnes : les insulaires s'empressèrent de venir rendre leurs devoirs à leur roi, et le cercle fut bientôt très-nombreux. J'examinai avec soin le maintien et la conduite de Finaou en cette occasion, et je fus convaincu qu'il jouissait réellement d'une assez grande autorité; car il se plaça au milieu des courtisans qui étaient assis devant Paoulaho : il fut d'abord un peu honteux de ce que nous l'avions vu jouer un rôle bien différent; mais il reprit bientôt son assurance. Ces deux chefs eurent un entretien qu'aucun de nous ne comprit, et nous ne fûmes pas satisfaits de l'interprétation qu'O-maï voulut nous en donner; mais nous sûmes alors à quoi nous en tenir sur le rang de Finaou. Il vint dîner à bord avec moi, ainsi que Paoulaho, et ce dernier seul s'assit à table. Finaou, après avoir rendu ses hommages à son souverain selon la méthode ordinaire, c'est-à-dire, après avoir touché de sa tête et de ses mains les pieds du roi, sortit de la grand'chambre. Paoulaho nous avait prévenu d'avance que les choses se passeraient ainsi, et il fut démontré que Finaou ne pouvait pas même manger ou boire en présence du roi.

» Nous appareillâmes le jour suivant à huit heures du matin, et nous prîmes la route de

Tongatabou. Quinze ou seize pirogues à voiles partirent avec nous, et chacune d'elles marcha beaucoup plus vite que les vaisseaux. Finaou devait faire la traversée sur *la Résolution*, mais il aima mieux monter sa pirogue ; et il nous envoya deux hommes, qu'il chargea de nous conduire au meilleur mouillage. »

Cook arriva le 10 à Tongatabou. Ses deux vaisseaux touchèrent sur une large batture durant cette traversée, et ils furent en danger de périr.

Tandis qu'il essayait de gagner le havre auquel les naturels le conduisaient, le roi se tint dans sa pirogue, qui voguait autour des vaisseaux. Ils étaient d'ailleurs environnés d'une multitude de petites embarcations. Paoulaho en renversa deux qui ne purent lui laisser le passage libre, et il les fit chavirer avec autant d'indifférence que si elles n'avaient eu personne à bord. Cet inconcevable trait de despotisme se trouve plusieurs fois dans ce voyage, et l'on peut en conclure que les peuplades du grand Océan ne sont pas aussi heureuses qu'elles paraissent l'être, et que la tyrannie y a fait plus de progrès que la civilisation. Parmi les insulaires dont les Anglais reçurent la visite, Cook aperçut Otago, qui lui avait été si utile durant son second voyage, et un autre appelé Toubaou, qui avait, à cette même époque, conçu beaucoup d'amitié pour le capitaine Furneaux ; chacun d'eux apporta un cochon et des ignames ; et Cook ne manqua pas de

leur donner aussi des marques d'amitié de son
côté.

« Peu de temps après que nous eûmes mouillé,
dit Cook, je descendis à terre accompagné d'O-
maï et de quelques-uns des officiers. Le roi
nous attendait sur la grève ; il nous conduisit
à une jolie maison, située un peu en dedans
des bords du bois, et précédée d'une grande
pelouse. Il me dit que nous étions les maîtres
de l'occuper durant notre relâche : nous ne
pouvions désirer une position plus charmante.

» Un cercle assez nombreux d'insulaires ne
tarda pas à venir s'asseoir devant nous sur la
prairie. On apporta des racines de kava, qu'on
mit aux pieds du roi ; il ordonna de les couper
en morceaux ; il les fit distribuer aux hommes
et aux femmes, qui commencèrent à les mâ-
cher, et ils préparèrent en peu de temps une
jatte de leur liqueur favorite. Sur ces entrefaites, nous vîmes arriver un cochon cuit au
four, et deux paniers d'ignames grillés, qu'on
divisa en dix portions, et qu'on distribua à
quelques-uns des assistans ; mais j'ignore à
combien de personnes chacune de ces portions
était destinée. J'observai qu'on en donna une
au frère du roi, et qu'on en réserva une sans
doute pour Paoulaho, car c'était un morceau
choisi : on servit ensuite la liqueur ; mais Paoulaho ne parut pas se mêler de la distribution.
On lui présenta la première coupe ; il dit de la
donner à un homme qui était assis près de lui.
On lui apporta aussi la seconde, qu'il garda. On

m'offrit la troisième; mais ayant vu préparer
la boisson, je ne me souciai pas de la goûter;
elle passa à O-maï. Le reste fut envoyé à différens insulaires, d'après les ordres de celui qui
dirigeait la préparation. Le frère du roi reçut
une de ces coupes, qu'il emporta avec sa part
de cochon et d'ignames. D'autres quittèrent
également le cercle et emportèrent leurs portions : on nous dit qu'ils ne pouvaient ni boire
ni manger en présence du roi; cependant des
hommes et des femmes d'un rang bien inférieur mangèrent ou burent sous ses yeux. La
plupart se retirèrent bientôt, et ils emportèrent ce qu'ils n'avaient pas consommé.

» Je remarquai que les naturels qui avaient
eu part à la collation ne formaient pas la quatrième partie de l'assemblée : ceux qui reçurent des ignames ou un morceau de cochon me
parurent être de la maison du roi. Les domestiques qui distribuèrent la viande et le kava
les présentaient toujours assis, même à Paoulaho. Quoique ce fût notre premier débarquement, quoiqu'il y eût une multitude d'hommes
et de femmes que nous n'avions pas encore
vus, aucun d'eux ne fut incommode, et rien
ne troubla le bon ordre.

» J'allai chercher une aiguade avant de retourner à bord; on me conduisit à des étangs,
ou plutôt à des mares, qui renfermaient, disait-on, de l'eau douce. L'une de ces mares
m'offrit en effet une eau assez bonne, mais
elle se trouvait un peu avant dans l'intérieur

du pays, et l'on ne pouvait y remplir qu'un petit nombre de futailles. Ayant appris que l'eau était plus abondante sur la petite île de Panghimodou, située près de notre mouillage, je m'y rendis le lendemain, et j'eus le bonheur d'y trouver un étang d'une eau meilleure que celle que nous avions rencontrée jusqu'alors. L'étang était très-sale, je le fis nettoyer, et nous prîmes l'eau dont nous avions besoin.

» Comme je me proposais de faire un séjour assez long à Tongatabou, nous dressâmes une tente près de la maison que Paoulaho nous avait donnée. On débarqua nos chevaux et notre bétail, et je laissai à terre un détachement de soldats de marine commandé par leur officier. On établit l'observatoire à peu de distance de notre camp, et M. King demeura sur la côte afin de suivre les observations et de surveiller les travailleurs. On débarqua les voiles qu'il fallait réparer; quelques-uns de nos gens coupèrent du bois pour le feu, et des planches pour l'usage des vaisseaux; et les canonniers eurent ordre de se tenir dans l'île, et de diriger les échanges avec les naturels qui arrivaient de tous côtés, et qui apportaient des cochons, des ignames, des cocos et d'autres productions du pays. Notre camp ressembla bientôt à une foire, et *la Résolution* et *la Découverte* furent si remplies, que nous pouvions à peine nous remuer sur les ponts.

» Finaou avait fixé sa résidence dans notre voisinage; mais il n'était plus l'homme de qui

tout dépendait. Il conservait cependant beaucoup de crédit, et les présens continuels qu'il
nous fit nous donnèrent de nouvelles preuves
de son opulence et de sa générosité. Le roi ne
se montrait pas moins libéral envers nous, car
il ne se passait guère de jours sans que nous
ne reçussions des dons considérables. Nous apprîmes qu'il y avait dans l'île d'autres grands
personnages que nous n'avions pas encore vus.
Otago et Toubaou, en particulier, m'en citè-
rent un qui se nommait Mariouaghi, qui jouissait, disaient-ils, d'un pouvoir étendu, et qui
était fort respecté. Si O-maï ne se méprit pas
sur ce qu'ils nous en racontèrent, Mariouaghi
se trouvait revêtu d'une autorité supérieure
même à celle de Paoulaho, son parent; mais
comme il était vieux et qu'il vivait dans la re-
traite, il ne venait pas nous rendre visite. Plusieurs naturels nous laissèrent entrevoir que
l'élévation de son rang ne lui permettait pas de
nous faire cet honneur. De pareils détails ex-
citant ma curiosité, j'avertis Paoulaho que je
voulais aller chercher Mariouaghi, et il me répondit amicalement qu'il m'accompagnerait le
lendemain.

» Nous partîmes en effet le 12, dès le grand
matin, dans la pinasse, et le capitaine Clerke
me joignit sur un de ses canots. Après avoir
navigué à l'est des petites îles qui forment le
havre, nous tournâmes au sud, d'après les
conseils de Paoulaho, et nous atteignîmes une
baie spacieuse, ou un goulet que nous remon-

tâmes l'espace d'environ une lieue, et nous débarquâmes au milieu d'un nombre considérable d'insulaires qui nous reçurent avec des acclamations de joie. Ils se séparèrent sur-le-champ afin de laisser passer Paoulaho, qui nous mena dans un terrain enclos, où il ôta la pièce d'étoffe qui lui servait de vêtement, pour en mettre une neuve, pliée proprement, que portait un jeune homme de sa suite. Une vieille femme l'aida à s'habiller, et couvrit d'une natte son habit. Nous jugeâmes que c'était pour qu'il ne le salît pas quand il s'assiérait. Je lui demandai alors où était Mariouaghi, et je fus bien étonné d'apprendre qu'il était parti pour se rendre au vaisseau un moment avant notre arrivée. Paoulaho nous engagea à le suivre à une *malaï*, c'est-à-dire à une maison où se tiennent des assemblées publiques : cette maison était située environ un demi-mille plus loin. Arrivés à une grande prairie, située au-devant, il s'assit au bord du chemin, et il nous dit d'aller seuls jusqu'à la maison; c'est ce que nous fîmes, et nous nous assîmes à l'entrée; la foule qui nous suivait nous environna alors et s'assit comme nous. O-maï, qui nous servait d'interprète, demanda de nouveau si nous verrions Mariouaghi; on ne nous répondit rien de satisfaisant. J'imaginai qu'on nous cachait à dessein le vieux chef, et nous retournâmes à nos canots, très-piqués d'avoir fait une course inutile. J'appris en arrivant à bord que Mariouaghi n'y était point venu. Il paraît qu'il y

eut de notre part bien des méprises, et qu'O-
maï fut trompé, ou, ce qui est plus vraisemblable, qu'il comprit mal ce qu'on lui avait dit
sur le grand personnage à qui nous voulions
nous présenter.

« Quoi qu'il en soit, nous eûmes occasion
d'examiner un village agréablement situé sur
les bords du goulet : tous les chefs de l'île, ou
du moins la plupart, y font leur résidence ;
chacun d'eux avait sa maison au milieu d'une
plantation environnée de cabanes pour les domestiques. Des haies très-propres enfermaient
ces plantations, qui en général n'offraient
qu'une seule entrée : c'était une porte contenue
en dedans par une barre de bois, en sorte
que, pour pénétrer dans l'intérieur, il fallait
attendre qu'on vînt ouvrir. De grands chemins
et de petits sentiers se trouvent dans l'intervalle qui sépare une plantation de l'autre,
aucune n'empiète sur l'autre. Les insulaires
laissent croître du gazon sur une grande partie
de ces terrains, et ils y sèment ou ils y plantent
des choses plus agréables qu'utiles : mais nous
vîmes dans presque toutes le kava, dont ils
tirent cette boisson qu'ils aiment si passionnément. Quelques-unes des plantations offraient
en abondance toutes les productions végétales
de l'île ; mais j'observai que celles-ci n'étaient
pas habitées par les insulaires du premier rang.
Il y a près des chemins publics de grandes
maisons, précédées d'une pelouse qui n'est
pas enclose et dont on soigne beaucoup le gazon.

On me dit qu'elles appartenaient au roi; et je conjecture qu'on y tient les assemblées publiques. C'est à une de ces maisons que Paoulaho nous conduisit.

» Le lendemain à midi, Mariouaghi, dont on nous avait parlé si souvent, se rendit aux environs du poste que nous occupions dans l'île; il était suivi d'un grand nombre d'insulaires de tous les rangs. On m'assura qu'il avait pris cette peine afin de me fournir une occasion de le voir. Il savait probablement que j'avais paru très-mécontent la veille de ne pas le rencontrer. L'après-dînée je descendis à terre avec plusieurs de nos messieurs, et Finaou nous servit de guide. Nous trouvâmes un homme assis sous un grand arbre près du rivage, un peu à droite de notre tente : une pièce d'étoffe, au moins de cent pieds de longueur, était étendue devant lui, et il était entouré d'un cercle nombreux d'insulaires des deux sexes, également assis. Nou supposâmes que c'était le grand personnage que nous venions chercher : mais Finaou nous détrompa, et nous montra un vieillard assis sur une natte, à quelque distance, en nous disant que c'était là Marioughi : il nous présenta au vieillard, qui nous reçut d'une manière très-amicale, et qui nous pria de nous asseoir. L'insulaire assis sous l'arbre en face de nous, s'appelait *Toubaou;* et lorsque j'aurai occasion d'en parler dans la suite, je le nommerai le vieux Toubaou, pour le distinguer de l'autre Toubaou, ami du capitaine Furneaux; sa figure, ainsi que celle de Mariouaghi, était vénérable. Le dernier était mince, et paraissait avoir plus de soixante ans. Le premier, quoique moins âgé, avait plus d'embonpoint, et il avait si mal aux yeux, qu'il semblait presque aveugle.

» Comme je ne m'attendais pas à trouver deux chefs, je n'avais apporté qu'un présent. Il fallut le diviser; mais chacune des portions fut encore assez considérable, et Toubaou et Mariouaghi parurent très-satisfaits. Nous les amusâmes ensuite l'espace d'une heure avec deux cors de chasse et un tambour; le capitaine Clerke tira un coup de pistolet, ce qui leur causa un extrême plaisir. Au moment où je pris congé, on roula la grande pièce d'étoffe étendue devant Mariouaghi, et on me la donna, ainsi que des cocos.

» Le 14, le vieux Toubaou vint me voir à bord de *la Résolution;* il alla voir aussi le capitaine Clerke, et nous eûmes soin l'un et l'autre de lui faire des présens. Sur ces entrefaites, Mariouaghi rendit une visite à notre détachement qui se trouvait à terre; et M. King lui montra tout ce que nous avions débarqué. Il admira beaucoup notre bétail, et notre grande scie fixa son attention pendant quelque temps.

» Paoulaho revint à midi du village où nous l'avions laissé deux jours auparavant, et il nous amena son fils, jeune homme d'environ douze ans; il dîna avec moi, mais il ne permit

5...

pas à son fils de s'asseoir à table. J'étais plus à mon aise quand je l'avais pour convive; car alors les autres insulaires n'osaient approcher, et un petit nombre d'entre eux se tenaient dans ma chambre. Lorsque lui ou Finaou n'é-taient pas à bord, ce qui à la vérité n'arriva guère durant notre relâche, les chefs inférieurs s'asseyaient à ma table sans façon, ou bien ils entraient dans ma chambre à l'heure du repas, et ils m'importunaient beaucoup. Nous nous trouvions si gênés par la foule, qu'il n'y avait pas moyen de dîner d'une manière tranquille. Le roi ne tarda pas à aimer notre cuisine; je fus persuadé néanmoins qu'il ne dînait si sou-vent avec nous que pour le plaisir de boire plu-tôt que pour celui de manger; il prit en effet du goût pour le vin, et il vidait sa bouteille aussi bien et aussi gaiement que nous. Il éta-blit sa demeure dans une maison située près de notre tente : le soir il donna à nos gens le spec-tacle d'une danse, et, ce qui étonna tout le monde, malgré son embonpoint monstrueux, il dansa.

» Le 15, dans la matinée, je reçus un mes-sage du vieux Toubaou, qui me priait de des-cendre à terre. J'allai le voir, accompagné d'O-maï : nous le trouvâmes assis, comme les anciens patriarches, au pied d'un arbre, et entouré d'un cercle d'insulaires d'une physio-nomie respectable : une grande pièce d'étoffe était étendue de toute sa longueur devant lui : il nous invita à nous asseoir près de lui; il

montra à O-maï la pièce d'étoffe, une touffe
de plumes rouges, et une douzaine de cocos,
en disant qu'il me les destinait. Je le remerciai ;
et comme je n'avais rien à lui donner, je l'engageai à venir à bord.

» O-maï, que Paoulaho envoya chercher,
nous quitta alors, et Finaou, qui arriva bientôt
après, m'informa que le jeune Fettafaïhé, fils
de Paoulaho, désirait de me voir. Je me rendis
à cette invitation, et je trouvai le prince et
O-maï assis sous un large dais, d'une très-belle
étoffe ; une autre pièce, d'une étoffe plus grossière, longue de deux cent vingt pieds et large
de vingt-deux, était étendue au-dessous d'eux
et devant eux. Ils avaient un gros cochon à
leur droite, et à leur gauche un monceau de
cocos. Des insulaires étaient assis en cercle autour de l'étoffe ; je reconnus Mariouaghi et
d'autres personnages du premier rang. On
m'engagea à m'asseoir près du prince. O-maï
me dit que le roi lui avait recommandé de m'a-
vertir qu'étant mon ami, il comptait sur mon
attachement pour son fils, et qu'il en serait
plus assuré si j'acceptais ce présent. Je me con-
formai volontiers à ses désirs, et comme il
était l'heure du dîner, je les invitai tous à
venir à bord.

» Le jeune prince, Mariouaghi, le vieux
Toubaou, trois ou quatre chefs inférieurs, et
deux femmes âgées et d'un rang supérieur,
m'accompagnèrent. Mariouaghi portait une
étoffe neuve sur les bords de laquelle étaient

attachées six touffes assez grosses de plumes rouges. Nous jugeames qu'il avait pris ce vêtement pour nous le donner ; car, dès qu'il fut à bord, il l'ôta et il me l'offrit. Il avait sans doute ouï dire que les plumes me feraient plaisir. Chacun de mes hôtes reçut de moi des présens qui parurent les enchanter. Lorsque le dîner fut servi, ils ne voulurent ni s'asseoir à table, ni manger. Je leur témoignai ma surprise, et ils me dirent qu'ils étaient *tabou* : ce mot a bien des acceptions ; mais, en général, il signifie une chose qui est défendue. On ne nous expliqua point pourquoi ils s'imposaient cette réserve. Après dîner, on leur montra toutes les parties du vaisseau ; et lorsque leur curiosité fut satisfaite, je les reconduisis à terre.

» Dès que mon canot eut atteint le rivage, Finaou et quelques autres en sortirent. Le jeune Fettafaïhé, voulant les suivre, fut rappelé par Mariouaghi, qui rendit à l'héritier présomptif de la couronne les hommages que je lui avais vu rendre au roi. On permit à Fettafaïhé de débarquer, après que le vieux Toubaou et une des femmes âgées dont j'ai parlé plus haut lui eurent donné les mêmes marques de respect. Quand cette cérémonie fut achevée, tous les insulaires quittèrent mon canot, et passèrent dans une pirogue qui devait les conduire à leur résidence.

» Je fus bien aise de les avoir ramenés moi-même sur la côte, car je vis clairement que Paoulaho et son fils étaient au-dessus de tous

les autres chefs. J'appris d'ailleurs les degrés
de parenté ou de puissance de plusieurs grands
personnages dont j'ai souvent cité les noms.
Je sus que Mariouaghi et le vieux Toubaou
étaient frères ; ils avaient l'un et l'autre de
grandes possessions dans l'île, et ils semblaient
très-considérés du peuple : chacun des naturels
donnait au premier l'épithète honorable de
Motoua - Tonga, c'est - à - dire, de père de
Tonga, ou de son pays. Sa parenté avec le
roi ne fut plus un secret pour nous : nous
sûmes qu'il était son beau - père, Paoulaho
ayant épousé une de ses filles, dont il avait
un fils : ainsi Mariouaghi était le grand-père
du jeune prince. Nous voyions depuis assez
long - temps que nous nous étions mépris en
regardant Finaou comme le souverain de ces
îles ; mais nous ne pouvions définir le rang
qu'il occupait : il ne nous resta pas non plus
de doute sur ce point. Finaou était un des fils
de Mariouaghi, et Toubaoueitoa en était un
autre.

» En débarquant, je trouvai le roi dans la
maison voisine de notre tente avec ceux de
nos gens qui résidaient sur la côte. A peine
l'eus-je abordé, qu'il me donna un gros cochon
et une quantité assez considérable d'ignames.
A l'entrée de la nuit, je vis arriver une troupe
d'hommes qui s'assirent en rond, puis chantèrent et s'accompagnèrent sur des tambours de
bambou placés au milieu d'eux. Il y avait trois
longs tambours de bambou et deux plus courts ;

ils frappaient l'extrémité inférieure contre terre,
comme dans la fête que j'ai décrite plus haut ;
deux autres étaient couchés à terre, l'un à côté
de l'autre ; l'un était fendu : un insulaire battait sur ceux-ci à l'aide de deux petits bâtons :
les musiciens chantèrent trois airs devant moi :
on me dit que le concert avait continué après
mon départ, et qu'il dura jusqu'à dix heures
du soir. Ils brûlèrent des feuilles d'ouharra pour
éclairer la scène ; je ne les ai jamais vu faire
usage d'autres flambeaux.

» Tandis que je passais la journée avec ces
grands personnages, M. Anderson se promena
dans l'intérieur du pays, où il fit les remarques suivantes. A l'ouest de l'endroit où nous
avions établi notre tente, le terrain est absolument inculte l'espace d'environ deux milles ;
mais la nature y produit une quantité prodigieuse d'arbres et d'arbrisseaux d'une végétation très-vigoureuse. On trouve plus loin une
assez grande plaine sur laquelle il y a des cocotiers et quelques plantations peu étendues
qui semblent très-récentes ; elles nous parurent
être dans des cantons qu'on avait laissés en
friche jusqu'alors. Près de la crique, qui se
prolonge à l'ouest de la tente, le terrain est plat,
et est couvert d'eau en partie à chaque marée.
Lorsque les flots le laissent à découvert, on
aperçoit que sa surface consiste en un rocher
de corail, rempli de trous d'une vase jaunâtre ;
vers les bords où il est un peu plus ferme, on
voit une multitude de petites ouvertures d'où

sort une foule innombrable de crabes de deux ou trois espèces qui se répandent sur la surface; ils disparaissent dès qu'on les approche, et les insulaires, avec toute leur dextérité, ne peuvent en prendre un seul.

» On rencontre ici un ouvrage de l'art, qui annonce une sorte d'industrie et de la persévérance : il commence d'un côté, sous la forme d'une chaussée étroite, qui, s'élargissant peu à peu, s'élève doucement à la hauteur de dix pieds; à ce point, sa largeur est de cinq pas, et sa longueur entière de soixante-quatorze; il aboutit à une espèce de cirque qui a trente pas de diamètre, et un ou deux pieds d'élévation au-dessus de la chaussée, et qui offre quelques arbres au centre. Le côté opposé du cirque touche à une seconde chaussée de la même nature; mais celle-ci n'a que quarante pas de long, et elle tombe en ruine. Le cirque et les deux chaussées sont de grosses pierres de corail; la surface est couverte d'une terre qui a produit une multitude de petits arbres et d'arbrisseaux; et l'état de sa décomposition où l'on voit d'ailleurs cet ouvrage annonce qu'il est ancien. S'il a servi jadis à quelque chose, il paraît qu'on n'en fait aucun usage aujourd'hui : nous n'avons pu rien apprendre des naturels, si ce n'est qu'il appartient à Paoulaho, qu'on lui donne le nom d'*etchi*.

» Le 16 au matin, j'allai examiner les travaux que j'avais ordonnés sur la côte, et je fis ensuite, avec M. Gore, une promenade dans l'intérieur du pays. Nous eûmes occasion de voir de quelle manière les insulaires fabriquent leurs étoffes ; nous étudiâmes ainsi la principale manufacture de ces îles et de la plupart des autres du grand Océan. J'ai décrit fort en détail, dans mon premier voyage, la méthode que suivent les Taïtiens : comme celle des îles des Amis est différente à quelques égards, je crois devoir en parler.

» Les femmes chargées de ce travail prennent d'abord les tiges ou les troncs du mûrier à papier, qu'on cultive pour cet objet, et qui arrivent rarement à plus de six ou sept pieds d'élévation, et à plus de quatre pouces de grosseur : elles en ôtent l'écorce, dont elles râclent ensuite les parties grossières avec une coquille de moule. Afin de détruire la convexité qu'a prise l'écorce autour de la tige, elles la roulent en sens contraire, et elles la font macérer dans l'eau (on m'a dit qu'on la laisse tremper une nuit); on l'étend alors sur un tronc d'arbre; on la bat avec un instrument carré de bois, qui a environ un pied de longueur, et qui est rempli de grosses rainures de tous les côtés, et quelquefois avec un instrument qui est uni. L'étoffe est bientôt fabriquée, mais on la remet souvent sur le métier ; on la déroule, on la replie à diverses reprises, et on la bat de nouveau : il semble que le but de ces opérations successives est d'en resserrer plutôt que d'en amincir le tissu : dès que le premier travail est achevé, on étend l'étoffe afin de la sécher. La longueur des pièces est de quatre à six pieds; mais il y en a de plus grandes; leur largeur est moindre de moitié. L'étoffe est alors remise à une autre personne qui réunit les pièces, en les enduisant du suc visqueux d'une baie appelée *toou*. Quand l'étoffe a la longueur qu'on veut lui donner, on la place sur une grande pièce de bois au-dessus d'une empreinte composée de substances fibreuses tissues d'une manière très-serrée : l'ouvrière plonge un chiffon dans le suc de l'écorce d'un arbre nommé *kokka*; et elle en frotte l'étoffe, qui prend une couleur brune et qui devient lustrée : l'empreinte sur laquelle porte l'étoffe me parut destinée seulement à coller davantage les divers morceaux. On continue ces opérations du collage et de la teinture jusqu'à ce que l'étoffe ait la longueur et la largeur nécessaires; les côtés offrent ordinairement une bordure d'un pied de largeur, qui n'est pas peinte, et il y en a une seconde plus large aux deux extrémités. Si quelques parties sont trop minces ou trouées, ce qui arrive souvent, on y colle des pièces qui la rendent partout de la même épaisseur. Pour avoir une couleur noire, les naturels mêlent la suie d'une noix huileuse, appelée *douédoué*, avec le suc du kokka. La proportion de ce mélange varie selon la teinte qu'ils désirent. Ils disent que l'étoffe noire, communément la plus lustrée, donne un vêtement frais; et que la première est plus chaude. Ils ne manquent pas, pour renforcer l'une et

l'autre., d'y ajouter de petites pièces posées lon-
gitudinalement, et on ne peut y faire des dé-
chirures que dans une seule direction.

» Je rencontrai Finaou à mon retour, et je
l'emmenai dîner à bord, ainsi qu'un second
chef qui était jeune. Lorsque le dîner fut servi,
ils ne voulurent point manger; ils me dirent
qu'ils étaient *tabou évi*. S'étant informés ensuite de quelle manière on avait apprêté nos alimens, ils s'assirent à table, et ils mangèrent de
bon cœur du cochon et des ignames qu'on avait
fait cuire sans *évi*, c'est-à-dire sans eau. Je les
assurai qu'il n'y avait pas non plus d'eau dans
le vin, et ils en burent volontiers. Nous conjecturâmes que des principes de superstition
leur interdisaient alors l'usage de l'eau : il est
vraisemblable toutefois que l'eau dont nous
nous servions leur inspirait du dégoût, parce
qu'on la puisait à l'un des endroits où ils se
baignaient.

» Mariouaghi avait fait préparer pour le 17 une
grande fête (hêva) à laquelle nous fûmes tous
invités : on disposait devant la maison qu'occupait alors ce chef, et près de notre poste,
un terrain qui devait servir de théâtre. Le matin les insulaires arrivèrent en foule de l'intérieur du pays; chacun portait sur son épaule
une perche de six pieds de longueur, avec un
igname suspendu à chacune des extrémités.
Ces ignames et ces perches furent déposés dans
le cirque; ils en formèrent deux pyramides ornées de différentes sortes de petits poissons,

et arrangées de manière à produire le coup d'œil le plus avantageux. Mariouaghi destinait ce présent au capitaine Clerke et à moi. Les naturels placèrent le poisson d'une manière pittoresque, et il faisait plaisir à voir; mais il sentait mauvais : on l'avait gardé deux ou trois jours, afin de nous le présenter en cette occasion.

» Ils commencèrent sur les onze heures à exécuter diverses danses qu'ils appellent *maï*.

» Les musiciens qui devaient former le chœur étaient assis et au nombre de soixante-dix. Nous aperçûmes au milieu d'eux trois instrumens auxquels nous donnâmes le nom de tambour, quoiqu'ils ne ressemblassent pas aux nôtres; c'étaient de gros morceaux de bois cylindriques, ou des troncs d'arbre de trois à quatre pieds de long, et deux fois plus gros que le corps d'un homme d'une taille ordinaire; nous en vîmes de plus petits : ils étaient les uns et les autres creux dans l'intérieur; mais fermés aux deux bouts, et ouverts seulement au côté par une fente d'environ trois pouces de large qui se prolongeait à peu près sur toute la longueur : ils creusent l'intérieur par cette ouverture, quoique cette opération soit très-difficile. Les naturels appellent ces tambours *naffa*; ils les tiennent devant eux, l'ouverture tournée vers leur visage; ils frappent dessus avec deux morceaux cylindriques d'un bois dur, d'un pied de long, et de l'épaisseur du poignet, et ils en tirent un son rude, mais

éclatant et fort; ils adoucissent ou ils ralentissent les coups en quelques endroits de la
danse; et pour changer de ton, ils frappent au
milieu ou à l'extrémité de l'instrument.

» La première danse fut composée de quatre
groupes, chacun de vingt-quatre hommes, qui
tenaient à la main un petit instrument de bois
mince et léger, d'environ deux pieds de long,
dont la forme ressemblait à celle d'une courte
pagaie oblongue, et auquel les naturels du pays
donnent le nom de *paggé*. Ils les agitèrent de
toutes sortes de manières; ils les dirigeaient à
droite et à gauche vers la terre, en inclinant
leur corps du même côté; ils les tournaient ensuite du côté opposé; ils les passaient brusquement d'une main à l'autre, et ils les faisaient
tourner avec beaucoup d'adresse. Ils varièrent
à l'infini les positions des paggés, et à chaque
nouvelle position ils prirent de nouvelles attitudes : leurs mouvemens furent d'abord peu
vifs; mais ils s'animèrent avec celui des tambours. Ils récitaient en outre des phrases de
chant que répétait le chœur : et bientôt après
les musiciens et les acteurs chantèrent tous ensemble, et ils terminèrent ce premier jeu par
des acclamations.

» Après un entr'acte de deux ou trois minutes ils recommencèrent les manœuvres du
paggé, qu'ils continuèrent plus d'un quart
d'heure. La dernière ligne des acteurs se divisa;
elle tourna d'un pas lent les angles de la co-
lonne, et, se rencontrant au centre du front,

elle forma la première. Les acteurs, sur ces entrefaites, récitèrent des phrases de chant comme dans le premier acte ; les autres lignes se déplacèrent successivement, et de la même manière, jusqu'à ce que celle qui était d'abord en avant se trouvât la dernière; et l'évolution continua jusqu'à ce que la dernière ligne eût repris sa première place. Ils exécutèrent une danse qui commença d'abord d'une manière assez froide, mais qui s'anima bientôt ; et, après avoir chanté environ dix minutes, tous les acteurs se divisèrent en deux groupes ; ils s'éloignèrent un peu, ils se rapprochèrent ensuite, et ils dessinèrent une figure circulaire qui termina le ballet : on emporta les tambours, et les musiciens quittèrent la scène.

» La seconde danse n'avait que deux tambours, et le chœur n'était composé que de quarante musiciens. Les danseurs, ou plutôt les acteurs, formaient deux rangs : je comptai dix-sept personnes dans le plus avancé, et cinq dans l'autre. Finaou était à leur tête, c'est-à-dire qu'il occupait le milieu de la première ligne, place d'honneur en ces occasions. Ils dansèrent et ils récitèrent des phrases de chant l'espace d'environ une demi-heure, quelquefois sur un mouvement vif, et d'autres fois sur un mouvement plus tranquille, mais toujours avec une précision extrême : on eût dit que l'âme d'un seul homme animait tous ces corps, et nous fûmes frappés de la justesse des pas et des voix. Vers la fin du ballet, la seconde ligne se partagea, et elle vint prendre la place de la première, qui, après quelques évolutions, se retrouva dans la position où elle était en arrivant sur la scène. Lorsque ce ballet fut terminé, les musiciens et les tambours disparurent comme à la fin de l'autre danse.

» Nous vîmes arriver trois tambours portés chacun par deux ou trois hommes, et soixante-dix musiciens s'assirent sur la scène pour former le chœur d'une troisième danse. Celle-ci nous présenta deux lignes de seize personnes, c'est-à-dire trente-deux acteurs en tout : le jeune Toubaou, qui avait un riche vêtement couvert de plumes rouges, était à leur tête. Ils dansèrent, chantèrent et agitèrent le paggé, comme les premiers ; mais leur jeu en géneral fut beaucoup plus animé, et l'assemblée fut si contente, qu'elle ne cessa de les applaudir ; elle parut surtout enchantée lorsqu'ils laissaient pendre le paggé devant eux, et qu'ils détournaient la tête ainsi qu'on la détourne quand on éprouve un sentiment de honte. Le dernier rang se divisa, et vint occuper la place de l'autre comme dans les deux premières danses ; mais ils reprirent bientôt leur ancienne place ; ils formèrent trois lignes, se retirèrent aux deux coins de la scène, et laissèrent vide la plus grande partie du théâtre. Deux hommes entrèrent alors brusquement, et se livrèrent un combat simulé avec les massues qu'ils emploient dans les batailles : ils les balancèrent d'abord de différentes manières, firent ensuite le moulinet avec beaucoup de force et de rapidité, et déployèrent tant d'adresse, que, quoiqu'ils fussent très-près, ils ne se touchèrent jamais. Ils ne montrèrent pas moins de dextérité en transportant leurs massues d'une main à l'autre : les deux champions, après avoir continué quelque temps ces exercices, s'agenouillèrent et prirent de nouvelles attitudes : ils jetèrent, par exemple, leurs massues en l'air, et ils les ressaisirent au moment où elles tombaient. Ils s'en allèrent aussi brusquement qu'ils étaient venus. Ils avaient la tête couverte d'une étoffe blanche qui ressemblait à un bonnet de nuit, et qui était serré sur le front par une guirlande de feuillage. Afin d'être plus au frais et moins embarrassés, ils étaient nus d'ailleurs, si l'on excepte une pagne légère qui entourait leur ceinture. Un homme qui portait une pique, et qui était vêtu comme ces deux derniers, entra sur la scène d'une manière aussi brusque; il regarda autour de lui d'un air effaré, comme s'il eût cherché son ennemi à l'un des coins de la scène, et il prit une attitude menaçance : on eût dit qu'il voulait transpercer l'un des spectateurs; ses genoux un peu pliés tremblaient sous lui, et il paraissait écumant de rage. Après avoir gardé cette position quelques secondes, il passa à l'autre coin du théâtre; il s'y tint dans la même attitude le même espace de temps, et sa sortie fut aussi brusque que son entrée. Durant cet intervalle, les danseurs, qui s'étaient divisés en deux groupes, récitèrent avec lenteur des

phrases de chant; ils s'avancèrent, se réuni-
rent, et terminèrent le ballet au milieu des
acclamations publiques. Si l'on juge de cette
danse par le rang des acteurs, ce fut le plus
pompeux de tous leurs spectacles; Fettafaihé,
frère de Paoulaho, frappait sur l'un des tambours; Finaou frappait sur un autre, et Mariouaghi frappait à l'entrée de sa hutte sur un
troisième qui ne faisait point partie de l'orchestre.

» Nous n'étions pas à la fin des danses : on en
prépara bientôt une nouvelle, dont quarante
musiciens et deux tambours devaient former
l'orchestre. Celle-ci fut composée de soixante
hommes, qui n'avaient point encore paru, et
qui se rangèrent sur trois lignes, la première
ayant vingt-quatre acteurs. Avant de commencer, ils jouèrent un prologue assez long, dans
lequel toute la troupe répondait de temps en
temps à l'un des insulaires qui discourait : ils
récitèrent alternativement avec le chœur des
phrases de chant (peut-être des vers). Ils agitèrent rapidement le paggé d'un grand nombre
de manières, et l'assemblée cria de toutes parts :
Moriaï, fy foggé! mots qui expriment deux
sortes différentes d'éloges. Ils se divisèrent en
deux groupes qui se tournaient le dos; ils se
retournèrent ensuite, et les deux groupes changèrent de place et reprirent bientôt leur première position, comme dans les autres danses.
Ils se divisèrent et se retirèrent sur les coins
de la scène, pour laisser le champ libre à deux

athlètes qui exécutèrent un combat simulé de massues : ces deux champions furent bientôt remplacés par deux autres. Sur ces entrefaites, les danseurs récitèrent des phrases de chant lentement et alternativement avec le chœur ; ils revinrent ensuite sur le devant de la scène, et terminèrent le ballet.

» Ces danses, si toutefois on peut les appeler de ce nom, durèrent depuis onze jusqu'à près de trois heures. Les chefs de l'île voulaient sûrement nous donner une fête, ou nous montrer leur dextérité dans les exercices du corps. Une multitude d'insulaires assistèrent à ces jeux ; l'inégalité du terrain rendit très-difficile l'évaluation du nombre des spectateurs. Cependant nous comptâmes le premier cercle ; et, remarquant qu'ils étaient rangés en quelques endroits sur vingt ou trente de hauteur, nous supposâmes qu'il y avait près de quatre mille personnes. La foule qui environnait notre marché, ou qui rôdait autour de notre tente, était au moins aussi nombreuse, et nous calculâmes qu'il se trouvait alors dix ou douze mille insulaires dans notre voisinage, c'est-à-dire dans l'espace d'un mille de tour. La plupart y étaient venus par curiosité.

» Nous regrettâmes beaucoup de ne pas entendre les paroles de leurs ballets ; nous aurions sûrement recueilli des observations précieuses sur l'esprit et les coutumes de ces peuplades. L'assemblée ne manquait point d'applaudir à la pantomime des acteurs et des danseurs, lorsqu'elle était juste et précise ; mais il faut remarquer qu'elle paraissait surtout extrêmement sensible aux paroles. Au reste, la variété des mouvemens, leur justesse et leur étendue, rendirent la pantomime seule, ou le jeu des acteurs, bien digne de notre attention.

» Le soir, on nous donna le spectacle d'un *bomaï*, c'est-à-dire qu'on exécuta les danses de nuit devant la maison occupée alors par Finaou : elles durèrent environ trois heures. Durant cet intervalle, nous vîmes douze danses qui ressemblèrent beaucoup à celles de Hapaï. Il y en eut deux d'exécutées par des femmes ; et au milieu de celles-ci, nous vîmes arriver une troupe d'hommes qui formèrent un cercle en dedans de celui des danseuses. Vingt-quatre hommes, qui en exécutèrent une troisième, firent avec leurs mains une multitude de mouvemens très-applaudis que nous n'avions pas encore vus. L'orchestre se renouvela une fois. Finaou parut sur la scène à la tête de cinquante insulaires qui avaient joué à Hapaï : il était vêtu de toile et d'une longue pièce de gaze, et portait de petites figures suspendues à son cou. A la fin des jeux, nous nous aperçûmes que nous avions exposé les insulaires, ou plutôt qu'ils s'étaient exposés eux-mêmes à de grands embarras ; car, se trouvant rassemblés en foule sur cette partie de l'île, ils furent obligés de passer la nuit sous des buissons ou au pied d'un arbre. Plusieurs couchèrent en plein air, ce dont ils ne se sou-

cient point du tout ; ou bien ils se promenè-
rent jusqu'à la pointe du jour.

» La fête se passa avec plus d'ordre que ne
le permettait une si grande assemblée. Il devait y avoir des hommes malintentionnés dans
une foule si nombreuse, et nous l'éprouvâmes.
Notre vigilance et nos soins ne les empêchèrent
pas de nous piller de toutes parts, et ils com-
mirent leurs vols d'une manière audacieuse et
insolente. Ils entreprirent de dérober tous ce
que nous avions ; mais la foule était toujours
nombreuse ; et de peur que les innocens ne
fussent punis pour les coupables, je ne permis
pas aux sentinelles de tirer. Ils essayèrent en
plein midi d'enlever une ancre suspendue au
bossoir de *la Découverte*, et ils en seraient venus à bout, si la pate ne se fût accrochée à une
des chaînes de fer qui se trouvaient à la hanche
du vaisseau. Ils ne purent dégager l'ancre avec
la main, et ils ne connaissent point l'usage des
palans. Ils cassèrent l'os de l'épaule d'une de
nos chèvres, et l'animal en mourut peu de
temps après ; c'est la seule violence que nous
eûmes à leur reprocher. La perte retomba sur
eux, car c'était une des chèvres que je me proposais de laisser dans l'île. Au reste l'insulaire
coupable du délit ne connaissait pas nos intentions.

» Ce qui se passa dans la matinée du 18 nous
éclaira sur une de leurs coutumes. Un des insulaires, ayant amené sa pirogue près de *la
Résolution*, entra par une des bouteilles, et

vola un vase d'étain. Il fut découvert ; on le poursuivit, et on le ramena le long du bord. Trois vieilles femmes, qui étaient dans la pirogue, poussèrent des lamentations lorsqu'elles nous virent maîtres du voleur ; elles se donnèrent des coups de poing terribles sur le sein et sur le visage, sans néanmoins verser une larme.

» Nous découvrîmes la cause des tumeurs et des cicatrices que nous apercevions aux os des joues de la plupart d'entre eux. Les coups multipliés qu'ils se portent aux joues meurtrissent la peau, et en font même sortir le sang à gros bouillons : lorsque les blessures sont récentes, on croirait qu'on y a produit un cercle par le moyen du fer. Ils se découpent avec un instrument cette partie du visage, en beaucoup d'autres occasions, de la même manière que les Taïtiens se découpent le haut de la tête. J'envoyai des présens à Mariouaghi, afin de lui témoigner combien j'étais sensible à ceux que j'avais reçus de lui la veille. La fête qu'il nous avait donnée exigeait de moi quelque chose de pareil. Je fis faire l'exercice à un détachement des soldats de marine à l'endroit où les danses avaient été exécutées, et nous tirâmes des feux d'artifice le soir devant Paoulaho, les principaux chefs, et une assemblée nombreuse. Les spectateurs eurent beaucoup de plaisir en voyant les soldats tirer par pelotons ; mais nos serpentaux leur causèrent un étonnement extraordinaire : les fifres et le tambour, ou les

V. Adam. del.

Caxénave sc.

Celui des deux qui vient à bout d'entrainer
l'autre, s'efforce tout de suite de le soulever
de terre.

cors de chasse qui jouèrent sur ces entrefaites, attirèrent faiblement leur attention. Comme il n'est permis à personne de s'asseoir derrière le roi, il se trouvait au fond de l'amphithéâtre ; et pour que rien ne l'empêchât de voir, aucun des naturels n'était placé directement devant lui. Les insulaires se rangèrent de manière à former un sentier qui laissait un espace libre, depuis le siége de Paoulaho jusqu'au lieu de la scène.

» Nous avions annoncé cette fête pour le soir ; les naturels l'attendirent avec impatience, et ils employèrent la plus grande partie de l'a-près-dînée à des combats de lutte et de pugi-lat. Ils donnent le nom de *jangatoua* au pre-mier de ces exercices, et celui de *fouhou* au second. Lorsque l'un d'eux veut lutter contre un autre, il quitte sa place à pas mesurés, en appliquant un coup sec sur la jointure du coude de l'un de ses bras qui est plié, d'où il résulte un son creux qu'on regarde comme le signal du défi. S'il ne se présente aucun adversaire, il revient s'asseoir ; mais il se tient quelquefois assez long-temps debout sur l'arène, et il con-tinue alors à frapper son coude en provoquant un rival. S'il s'en présente un, les deux athlètes s'approchent et montrent de la gaieté et de la bonne humeur : ils sourient ordinairement, et ils arrangent la pièce d'étoffe qui est attachée autour de leurs reins ; ils se prennent enfin par la ceinture : celui des deux qui vient à bout d'entraîner l'autre s'efforce tout de suite de le soulever de terre et de le jeter sur le dos; et s'il parvient, avant de le terrasser, à lui faire deux ou trois tours en le balançant dans les airs, son adresse excite les applaudissemens des spectateurs. Quand leurs forces sont égales, ils se serrent de plus près, et ils entrelacent leurs jambes, ou bien ils se lèvent sur la pointe des pieds, afin de se renverser. Ils déploient une force prodigieuse dans ces assauts; leurs muscles sont si tendus qu'on les croirait près de se rompre. Le champion qui est terrassé se retire tout de suite; mais le vainqueur s'assied durant quelques minutes, puis se lève et retourne à sa place, où ceux qui sont de sa bande proclament son triomphe par quelques phrases de chant d'une mesure peu animée. Après s'être tenu assis un moment, il se lève de nouveau, et il recommence ses défis; plusieurs champions se présentent quelquefois, mais il a le privilége de choisir celui qu'il veut; et, quand il a terrassé son adversaire, il a aussi le droit exclusif de proposer d'autres cartels, jusqu'à ce qu'il soit vaincu : s'il est enfin renversé, la bande opposée chante la victoire. Cinq ou six hommes se lèvent souvent à la fois et proposent des défis; dans ce cas, il est commun de voir trois ou quatre couples qui se battent en même temps. On est surpris de la modération qu'ils conservent dans ces exercices. Nous n'en aperçûmes pas un seul qui parût mécontent en quittant l'arène. Lorsqu'ils trouvent leurs forces si égales qu'ils désespèrent de triompher, ils cessent le combat d'un commun accord. Si l'un est renversé d'une manière qui n'est point loyale, ou s'il reste des doutes sur celui qui a l'avantage, les deux côtés chantent la victoire, et les champions se livrent un second assaut. Le vaincu ne peut se mesurer une seconde fois contre l'homme qui l'a terrassé.

» Ceux qui s'exercent au pugilat s'avancent de côté : ils changent de position à chaque pas ; un de leurs bras est étendu en avant, et l'autre par-derrière. Ils tiennent d'une main une corde dont ils se serrent fortement le poignet lorsqu'il se présente un adversaire : ils arrivent quelquefois sur la scène le poignet garni. J'imagine qu'ils emploient ce moyen pour ne pas se disloquer la main ou les doigts. Ils visent ordinairement à la tête : ils se portent aussi des coups sur les flancs, et ils s'attaquent avec beaucoup d'ardeur ; ils changent de côté, et ils se battent également des deux mains ; ils tournent sur le talon au moment qu'ils ont frappé leur antagoniste, et ils lui donnent un coup très-sec de l'autre main par-derrière ; c'est celui de leurs coups qu'ils aiment le mieux et qui paraît le plus adroit.

» Il est rare que les combats du pugilat durent long-temps ; les champions quittent l'arène, ou bien l'un se reconnaît vaincu. L'assemblée ne chante jamais la victoire, à moins que l'un des deux ne renverse son rival ; d'où l'on peut conclure que les insulaires préfèrent les combats de lutte. Les petits garçons pratiquent ces deux exercices, et on voit souvent de petites filles se battre opiniâtrément de la même manière. Ils ne semblent point du tout honteux d'être vaincus; le champion malheureux se rassied avec autant d'indifférence que s'il n'était pas entré en lice. Quelques-uns de nos gens voulurent mesurer leurs forces dans ces deux sortes de combats, mais ils furent toujours battus, si j'en excepte un petit nombre de cas où les champions du pays n'usèrent pas de leurs avantages, de peur de nous offenser.

» En réfléchissant sur le penchant au vol de la plupart des insulaires, et sur leur adresse à dérober ce qu'ils n'espéraient pas obtenir loyalement, je sentis que notre bétail, qui se trouvait alors à terre, courait des risques, malgré toutes nos précautions. Je crus devoir déclarer que je me proposais de leur laisser quelques-uns de nos quadrupèdes, et même d'en faire la distribution avant notre départ.

» Le 19, dans la soirée, j'assemblai tous les chefs devant la maison que nous occupions : je donnai au roi un jeune taureau d'Angleterre et une vache; à Mariouaghi, un belier du Cap et deux brebis; et à Finaou, un cheval et une jument. Comme j'avais annoncé cette distribution la veille, la plupart des insulaires qui étaient aux environs de notre petit camp y assistèrent. Je recommandai à O-maï de dire que leur île était éloignée de plusieurs mois de navigation des pays où l'on trouve de pareils animaux; que je les avais amenés de si loin pour leur usage, et que ce transport m'avait occasioné beaucoup de peines et de dépenses ; qu'ils feraient mal s'ils en tuaient un seul avant que la race en fût très-multipliée; et enfin qu'ils devaient, eux et leurs enfans, se souvenir qu'ils les avaient reçus des navigateurs de Britanè. Omaï leur expliqua d'ailleurs le parti qu'on pouvait en tirer, et la manière dont il fallait en prendre soin ; au reste, il parla sans doute fort mal sur ce dernier article; car il était peu instruit des détails de l'économie rurale. Voulant laisser avec le reste de notre bétail, jusqu'à ce que nous fussions au moment de notre départ, les quadrupèdes dont je venais de faire présent aux insulaires, j'engageai les chefs à envoyer à notre bergerie un homme ou deux qui s'habitueraient à ces animaux, et qui acquerraient des instructions sur la façon de les soigner. Paoulaho et Finaou suivirent mon conseil; mais ni Mariouaghi, ni personne de sa suite ne s'occupa des moutons qu'il avait eus en partage; et le vieux Toubaou ne vint point à cette assemblée, quoique je l'y eusse invité, et qu'il fût dans les environs. Je me proposais de donner en outre des chèvres, un mâle et deux femelles, à Mariouaghi ; mais, comme il montrait tant d'indifférence, je les ajoutai à la portion du roi.

» Je ne tardai pas à connaître que le partage avait mécontenté bien du monde, car on m'avertit le lendemain qu'il nous manquait un chevreau et deux dindons. Je ne pouvais imaginer qu'ils se fussent perdus par hasard, et je résolus de ne pas les laisser entre les mains des voleurs. Je commençai, en conséquence, par saisir trois pirogues qui se trouvaient le long des vaisseaux. Je descendis à terre, et ayant rencontré le roi, son frère, Finaou et quelques autres chefs, dans la maison que nous occupions, je leur donnai un garde; et je leur fis comprendre que je les tiendrais aux arrêts jusqu'à ce qu'on m'eût rendu, non-seulement le chevreau et les dindons, mais tout ce qu'on nous avait dérobé à différentes époques. Lorsqu'ils se virent prisonniers, ils dissimulèrent leur chagrin autant qu'ils purent; et, après m'avoir assuré qu'on me rendrait tout ainsi que je le désirais, ils s'assirent et burent la kava avec une tranquillité apparente: on me rapporta bientôt une hache et un coin de fer. Sur ces entrefaites quelques insulaires en armes se rassemblèrent derrière notre maison; mais ils se dispersèrent dès le moment où nos soldats de marine marchèrent contre eux. Je recommandai aux chefs de défendre ces attroupemens; ils donnèrent en effet des ordres auxquels les insulaires obéirent. Je les engageai à venir dîner avec moi à bord, et ils y consentirent de bon cœur. Plusieurs insulaires ayant ensuite représenté que le roi ne devait pas quitter la côte, le prince se leva à l'instant, et déclara qu'il était prêt à partir. Nous nous rendîmes donc sur *la Résolution*; le prince et sa suite y demeurèrent jusqu'à quatre heures, et

je les reconduisis dans l'île : bientôt après on
me ramena le chevreau et un des dindons. Ils
promirent de nous livrer l'autre le lendemain ;
comptant sur leur parole, je relâchai les pirogues, et je rendis la liberté aux chefs.

» Quand les chefs nous eurent quittés, nous
fîmes une promenade, O-maï et moi, afin
d'observer les repas des naturels ; car c'était
un des momens de la journée où ils mangent.
Je trouvai qu'ils avaient en général de bien
petites rations. Il ne faut pas s'en étonner,
puisqu'ils nous avaient vendu la plupart des
ignames et des autres provisions qu'ils avaient
apportées, et qu'ils ne pensaient jamais à retourner dans leurs bourgades tant qu'ils ren-
contraient quelque espèce de subsistance autour de notre camp. Nous étions établis sur
une pointe de terre en friche, et à proprement
parler, aucun des insulaires ne résidait à un
mille de nous; il se trouvait une foule si nombreuse d'étrangers dans les cantons où commencent les cultures, que nous nous attendions
à y voir les maisons remplies de monde. Nous
nous trompions : les familles qui y résidaient
n'avaient pas un seul hôte. Tous les étrangers
vivaient sous des hangars mal construits, ou
sous des arbres et des buissons. Nous remarquâmes qu'on avait dépouillé les cocotiers de
leurs branches afin de bâtir des huttes pour
les chefs.

» Nous rencontrâmes durant cette promenade une demi-douzaine de femmes qui sou-

paient au même endroit. On mettait les morceaux dans la bouche de deux d'entre elles; et lorsque nous en demandâmes la raison, on nous dit qu'elles étaient *taboa-matti*. Nous apprîmes, en faisant des recherches ultérieures, que l'une avait lavé le cadavre d'un chef deux mois auparavant, et qu'elle ne devait toucher aucun aliment pendant cinq mois; l'autre avait aussi lavé le cadavre d'une personne d'un rang inférieur, et elle était soumise à la même abstinence qui devait finir plus tôt. Nous aperçûmes à peu de distance de là une troisième femme à qui on mettait également les morceaux dans la bouche; on nous avertit qu'elle avait aidé à laver le corps du chef dont je parlais tout à l'heure.

» Le roi arriva à bord le 21 dès le grand matin; il venait m'inviter à un spectacle qu'il voulait donner le même jour. Sa toilette était déjà faite; le barbier lui avait barbouillé toute la tête d'un fard rouge, afin de rougir ses cheveux, qui étaient naturellement d'un brun foncé. Je l'accompagnai à terre après le déjeuner, et je trouvai ses gens occupés à planter, en avant de notre maison, quatre longs poteaux, à deux pieds de distance l'un de l'autre, et de cette manière (: :). L'espace entre les poteaux fut ensuite rempli d'ignames; et à mesure que les naturels le remplirent, ils eurent soin d'assujettir les poteaux avec des bâtons placés à environ quatre pieds d'intervalle, afin d'empêcher que la pression des ignames ne les séparât. Lorsque les ignames eurent atteint le sommet des premiers poteaux, ils en superposèrent de nouveaux, et les deux pyramides s'élevèrent à plus de 30 pieds. Ils placèrent au sommet de la première deux cochons cuits au four; ils mirent un cochon vivant au haut de la seconde, et ils attachèrent au milieu un second cochon par les pieds. Nous fûmes étonnés de la facilité et de la promptitude avec laquelle ils élevèrent ces pyramides. Si j'avais ordonné aux matelots d'exécuter un pareil ouvrage, ils auraient juré qu'on ne pouvait le faire sans charpentiers; les charpentiers auraient employé douze instrumens divers, et au moins cent livres de clous; et avec tous leurs moyens, ils auraient mis à cette opération autant de journées que les insulaires y mirent d'heures. Mais les matelots, comme la plupart des animaux amphibies, sont de peu de secours à terre. Quand les naturels eurent garni de provisions ces deux pyramides, ils rassemblèrent plusieurs autres tas d'ignames et de fruits à pain de chaque côté de la scène, et ils apportèrent ensuite une tortue, une quantité considérable d'excellent poisson, une pièce d'étoffe, une natte, et quelques plumes rouges. Le roi voulait me faire présent de toutes ces choses : il semblait désirer que son présent surpassât celui que j'avais reçu de Finaou à Hapaï, et il y réussit.

» Ils commencèrent à une heure, le maï ou les danses. La première fut presque une répétition de celle que nous avions vue à la fête de Mariouaghi. La seconde eut pour premier danseur Toubaou, l'ami du capitaine Furneaux ; quatre ou cinq femmes y parurent, et elles exécutèrent les évolutions et les pas avec autant d'exactitude que les hommes. Les acteurs se divisèrent en deux bandes, et abandonnèrent la scène à deux champions, qui se livrèrent un de ces combats simulés de massues dont j'ai déjà fait la description. A la fin de la troisième danse, qui fut la dernière, deux autres guerriers arrivèrent avec leurs massues, et montrèrent beaucoup de dextérité. Des combats de lutte et de pugilat remplacèrent ces danses : l'un des insulaires entra dans la lice avec une espèce de massue composée de la tige d'une feuille de cocotier, qui est dure et pesante. On répéta le bomaï pendant la nuit ; Paoulaho y dansa vêtu d'étoffe d'Angleterre : mais les danses exécutées durant cette journée ne furent ni aussi belles, ni aussi animées que celles de Finaou ou de Mariouaghi ; il n'est donc pas besoin d'en parler davantage.

» Je dînai à terre, afin de ne perdre aucune partie du spectacle. Le roi s'assit à ma table ; mais il ne voulut ni boire ni manger. Je reconnus que la présence d'une femme que j'avais invitée à ce repas, d'après ses sollicitations, l'arrêtait : nous découvrîmes ensuite qu'elle était d'un rang supérieur au sien. Dès que cette femme si imposante eut dîné, elle s'avança vers le roi, qui mit ses mains sous les pieds de sa souveraine, et elle se retira. Au même instant Paoulaho plongea ses doigts dans un verre de vin, et il reçut les hommages de tous les gens de sa suite. C'est la seule fois que nous l'ayons vu donner à quelqu'un des marques de respect. Il me demanda des feux d'artifice, et j'en fis tirer le soir ; malheureusement les pièces se trouvèrent gâtées, et elles ne remplirent pas l'attente des spectateurs.

» Comme il n'y avait plus de fête à espérer de notre côté, ou de celui des chefs, et que la populace avait satisfait sa curiosité, elle nous quitta en grande partie le lendemain du *héva* de Paoulaho : cependant les voleurs rôdaient autour de nous, et, encouragés par la négligence de nos gens, ils nous dérobaient sans cesse quelque chose.

» Des officiers des deux vaisseaux qui avaient fait une course dans l'intérieur de l'île sans ma permission, et même sans que je le susse, revinrent le soir, après une absence de deux jours ; ils étaient partis avec leurs fusils, avec des cartouches et des marchandises du goût du pays ; et les insulaires eurent l'adresse de les dépouiller complètement durant cette expédition : il manqua d'en résulter des suites fâcheuses ; car, dès que nos voyageurs furent de retour, ils se plaignirent au roi, par l'entremise d'O-maï, du traitement qu'ils avaient éprouvé. Paoulaho, ignorant mes intentions, et, d'après ce qui était arrivé, craignant que je ne l'arrêtasse de nouveau, s'éloigna le lendemain de très-bonne heure. Finaou suivit cet exemple, et il ne resta pas dans notre voisinage un chef revêtu de quelque autorité. J'en fus très-fâché, et je témoignai à O-maï mon mécontentement de ce qu'il s'était mêlé d'une pareille affaire. Ma réprimande lui inspira le désir de ramener Finaou; il l'assura que je n'emploierais pas la force pour obliger les insulaires à rendre ce qu'ils avaient pris à nos messieurs; et sa négociation eut du succès. Finaou, comptant sur cette parole, reparut le soir; nous le reçûmes bien, et Paoulaho revint aussi le jour suivant.

» Ces deux chefs me firent observer avec raison qu'il fallait les avertir lorsque quelqu'un des équipages voudrait aller dans l'intérieur du pays; ils ajoutèrent qu'en pareil cas ils nous donneraient des guides et une escorte, et qu'ils seraient responsables de notre sûreté. Je crois qu'avec cette précaution un voyageur et ses richesses sont aussi en sûreté à Tonga-tabou que dans les pays du monde les mieux policés. Je ne me donnai aucun soin pour obtenir la restitution des choses qu'on avait prises à nos officiers; cependant Finaou fit tout rendre, excepté un fusil et un petit nombre d'objets d'une moindre valeur. Nous avions recouvré à cette époque le dindon et la plupart des instrumens qu'on avait dérobés à nos ouvriers.

» Le 25, deux canots que j'avais envoyés à la découverte du canal le plus propre à regagner la haute mer revinrent. Les maîtres qui les commandaient me dirent que le canal au nord, par lequel nous étions venus, était extrêmement dangereux, des rochers de corail le remplissant d'un bord à l'autre; mais qu'il y en avait un très-bon à l'est, resserré cependant par de petites îles dans un de ses points, et que pour en sortir nous aurions besoin d'un vent très-favorable, c'est-à-dire d'un vent d'ouest qui ne soufflait pas souvent sur ce parage. Les deux bâtimens étaient approvisionnés de bois et d'eau, nos voiles réparées, et nous ne devions plus guère espérer de vivres des habitans; mais comme une éclipse devait avoir lieu le 5 du mois suivant, je résolus de l'observer, s'il était possible, et de différer l'appareillage jusqu'après cette époque.

» J'eus ainsi quelques jours de loisir, et le 26, dès le grand matin, je m'embarquai sur un canot avec Paoulaho et quelques personnes de mes vaisseaux pour Moua, village où le roi et d'autres chefs font leur résidence ordinaire. Nous rencontrâmes sur notre route quatorze pirogues qui pêchaient ensemble dans le goulet; le fils de Paoulaho était sur une de ces embarcations, dont chacune portait une espèce de verveux ou filet triangulaire qui était étendu entre deux bâtons, et qui offrait à l'extrémité inférieure un sac pour recevoir et arrêter le poisson. Elles avaient déjà pris de très-beaux mulets; elles nous en donnèrent environ une douzaine. Je fus curieux de voir quelle est la

manière de pêcher des insulaires; je fus satisfait à l'instant. Ils entourent d'un long filet pareil à notre seine un bas-fond où ils croient que
la pêche sera heureuse; les pêcheurs se mettent
alors dans l'eau, et ils plongent dans la seine
les verveux dont je parlais tout à l'heure, ou
bien ils y prennent les poissons au moment où
ils s'échappent : le bas-fond qu'ils enveloppè-
rent de leur seine ne contenant point de poisson, afin de nous mieux instruire des détails de
l'opération (qui paraît sûre), ils y jetèrent une
partie de ceux qu'ils avaient déjà pris.

» Nous quittâmes le fils de Paoulaho et les
pêcheurs; et quand nous fûmes au fond de la
baie, nous débarquâmes à l'endroit où nous
étions descendus lorsque nous fîmes une course
inutile pour voir Mariouaghi. Dès que nous
fûmes à terre, le roi chargea O-maï de me dire
que je ne devais pas avoir d'inquiétude sur le
canot ou sur les choses qui s'y trouvaient, que
les insulaires ne toucheraient à rien. Nous reconnûmes ensuite qu'il ne nous avait pas
donné cette assurance en vain. On nous conduisit au même instant à l'une des maisons de
Paoulaho, qui n'était pas éloignée, et près de
l'édifice public ou du *malahi*, dans lequel nous
étions entrés quand nous allâmes à Moua pour
la première fois. Quoiqu'elle fût assez grande,
elle semblait destinée à l'usage particulier du
roi, et se trouvait au milieu d'une plantation.
Paoulaho s'assit à l'une des extrémités, et les
naturels qui vinrent lui faire leur cour s'assi-

rent en demi-cercle à l'autre extrémité : au moment où ils entrèrent, le prince ordonna de préparer une jatte de kava, et de faire cuire des ignames pour nous. Tandis qu'on exécutait ses ordres, j'allai voir près de la maison un *fiatouka* ou cimitière, qui, par son étendue et sa forme, paraissait surpasser ceux que nous avions examinés sur les autres îles : quelques personnes de la suite du roi m'accompagnèrent, et O-maï me servait d'interprète. On me dit que le cimetière appartenait au roi : il était composé de trois maisons assez grandes, situées au sommet, ou plutôt au bord d'une espèce de colline. Il y avait à quelque distance un quatrième édifice rangé sur la même ligne que les trois premiers; le second était le plus considérable : il se trouvait sur une esplanade d'environ trois pieds de hauteur, longue de vingt-quatre pas et large de vingt-huit. Les autres étaient placés sur de petits tertres artificiels, élevés également de trois pieds; le sol de ces édifices, ainsi que les sommets des tertres qui les environnaient étaient couverts de jolis cailloux mobiles, enfermés par de grandes dalles d'un rocher de corail dur, taillées proprement, et posées de champ, dont l'une avait douze pieds de longueur et plus de douze pouces d'épaisseur; l'un de ces édifices était ouvert à l'un des côtés; on voyait dans l'intérieur, particularité que nous n'avions pas encore observée, deux bustes de bois grossièrement façonnés, l'un près de l'entrée, et l'autre un peu plus avant. Les naturels nous suivirent jusqu'à la porte ; mais ils n'osèrent pas en passer le seuil : ayant demandé ce que signifiaient ces bustes, on nous répondit qu'ils ne représentaient aucune divinité, et qu'ils servaient à rappeler le souvenir des chefs enterrés dans le fiatouka. Nous jugeâmes que les insulaires ne construisent pas souvent des monumens pareils ; car ceux-ci avaient, selon toute apparence, plusieurs générations. On nous dit qu'on avait enterré des morts dans chacun de ces édifices ; mais rien ne l'annonçait. Nous y vîmes l'éperon sculpté d'une pirogue de Taïli, que la mer avait jeté sur la côte. Une vaste pelouse, parsemée d'arbres, parmi lesquels nous distinguâmes de très-gros étoas, s'étendait en avant du pied de la colline. Ces arbres ressemblent aux cyprès, et ils produisent un bon effet dans un cimetière. Nous aperçûmes aussi près de l'un des quatre édifices une rangée de palmiers peu élevés, et derrière, un fossé rempli d'un grand nombre de vieux paniers.

» Après notre dîner, ou plutôt après que nous eûmes pris un léger rafraîchissement que nous avions apporté du vaisseau, nous nous avançâmes dans l'intérieur du pays, accompagnés de l'un des ministres du roi. Il défendit à la populace de nous suivre, et notre cortége ne fut pas nombreux. Il ordonna de plus à tous ceux que nous rencontrâmes sur notre route de se tenir assis jusqu'à ce que nous eussions passé, c'est-à-dire qu'il leur enjoignit de nous donner la marque de respect que ce peuple ne donne qu'à ses souverains. Nous trouvâmes le pays cultivé presque partout; les plantations, la plupart entourées de haies, nous offrirent différentes sortes de fruits. Quelques terrains précédemment cultivés se reposaient. Sur ceux qui n'avaient pas encore été mis en culture croissaient des arbres, d'où les naturels tirent du bois; et ils sont utiles sous ce rapport. Nous arrivâmes à plusieurs grandes maisons inhabitées; on nous dit qu'elles appartenaient au roi. Une multitude de grands chemins fréquentés, et beaucoup de sentiers mènent aux divers cantons de l'île. Comme les chemins sont bons et le pays uni, notre petit voyage n'eut rien de pénible. Je ne dois pas oublier que, lorsque nous fûmes sur les parties les plus élevées de l'île, au moins à cent pieds au-dessus du niveau de la mer, nous aperçûmes souvent le rocher de corail qui règne sur la côte. Il était troué, et l'on y voyait les hachures et les inégalités qu'offrent ordinairement les rochers exposés à l'action des flots; et quoiqu'il fût à peine recouvert de terreau, il produisait des plantes et des arbres d'une végétation très-vigoureuse. On nous conduisit à divers petits étangs, et à des ruisseaux; mais en général l'eau me parut puante ou saumâtre; les naturels me l'avaient indiquée néanmoins comme excellente. Les petits étangs sont un peu dans l'intérieur des terres, et les ruisseaux près de la côte de la baie, et au-dessous de la marque

de la marée haute; en sorte qu'on ne pourrait
y prendre une eau passable qu'au temps de
la mer basse.

» Nous ne fûmes de retour de cette promenade qu'à l'entrée de la nuit; le souper nous attendait; il fut composé d'un cochon cuit au four, de poissons et d'ignames : le tout extrêmement bien apprêté selon la méthode du pays. N'ayant rien à faire après souper, nous suivîmes l'usage des insulaires, et nous nous couchâmes. On avait étendu sur le plancher des nattes pour nous servir de lits, et des pièces d'étoffe qui nous tinrent lieu de couvertures. Nous avions apporté du vin et de l'eau-de-vie: le roi, qui avait beaucoup bu, dormit dans la même maison, ainsi que plusieurs autres insulaires de l'île; il se leva, de même qu'eux, long-temps avant la pointe du jour : ils se mirent à causer au clair de la lune; on imagine bien qu'ils parlèrent de nous; le prince les entretint de ce qu'il avait vu ou observé. Ils se dispersèrent de différens côtés au lever de l'aurore; mais ils ne tardèrent pas à revenir, amenant une foule assez nombreuse.

» Ils préparèrent alors une jatte de kava. Tandis qu'ils composaient cette liqueur, j'allai faire une visite à Toubaou, l'ami du capitaine Furneaux, qui avait près de cet endroit une maison qui, pour la grandeur et l'agrément, égalait les plus belles du canton. Je trouvai chez lui une troupe d'insulaires qui préparaient aussi leur boisson du matin. Il me donna un cochon en vie, un autre rôti, des ignames et une pièce d'étoffe. Lorsque je rejoignis le roi, je le trouvai assis au milieu des gens de sa suite, buvant une seconde jatte de kava. Quand il ne resta plus de liqueur, il dit à O-maï qu'il allait à une cérémonie funèbre, appelée *toughi*, en l'honneur de l'un de ses fils mort depuis peu de temps, et il nous pria de l'accompagner. J'y consentis d'autant plus volontiers, que je m'attendais à voir quelque chose de nouveau ou de curieux.

» D'abord le roi sortit, suivi de deux vieilles femmes, et mit un habit neuf, ou plutôt une nouvelle pièce d'étoffe, par-dessus laquelle il plaça une vieille natte déguenillée, qui devait avoir servi à son grand-père dans une occasion pareille. Ses domestiques, ou les gens de son cortége, étaient tous vêtus de la même façon, excepté que leurs nattes ne pouvaient, pour l'antiquité, aller de pair avec celle de leur maître. Nous marchâmes précédés de huit ou dix personnes qui portaient un rameau vert autour de leur cou. Paoulaho tint à la main un rameau semblable jusqu'au moment où nous approchâmes du lieu du rendez-vous; alors il le mit également autour de son cou. Nous entrâmes dans un petit enclos où était une jolie maison, et un homme assis à la porte. A mesure que les insulaires entrèrent, ils ôtèrent les rameaux qui leur servaient de collier, et ils les jetèrent. Dès que le roi fut assis, les naturels s'assirent devant lui à la manière accoutumée; une centaine de naturels, la plupart d'un âge avancé, et tous équipés comme les premiers, arrivèrent successivement, ce qui augmenta le cercle. Tout le monde étant réuni, un des domestiques de Paoulaho apporta une grosse racine de kava et un vase qui contenait seize à vingt pintes; plusieurs des assistans mâchèrent la racine, et le vase se remplit bientôt de liqueur. Sur ces entrefaites, d'autres préparaient les feuilles de bananier qui devaient tenir lieu de coupes. On servit la première coupe au roi, qui ordonna de la présenter à un homme qu'il indiqua; on lui offrit encore la seconde qu'il but; la troisième fut pour moi. L'échanson qui les remplissait demandait à chacun à qui il fallait l'envoyer; un des assistans nommait la personne, et on la portait à celle-ci. Quand il ne resta plus guère de liqueur, l'échanson ne sut trop à qui envoyer les coupes; il consulta souvent ceux qui se trouvaient assis près de lui. La distribution se fit de la même manière, tant qu'il y eut quelque chose dans le vase. La moitié des assistans n'eut point de part à ce régal : toutefois nous n'aperçûmes personne de mécontent. Nous ne comptâmes que six coupes de feuilles de bananier; celui qui venait de boire jetait la sienne par terre; des domestiques la ramassaient et la portaient à l'échanson, qui la remplissait de nouveau. Le roi et les insulaires furent assis tout le temps; ils conservèrent leur gravité ordinaire, et se dirent à peine quelques mots.

» Nous imaginions que la cérémonie funèbre

allait enfin commencer; mais lorsqu'ils eurent
achevé de boire la kava, ils se levèrent et ils se
dispersèrent à notre grand regret. Si ce fut
réellement une cérémonie funèbre, elle fut un
peu singulière. Au reste, c'était peut-être le second, le troisième ou le quatrième deuil; ou,
ce qui arrivait assez souvent, O-maï avait mal
compris ce que Paoulaho lui avait dit. Excepté
le vêtement particulier des assistans et le rameau vert qu'ils portèrent d'abord autour de
leur cou, nous étions tous les jours témoins de
ce qui se passa dans cette assemblée.

» Nous avions vu, dit M. Anderson, quelquefois boire la kava dans les autres îles, mais
pas aussi fréquemment qu'ici, où les principaux
du pays ne font autre chose durant la matinée.
La kava n'est cultivée que pour en tirer la liqueur de prédilection. Les insulaires ont grand
soin d'écarter de la plante tout ce qui peut
nuire à sa croissance, et ils la placent ordinairement autour de leurs maisons. Elle ne s'élève
guère au-delà de la grandeur d'un homme,
quoique j'en aie vu d'une hauteur presque
double. Elle pousse un grand nombre de branches, a de larges feuilles en forme de cœur, et
des tiges réunies. La racine est la seule partie
qu'on emploie aux îles des Amis. On a déjà vu
de quelle manière la liqueur se prépare et se
distribue; on en met ordinairement un quart
de pinte dans chaque coupe. Les insulaires étant
habitués à ce breuvage, on n'aperçoit pas d'a-
bord l'effet qu'il produit sur eux; mais ceux

d'entre nous qui voulurent en goûter trouvèrent qu'il enivre comme nos liqueurs fortes, ou plutôt qu'il cause l'engourdissement qu'on éprouve lorsqu'on a pris de l'opium ou d'autres substances soporifiques. Quoique les naturels boivent toujours cette liqueur fraîche, quoique je les aie vus s'en régaler à sept reprises différentes dans une matinée, elle est très-désagréable, et la plupart ne peuvent l'avaler sans frissonner et sans grimacer.

» Dès que la cérémonie fut terminée, nous partîmes de Moua pour retourner aux vaisseaux. En sortant de la lagune ou du goulet, nous rencontrâmes deux pirogues qui revenaient de la pêche. Paoulaho, leur ayant ordonné d'accoster notre canot, prit tout le poisson et tous les coquillages qu'elles conduisaient à terre. Il arrêta ensuite deux autres embarcations qu'il fouilla également, mais dans lesquelles il ne trouva rien. Je ne sais pourquoi il exerça ce despotisme, car notre canot était rempli de provisions. Il me donna une partie du poisson qu'il avait enlevé, et ses serviteurs vendirent le reste à bord de *la Résolution*. Nous atteignîmes aussi une grande pirogue à voile : les insulaires qu'elle portait étaient debout lorsque nous les approchâmes; ils s'assirent jusqu'à ce que nous les eussions dépassés : le pilote lui-même qui tenait le gouvernail, et qui ne pouvait manœuvrer que dans cette position, s'assit comme les autres.

» Paoulaho et d'autres personnes m'ayant

assuré qu'Oneouy, petite île située à environ une lieue vis-à-vis de la lagune, et à la côte nord du canal oriental, contenait de l'eau excellente, j'y débarquai pour m'en assurer. Je reconnus que cette eau est aussi saumâtre que celle dont nous avions rempli nos futailles. La main de l'homme n'a point changé la face de l'île, qui n'est fréquentée que par des pêcheurs, et qui, outre les productions de l'île Palmerston, offre quelques étoas. Après avoir quitté Oneouy, où nous dînâmes, nous examinâmes un rocher de corail très-curieux, qui semble avoir été jeté sur le récif de cette terre. Il est élevé de dix ou douze pieds au-dessus de la mer qui l'environne. La base sur laquelle il est appuyé n'a pas plus d'un tiers de la circonférence du sommet, évaluée par nous à environ cent pieds, et couverte d'étoas et de pandanus.

» Lorsque j'arrivai sur *la Résolution*, j'appris que tout s'était bien passé durant mon absence, et que les insulaires n'avaient pas commis un vol. Finaou et Fettafaihé se vantèrent beaucoup d'avoir maintenu une si bonne police; nous en conclûmes que les chefs sont revêtus d'une grande autorité, et qu'ils sont les maîtres de prévenir les désordres ; mais ils n'y étaient guère disposés, car on leur portait ordinairement, et peut-être toujours, ce qu'on nous dérobait.

» Les insulaires ne tardèrent pas à troubler notre repos. Le lendemain, six ou huit d'entre eux attaquèrent quelques-uns de nos gens qui sciaient des planches. La sentinelle tira ; un des naturels fut probablement blessé, et nous en prîmes trois ; je les tins enfermés jusqu'à la nuit, et je ne les renvoyai qu'après les avoir punis. Ils furent ensuite un peu plus circonspects, et nous causèrent moins d'embarras. On doit attribuer ce changement de conduite à la blessure que l'un d'eux avait reçue. L'effet de nos armes à feu, dont nous les avions menacés jusqu'ici, les épouvanta sûrement. Leur insolence journalière m'avait déterminé à faire charger à petit plomb les fusils des sentinelles, et à permettre de tirer quelquefois. Je supposai que l'insulaire avait été blessé avec du petit plomb ; mais M. King et M. Anderson l'ayant rencontré dans une de leurs promenades, reconnurent qu'il avait été blessé d'une balle, que cependant la plaie n'était pas dangereuse. Je ne pus découvrir l'homme qui avait enfreint mes ordres. Ceux sur qui tombaient les soupçons étaient prêts à jurer que M. King et M. Anderson se trompaient ; je n'en restai pas moins convaincu de la vérité du délit.

» Le récit de la promenade dont je viens de faire mention remplira une lacune de quarante-huit heures, durant lesquelles il n'arriva rien de remarquable aux vaisseaux ; c'est M. Anderson qui parle.

« Nous partîmes le 30, M. King et moi, avec Fettafaihé ; nous allâmes d'abord à sa maison, située à Moua, très-près de celle de Paoulaho,

son frère. Nous fûmes à peine arrivés, qu'on
tua un gros cochon, en lui portant des coups
répétés sur la tête. Les naturels enlevèrent les
soies d'une manière très-adroite, à l'aide de
quelques morceaux de bambou fendus, qui
avaient un bord tranchant : ils pratiquèrent
avec le même instrument un grand trou ovale
dans le ventre, et ils en tirèrent les entrailles. Ils
avaient préparé un four, c'est-à-dire un trou
creusé en terre, rempli au fond de pierres de la
grosseur du poing, sur lesquelles ils firent du feu
jusqu'à ce qu'elles fussent rouges. Ils prirent
quelques-unes de ces pierres, et les ayant en-
veloppées dans des feuilles de l'arbre à pain,
ils en remplirent le ventre du cochon, et ils
fermèrent l'ouverture avec d'autres feuilles : ils
tamponnèrent également l'anus. Le cochon,
ainsi arrangé, fut placé sur des bâtons posés en
travers de pierres rougies par le feu, et couvert
d'une quantité considérable de feuilles de bananier. On l'entoura ensuite de terre; et le four
se trouvant fermé, on laissa cuire le cochon
sans y toucher davantage.

» Nous parcourûmes le pays sur ces entrefaites, et nous ne vîmes rien de remarquable,
si j'en excepte le fiatouka d'une maison, situé
sur un tertre artificiel au moins de trente pieds
de hauteur. Une pelouse assez grande s'étendait
sur l'un des côtés de cet édifice, et non loin de
là on voyait beaucoup de terres incultes. Nous
demandâmes pourquoi on laissait ce canton en
friche, nos guides semblèrent répondre qu'il

dépendait du fiatouka (c'était celui de Paoulaho), et qu'on ne pouvait y toucher. Nous
aperçûmes aussi à peu de distance un certain
nombre d'étoas couverts d'une multitude de
grandes chauves-souris de Ternate, qui produisaient un bruit désagréable. Comme nous
n'avions point de fusils, nous n'en pûmes tuer
aucune ; mais quelques-unes, qui tombèrent
entre nos mains à Anamocka, avaient trois
pieds d'envergure. Quand nous fûmes de retour auprès de Fettafaihé, on nous servit le
cochon qu'on venait de cuire, ainsi que plusieurs paniers d'ignames grillés et de cocos.
Nous reconnûmes que c'était à nous à faire les
honneurs du repas ; en qualité de ses hôtes,
nous devions disposer à notre fantaisie des alimens préparés pour nous. L'insulaire qui avait
nettoyé le cochon le matin, le découpa d'une
manière très-adroite, avec un bambou fendu,
qui lui tenait lieu de couteau ; mais ce ne
fut que lorsque nous le lui eûmes ordonné ;
il le dépeça, et trouva les jointures avec une
légèreté et une promptitude qui nous sur-
prirent beaucoup. On plaça devant nous le
tout, qui pesait au moins cinquante livres ;
personne n'y toucha qu'après que nous en
eûmes mangé et que nous eûmes témoigné le
désir de voir les naturels assis autour de nous
prendre part au festin. Ils eurent même une
sorte de scrupule de nous en priver, et ils finirent par demander quelles personnes il fallait
admettre à ce régal. Ils furent charmés toute-

fois que l'usage de notre pays ne s'opposât point à cette distribution ; les uns emportèrent la portion qu'ils reçurent ; les autres la mangèrent sur le lieu. Nous eûmes bien de la peine à déterminer Fettafaihé à goûter du cochon.

» Après le dîner, ce prince, suivi de cinq ou six personnes, nous mena à l'endroit où s'était passée la cérémonie funèbre dont on a parlé plus haut ; mais nous restâmes en dehors de l'enclos. Tous les insulaires qui nous accompagnèrent avaient une natte par-dessus leurs vêtemens, et des feuilles autour du cou, ainsi que la première fois ; quand nous arrivâmes à un grand hangar ouvert destiné à remiser des pirogues, et où se trouvaient quelques insulaires, ils jetèrent leurs feuilles, s'assirent devant l'édifice, et se donnèrent de petits coups de poing sur les joues. Ils restèrent assis environ dix minutes avec un air très-grave, puis se dispersèrent sans dire un seul mot. Nous comprîmes alors ce que Paoulaho nous avait dit du *toughi*. Lorsque peu de jours auparavant il avait pratiqué ici la même cérémonie, nous ne nous en aperçûmes pas, parce qu'elle ne prit que quelques minutes. Il paraît que c'était une continuation du deuil ou de la cérémonie funèbre, qu'ils se recueillaient un moment, et qu'ils exprimaient leurs regrets. Ayant demandé la cause de leur affliction, nous apprîmes qu'elle était la suite de la mort d'un chef arrivé depuis peu à Vavaou ; que la cérémonie durait depuis cette époque, et qu'elle continuerait long-temps.

» Le soir on nous servit des ignames, des cocos, et un petit cochon apprêté comme celui du matin. Fettafaihé, s'apercevant que nous désirions les voir partager sans façon notre repas, nous pria tout de suite de le charger de la distribution, et de désigner les personnes que nous voulions régaler. Dès que le souper fut fini, on apporta une grande quantité d'étoffes qui devaient nous tenir lieu de lit; mais un usage singulier, inventé par la mollesse des chefs qui se font donner des coups légers tandis qu'ils dorment, nous incommoda beaucoup. Deux femmes s'assirent près de Fettafaihé, et exécutèrent cette opération, qu'on nomme *toughé-toughé*; elles frappèrent vivement avec leurs deux poings sur son corps et sur ses jambes, comme sur un tambour, jusqu'au moment où il s'endormit; si l'on peut employer ici le terme de *macer*, elles le *macèrent* toute la nuit, en gardant néanmoins des intervalles de repos très-courts. Quand le chef est une fois endormi, elles affaiblissent et ralentissent un peu leurs coups; mais elles les renforcent et elles les multiplient, si elles s'aperçoivent qu'il va s'éveiller. Nous remarquâmes vers la fin de la nuit que les berceuses de Fettafaihé se relevaient, et qu'elles dormaient chacune à leur tour. Il semble que cet exercice doit troubler le sommeil; mais on l'emploie sûrement ici comme un soporifique, et rien ne démontre

mieux les effets remarquables de l'habitude.
Le bruit causé par les berceuses ne fut pas la
seule chose qui nous empêcha de dormir; les
insulaires qui passèrent la nuit dans la maison causèrent souvent à haute voix; ils se levèrent avant le jour, et ils firent un repas de
poissons et d'ignames : les alimens furent apportés par un homme qui paraissait bien instruit de l'instant précis où il devait servir cette
collation nocturne.

» Nous nous mîmes en route le lendemain,
accompagnés de Fettafaihé, et nous longeâmes
la côte orientale de la baie jusqu'à la pointe.
Le terrain de cette côte est bien cultivé, mais
on n'y voit pas un aussi grand nombre d'enclos qu'à Moua. Parmi beaucoup d'autres
champs de bananiers, nous en remarquâmes
un qui avait au moins un mille de long, qui se
trouvait en bon état, et où les végétaux croissaient avec vigueur. Nous observâmes chemin
faisant que Fettafaihé exerçait avec modération
une grande autorité : au reste, il jouissait peut-
être de ce pouvoir moins en sa qualité de chef
qu'en qualité de prince de la famille royale. Il
envoya chercher du poisson dans un endroit;
il exigea ailleurs qu'on lui apportât des ignames : il leva diverses contributions, et on exécuta ses ordres avec autant d'empressement
que s'il avait été le maître absolu de toutes les
propriétés. Lorsque nous fûmes arrivés sur la
pointe de l'île, les insulaires parlèrent d'un de
leurs compatriotes qui avait reçu un coup de

fusil ; nous désirâmes de le voir, et on nous mena dans une maison où nous trouvâmes un homme qui en effet avait reçu un coup de fusil à l'épaule : la blessure ne me parut pas dangereuse. La plaie nous prouva clairement que c'était l'insulaire sur qui l'une des sentinelles avait tiré trois jours auparavant, malgré l'ordre positif de ne charger les fusils qu'avec du petit plomb. Nous indiquâmes à ses amis de quelle manière ils devaient panser la blessure, où l'on n'avait rien appliqué ; et ils parurent charmés d'apprendre qu'après un certain temps le malade se porterait bien : mais quand nous les quittâmes, il nous dirent de lui envoyer des ignames et d'autres choses : leur ton nous fit croire qu'ils regardaient comme un devoir de notre part de nourrir le malade jusqu'à ce qu'il fût guéri.

» Pour nous rendre aux vaisseaux, nous traversâmes la baie le soir, sur une pirogue que Fettafaïhé nous procura en usant de sa prérogative ; il appela la première qui passa près de nous. Il prit aussi un gros cochon ; un domestique de chez lui apporta un paquet d'étoffes dont il voulait nous faire présent, mais la pirogue était si petite que nous ne voulûmes pas y embarquer le cochon ni l'étoffe ; et le prince donna des ordres pour qu'on nous les amenât le lendemain. »

« J'avais prolongé mon séjour sur cette île, dit Cook, à cause de l'éclipse qui devait avoir lieu bientôt. Mais le 2 juillet, en examinant le micromètre qui appartenait au bureau des longitudes, je le trouvai brisé dans un endroit, et hors d'état de servir sans y faire de réparations, pour lesquelles il ne restait pas assez de temps. J'ordonnai les préparatifs de notre départ, et on rembarqua le bétail, la volaille et les autres animaux, à l'exception de ceux que je voulais laisser dans l'île. J'avais projeté d'abord d'y déposer un dindon et une dinde; il ne me restait alors que deux couples, et l'une des dindes fut étranglée par la maladresse et l'ignorance d'un de mes gens. J'avais apporté trois dindons sur ces îles : l'un fut tué comme je l'ai dit plus haut, et le second périt des coups que lui donna le chien inutile d'un de mes officiers. Ces deux accidens m'ôtèrent les moyens d'enrichir les îles des Amis de ces oiseaux, et de les transplanter en même temps à Taïti, terre à laquelle on les avait primitivement destinés. Je regrettai ensuite de n'avoir pas donné la préférence à Tongatabou, où ce présent aurait été plus utile qu'à Taïti, car les insulaires se seraient sûrement plus occupés que les Taïtiens du soin d'en multiplier la race.

» Le 3, nous levâmes l'ancre, et nous conduisîmes les vaisseaux derrière Panghimodou, afin de profiter du premier vent favorable pour sortir des passes. Le roi dîna avec moi, et j'observai que nos assiettes attiraient beaucoup son attention. Je lui en offris une d'étain et une de faïence : il préféra celle d'étain, et se mit à nous indiquer les différens usages auxquels il la destinait; il en indiqua deux si extraordinaires, que je ne dois pas les oublier ici : il nous dit que, lorsqu'il irait faire un voyage sur quelques-unes des autres îles, il laisserait son assiette à Tongatabou, pour le représenter pendant son absence, et que les habitans paieraient à ce meuble le tribut d'hommages qu'ils rendent à sa personne. Je lui demandai ce qu'il avait employé jusqu'alors en pareille occasion, et j'eus la satisfaction d'apprendre que, lorsqu'il s'éloignait de sa résidence, les insulaires avaient fait leur cour à un vase de bois dans lequel il se lavait les mains. Le second usage auquel il voulait employer l'assiette n'était pas moins singulier ; il comptait s'en servir au lieu de son vase de bois pour découvrir les voleurs. Il nous assura que, lorsqu'on dérobait quelque chose, et qu'on ne pouvait découvrir le voleur, tous les naturels s'assemblaient devant lui, au moment où il lavait ses mains dans le vase de bois, qu'on nettoyait ce vase, que les insulaires s'approchaient l'un après l'autre, et le touchaient de la même manière qu'ils touchent ses pieds quand ils viennent lui faire leur cour; que si le coupable osait le toucher, il mourait sur-le-champ; qu'il expirait de la main des dieux, sans qu'il fût nécessaire de le tuer, et que, si quelqu'un refusait d'approcher, son refus prouvait clairement qu'il avait commis le vol.

» Après avoir, à cause du temps couvert, assez mal observé l'éclipse, j'envoyai à bord les instrumens et tout ce qui n'y avait pas encore été porté. Aucun des naturels n'ayant pris soin, ou ne s'étant occupé des trois moutons que j'avais donnés à Mariouaghi, je les fis ramener aux vaisseaux. Si je les eusse laissés sur cette terre, ils auraient couru grande risque d'être tués par les chiens. Il n'y avait point de chiens à Tongatabou lorsque j'y abordai en 1773 ; j'en trouvai un assez grand nombre cette fois, qui venaient des mâles et des femelles que j'y avais déposés, et de quelques autres apportés depuis de Fidji, île peu éloignée. Cependant ils ne s'étaient pas répandus sur les autres îles de ce groupe, et ils appartenaient tous aux chefs.

» M. Anderson m'a donné sur cette île et sur ses productions quelque détails que je vais insérer ici. Comme nous venions d'y passer trois semaines, et que nous n'y relâchâmes que trois jours en 1773 (1), on sent que nous avons dû acquérir dans le voyage actuel plus de lumières sur l'histoire naturelle du pays et les mœurs des habitans. D'ailleurs les recherches toujours instructives et toujours intéressantes de M. Anderson suppléeront aux erreurs et aux omissions qui peuvent se trouver dans la relation de mon second voyage.

» L'île d'Amsterdam ou de Tongatabou, ou, comme les naturels l'appellent souvent , de *Tonga*, a environ vingt lieues de tour; elle est un peu oblongue, mais beaucoup plus large à

(1) Du 4 au 7 octobre.

l'extrémité orientale ; sa plus grande longueur se trouve de l'est à l'ouest. La côte sud, que je vis en 1773, est droite ; elle consiste en rochers de corail de huit ou dix pieds de hauteur, et est perpendiculaire, excepté en quelques endroits, où elle est interrompue par de petites plages sablonneuses sur lesquelles on aperçoit, à la marée basse, une file de rochers noirs. La largeur de l'extrémité ouest n'excède pas cinq ou six milles, et la côte y ressemble en général à celle de la partie méridionale : la côte nord est entourée partout de bas-fonds et d'îles, et le rivage y est bas et sablonneux. L'extrémité orientale ressemble vraisemblablement à celle du sud, car le rivage commence à offrir des rochers vers la pointe nord-est, quoiqu'il n'ait pas plus de sept à huit pieds d'élévation.

» On peut compter cette terre au nombre des îles basses : en effet, les arbres de la partie occidentale devant laquelle nous étions à l'ancre se montraient à peine ; la pointe sud-est est le seul canton proéminent que l'on puisse apercevoir d'un vaisseau. Lorsqu'on est à terre, on voit néanmoins que plusieurs parties du terrain s'élèvent et s'abaissent doucement. Le pays en général n'offre pas ce magnifique paysage qui résulte de la diversité des collines, des vallées, des plaines, des ruisseaux et des cascades ; mais il étale aux yeux des spectateurs la fertilité la plus abondante. Les lieux abandonnés aux soins de la nature annoncent la richesse du sol aussi-bien que les cantons cultivés. La verdure est perpétuelle dans les uns et les autres, et toutes les productions végétales y sont d'une vigueur admirable. De loin, l'île entière paraît revêtue d'arbres de différentes tailles, dont quelques-uns sont très-gros. Mais les cocotiers élèvent par-dessus tous les autres leur cime en panache, qui n'est pas un des moindres ornemens des pays où ils croissent. Le *bougo*, qui est une espèce de figuier à feuilles étroites et pointues, est le plus grand arbre de l'île ; le *pandanus*, des *hibiscus* de plusieurs sortes, le *faïtanou*, dont on a déjà parlé, et quelques autres, sont les arbrissaux et les arbustes que présentent communément les cantons en friche, surtout vers la mer. Si les divers objets qui composent les grands paysages n'y sont pas nombreux, on y rencontre une foule de sites qu'on peut appeler de jolis points de vue ; ils sont répandus autour des champs cultivés et des habitations, et particulièrement autour des fiatoukas, où l'art, et quelquefois la nature, ont beaucoup fait pour le plaisir des yeux.

» Tongatabou étant peu éloigné du tropique, le climat y est plus variable que sur les îles situées plus près de la ligne : au reste, nous y relâchâmes au solstice d'hiver, et il faut peut-être attribuer à la saison l'instabilité du temps. Les vents y soufflent le plus souvent entre le sud et l'est ; et lorsqu'ils sont modérés, on a ordinairement un ciel pur. Quand ils fraîchissent, l'atmosphère, quoique chargée de

nuages, n'est point brumeuse, et il pleut fréquemment. Les vents passent quelquefois au
nord-est, au nord-nord-est, ou même au nord-
nord-ouest; mais ils ne sont jamais d'une longue durée, et ils ne soufflent pas avec force de
ces points, quoiqu'ils soient en général accompagnés d'une grosse pluie et d'une chaleur
étouffante. On a déjà dit que les végétaux se
succèdent avec une rapidité singulière : je ne
suis pas sûr toutefois que les variations de l'atmosphère qui produisent cet effet soient assez
frappantes pour être remarquées des naturels,
ou que les diverses saisons déterminent un
changement dans leur régime. Je suis même
tenté de croire le contraire, car le feuillage des
productions végétales n'éprouve point d'altération sensible aux diverses époques de l'année; chaque feuille qui tombe est remplacée
par une autre, et on jouit d'un printemps universel et continu.

» Un rocher de corail sert de base à l'île, si
nous pouvons en juger d'après les endroits
que nous avons examinés sur le rivage et dans
l'intérieur. Nous n'aperçûmes pas le moindre
vestige d'aucune autre pierre, si j'en excepte
les petits cailloux bleus répandus autour des
fiatoukas, et une pierre noire, polie et pesante, qui approche de la pierre lydique, et
dont les naturels font leurs haches. Il est vraisemblable que ces dernières ont été apportées
des terres des environs; car nous achetâmes
de l'un des insulaires un morceau de pierre de

la nature des ardoises et couleur de fer, que les habitans du pays ne connaissent pas. Quoique le corail s'élève en beaucoup d'endroits au-dessus de la surface du terrain, le sol est en général d'une profondeur considérable. Dans tous les cantons cultivés, il est communément noir et léger, et il semble provenir en grande partie de débris de végétaux. Il est probable qu'il existe au-dessous une couche argileuse ; car on la rencontre souvent dans les terrains bas, dans ceux qui s'élèvent, et surtout en divers endroits près du rivage, où le sol est un peu exhaussé. Lorsqu'on le fouille, il paraît quelquefois rougeâtre, plus ordinairement brunâtre et compacte. Dans les parties où la côte est basse, le sol est sablonneux, ou plutôt composé de corail trituré ; il produit néanmoins des arbrisseaux très-vigoureux, et les naturels le cultivent quelquefois avec succès.

» Les principaux fruits que cultivent les naturels, sont les bananes, dont on compte quinze sortes ou variétés, le fruit à pain, deux espèces du fruit qu'on trouve à Taïti, et qu'on y appelle *djambou* et *évi*, et une grande quantité de chaddecks, qu'on y trouve aussi souvent croissant naturellement.

» Deux espèces d'ignames, dont la première est noire, et si grosse, qu'elle pèse souvent vingt ou trente livres, et dont la seconde, blanche et longue, en pèse rarement une ; une grosse racine appelée *kappé* ; une autre qui approche de nos pommes-de-terre blanches, et qu'on nomme *maouhaha* ; le taro ou le coco de quelques îles des environs, et le djidji, forment la liste des racines de Tongatabou.

» Outre un grand nombre de cocotiers, on y voit trois autres espèces de palmiers, dont deux sont rares. L'un est appelé *biou* ; il s'élève presqu'à la hauteur du cocotier ; il a de très-larges feuilles disposées en éventail, et des grappes de noix globuleuses de la grosseur d'une balle de pistolet : ces noix croissent parmi les branches ; elles portent une amande très-dure qu'on mange, quelquefois. Le second est une espèce de chou-palmiste, distingué seulement du cocotier en ce qu'il est plus gros et qu'il a des feuilles découpées ; il produit un chou de trois ou quatre pieds de long ; on voit des feuilles au sommet de ce chou, et au bas, un fruit qui est à peine de deux pouces de longueur, qui ressemble à un coco oblong, et qui offre une amande insipide et coriace, que les naturels appellent *niougola*, ou le coco rouge, parce qu'elle prend une teinte rougeâtre lorsqu'elle est mûre. La troisième espèce ; qui se nomme *ongo - ongo*, est beaucoup plus commune ; on la trouve autour des fiatoukas : sa hauteur ordinaire est de cinq pieds ; mais elle a quelquefois huit pieds d'élévation : elle présente une multitude de noix ovales et comprimées, qui sont aussi grosses qu'une pomme de reinette, et qui croissent immédiatement sur le tronc, parmi les feuilles. L'île produit d'ailleurs une grande quantité de cannes à sucre excellentes, et que les naturels cultivent, des gourdes, des bambous, des souchets des Indes, et une espèce de figue de la grosseur d'une petite cerise, appelée *matté*, qu'on mange quelquefois. Au reste, le catalogue des plantes qui croissent naturellement est trop nombreux pour l'insérer ici. Indépendamment du *pemphis decaspermum*, du *mallococca* et du *maba*, et de quelques autres genres nouveaux décrits par le docteur Forster (1), on en trouve un petit nombre d'autres que la saison de l'année ou la brièveté de son séjour ne lui ont peut-être pas permis de remarquer. J'ajouterai que notre relâche fut beaucoup plus longue; que cependant nous ne vîmes pas en fleur plus du quart des arbres et des plantes, et qu'ainsi je suis bien éloigné d'en connaître les différentes espèces.

» Les quadrupèdes du pays se bornent à des cochons, à un petit nombre de rats, et à quelques chiens qui ne sont pas indigènes, mais qui viennent de ceux que nous y laissâmes en 1773, et de ceux que les naturels ont tirés de Fidji. Les volailles sont d'une grande taille.

» Nous remarquâmes parmi les oiseaux sauvages, des perroquets un peu plus petits que les perroquets gris ordinaires; ils ont le dos et les ailes d'un vert assez faible, la queue bleuâtre, et le reste du corps couleur de suie ou de chocolat; des perruches de la grandeur d'un

(1) *Voyez* son ouvrage qui a pour titre : *Characteres generum plantarum*. Lond. 1776.

moineau, d'un beau vert jaunâtre, ayant le sommet de la tête d'un azur brillant, le cou et le ventre rouges; une troisième espèce, de la taille d'une colombe, a le sommet de la tête et les cuisses bleus, le cou, la partie inférieure de la tête et une partie du ventre cramoisis, et le reste d'un joli vert.

» Nous aperçûmes des chouettes de la grandeur de nos chouettes ordinaires, mais d'un plumage plus beau; des coucous pareils à ceux de l'île Palmerston, des martins-pêcheurs de la grosseur d'une grive, d'un bleu verdâtre, et portant un collier blanc; un oiseau de l'espèce de la grive, dont il a presque la taille. Celui-ci a deux cordons jaunes à la racine du bec : c'est le seul oiseau chantant que nous ayons rencontré; mais il produit des sons si forts et si mélodieux, que les bois retentissent de son ramage au lever de l'aurore, le soir, à l'approche du mauvais temps.

» Je ne dois pas oublier, dans la liste des oiseaux de terre, des râles de la grandeur d'un pigeon, qui sont d'un gris tacheté, et qui ont le corps brun; une autre espèce qui est noire, qui a les yeux rouges, et qui n'est pas plus grosse qu'une alouette; deux espèces de gobe-mouches, une très-petite hirondelle; trois espèces de pigeons, dont l'une est le ramier-cuivre de M. Sonnerat (1); la seconde n'a que la moitié de la grosseur du pigeon ordinaire; elle est d'un vert pâle au dos et aux ailes, et elle a

(1) *Voyage de la Nouvelle-Guinée*, planche 102.

le front rouge; la troisième, un peu moindre, est d'un brun pourpre, et blanchâtre au-dessous du corps.

» Les oiseaux aquatiques et qui fréquentent la mer, sont les canards que nous avons vus à Anamocka (on n'en rencontre guère à Tongatabou), les hérons bleus et blancs, les pailles-en-cul, les noddis communs, les hirondelles de mer blanches, une nouvelle espèce qui est couleur de plomb, et qui a la tête noire; un petit courlis bleuâtre, un grand pluvier tacheté de jaune. Outre les grosses chauves-souris indiquées plus haut, je ne dois pas oublier la chauve-souris commune.

» Les seuls animaux nuisibles ou dégoûtans de la famille des reptiles ou des insectes sont les serpens de mer de trois pieds de longueur, qui offrent alternativement des anneaux blancs et noirs, et qu'on voit souvent le long de la côte; quelques scorpions et des millepieds. On voit de beaux guanos verts d'un pied et demi de long; un second lézard brun tacheté, d'environ douze pouces de longueur, et deux autres plus petits. On distingue parmi les insectes, de belles teignes, des papillons, de très-grosses araignées et d'autres. J'ai remarqué en tout cinquante espèces d'insectes.

» La mer abonde en poisson; mais les espèces ne m'en parurent pas aussi variées que je l'espérais. Les plus communs sont les mulets, plusieurs sortes de perroquets, le poisson d'argent, les vieilles, des soles joliment tachetées,

les bonites, les thons, les anguilles, les mêmes
que nous avions trouvées à l'île Palmerston ; les
requins, les raies, les flûtes, une espèce de
brochet, enfin les diables de mer.

» Les récifs et les bas-fonds, si nombreux
le long de la côte septentrionale de l'île, sont
remplis d'une multitude de coquillages très-
variés ; beaucoup sont regardés comme précieux dans nos cabinets d'histoire naturelle. Je
me contenterai d'indiquer ici le véritable mar-
teau, dont je ne pus me procurer un échantil-
lon entier ; une grosse huître dentelée, et bien
d'autres qui ne sont pas de l'espèce commune ;
des cônes, une vis énorme qu'on trouve aussi
aux Indes orientales, des huîtres perlières :
plusieurs de ces huîtres paraissent avoir échap-
pé aux recherches des naturalistes et des ama-
teurs les plus curieux. On y trouve aussi une
multitude de belles étoiles-de mer, et des co-
raux très-variés. J'en remarquai deux rouges :
le premier portait de jolies branches, et le second était tubuleux. Les crabes et les homars
y sont très-abondans et très-variés. Il faut
ajouter à ce catalogue plusieurs espèces d'épon-
ges, le lièvre de mer, des holothuries, et diverses substances de ce genre.

» Nous étions près d'appareiller de Tongatabou ; mais le vent ne l'ayant pas permis, nous
assistâmes à une grande fête fixée pour le 8, à
laquelle le roi nous avait invités, lorsque nous
allâmes lui faire notre dernière visite. Il quitta
notre voisinage le 7, et il se rendit, ainsi que

tous les insulaires d'un rang distingués, à Moua, où les cérémonies devaient avoir lieu. Plusieurs d'entre nous le suivirent le lendemain. D'après ce que Paoulaho nous avait dit, nous jugeâmes que son fils, l'héritier présomptif de la couronne, allait être revêtu solennellement de certains priviléges, et en particulier de celui de manger avec son père, honneur dont il n'avait pas encore joui.

» Nous arrivâmes à Moua sur les huit heures, et nous trouvâmes le roi dans un enclos si petit et si sale, que je fus étonné de voir un lieu aussi malpropre dans cette partie de l'île ; un grand nombre d'insulaires étaient assis devant lui : ils se livraient aux soins qui les occupent ordinairement le matin ; ils préparaient une jatte de kava. Sur ces entrefaites, nous allâmes faire une visite à quelques-uns de nos amis, et observer les préparatifs de la cérémonie qui devait bientôt commencer. A dix heures les insulaires s'assemblèrent au milieu d'une pelouse qui est en face du malaï, ou du grand édifice auquel on nous avait conduits quand nous allâmes à Moua pour la première fois. Nous aperçûmes, à l'extrémité de l'un des chemins qui débouchent dans cette pelouse, des hommes armés de piques et de massues ; ils récitaient ou chantaient constamment une petite phrase sur un ton pleureur qui semblait annoncer l'affliction, ou demander quelque chose. Ces phrases de récitatif ou de chant se continuèrent pendant une heure : durant cet intervalle, une multitude d'insulaires arrivèrent par le chemin dont je viens de parler ; chacun d'eux apportait une igname attaché au milieu d'une perche, qu'il déposa aux pieds de ceux qui psalmodiaient si tristement. Le roi et le prince arrivèrent également, et s'assirent sur la pelouse ; on nous pria de nous asseoir à leurs côtés, mais d'ôter nos chapeaux et de délier nos cheveux. Tous ceux qui apportaient des ignames étant arrivés, deux hommes relevèrent chacune des perches et la portèrent sur les épaules. Après s'être formés en compagnies de dix ou douze, ils traversèrent la pelouse d'un pas pressé ; les compagnies étaient conduites par un guerrier armé d'une massue ou d'une épée, et gardées à droite par plusieurs autres qui avaient différentes armes. Un homme, portant sur une perche un pigeon en vie, terminait la procession composée d'environ deux cent cinquante personnes.

» Je chargeai O-maï de demander au chef où l'on portait les ignames avec tant d'appareil : le chef ne se souciant pas de satisfaire notre curiosité, deux ou trois d'entre nous suivirent la procession contre son gré. Les insulaires s'arrêtèrent devant le moraï ou le fiatouka d'une maison située sur un tertre éloigné d'un quart de mille du lieu où ils s'étaient assemblés d'abord. Ils y déposèrent les ignames, dont ils formèrent deux tas ; mais j'ignore quelle était leur intention. Comme notre présence semblait les gêner, nous les quittâmes, et nous retournâmes auprès de Paoulaho, qui nous dit de nous promener dans les environs , parce qu'il y aurait un entr'acte de quelque durée. Nous nous éloignâmes peu , et notre promenade ne fut pas longue, de crainte de perdre une partie de la cérémonie. Lorsque nous rejoignimes le roi , il m'engagea à ordonner aux matelots de ne pas sortir du canot; il ajouta que chaque chose serait bientôt *tabou*; que , si l'on recontrait dans la campagne quelques-uns de mes gens ou des siens, on les renverserait à coups de massue, et même qu'ils seraient *mutia* , c'est-à-dire tués. Il m'avertit aussi que nous ne pouvions pas nous trouver parmi les acteurs de la cérémonie; mais qu'on nous mènerait dans un lieu d'où nous verrions tout ce qui se passerait. Notre vêtement fournit à Paoulaho un premier prétexte pour nous exclure; il dit que, si nous voulions assister à la cérémonie, il faudrait avoir la partie supérieure du corps découverte jusqu'à la poitrine, ôter nos chapeaux et délier nos cheveux. O-maï répondit qu'il se conformerait aux usages du pays, et il commença à se déshabiller ; le prince imagina ensuite d'autres prétextes , et O-maï fut exclu aussi-bien que nous.

» Cette défense ne me convenait pas trop , et je m'éloignai pour quelques momens, afin de découvrir ce que voulaient faire les insulaires. J'aperçus peu de monde dans la campagne, excepté les hommes vêtus pour la cérémonie; quelques-uns d'entre eux portaient des

bâtons d'environ quatre pieds de longueur,
au-dessous desquels étaient attachés deux ou
trois morceaux de bois de la grosseur du
pouce, et longs d'un demi-pied : ils allaient au
moraï dont j'ai parlé tout à l'heure. Je pris le
même chemin, et je fus arrêté plusieurs fois
par leurs cris de *tabou;* je continuai cependant ma route, sans trop m'occuper de leurs
cris, jusqu'au moment où je vis le moraï, et
les insulaires qui étaient assis devant la façade : on me pressa alors très-vivement de
rebrousser chemin; ignorant quelles seraient
les suites de mon refus, je revins sur mes pas.
J'avais observé que les naturels qui portaient
des bâtons dépassaient le moraï où le temple;
je crus, d'après cette circonstance, qu'il se
passait derrière cet édifice des choses qui mé-
ritaient d'être examinées : je formai le projet
de m'y rendre par un détour; mais je fus si
bien surveillé par trois hommes, que je ne pus
exécuter mon dessein. Cherchant à tromper
ces sentinelles, je retournai au malaï, où j'avais
laissé le roi, et je m'évadai une seconde fois ;
mais je rencontrai bientôt mes trois hommes,
en sorte qu'ils me parurent chargés d'épier
tous mes mouvemens. Je ne fis aucune attention à leur démarche ou à leurs propos, et je
ne tardai pas à apercevoir le principal fiatouka
ou moraï du roi, que j'ai déjà décrit. Une
foule d'insulaires étaient assis devant cet édifice : c'étaient les naturels que j'avais vus dé-
passer l'autre moraï placé à peu de distance

de celui-ci. Comme je pouvais les observer de la plantation du roi, je m'y rendis, à la grande satisfaction de ceux qui m'accompagnaient.

» Dès que je fus entré, j'y racontai ce que j'avais vu à ceux de nos messieurs qui s'y trouvaient, et nous nous plaçâmes de manière à bien examiner la suite de la cérémonie. Le nombre des naturels qui occupaient le fiatouka continua pendant quelque temps à augmenter; ils quittèrent enfin leurs siéges, et ils se mirent en marche; ils marchaient deux à deux l'un après l'autre. Les deux naturels qui formaient un couple portaient entre eux, sur leurs épaules, un des bâtons dont j'ai parlé : on nous dit que les petits morceaux de bois attachés au milieu étaient des ignames. Il est vraisemblable que les naturels emploient des morceaux de bois pour emblèmes de ces racines. Le second homme de chaque couple plaçait communément une de ses mains sous le milieu du bâton, comme si cet appui eût été nécessaire pour l'empêcher de rompre sous le poids; ils affectaient aussi de marcher courbés, comme s'ils eussent été accablés par la pesanteur du fardeau. Nous comptâmes cent huit couples : les hommes qui les composaient étaient tous, ou la plupart, d'un rang distingué. Ils vinrent très-près de la haie derrière laquelle nous nous trouvions, et nous les vîmes fort à notre aise.

» Lorsqu'ils eurent tous défilés devant nous, nous retournâmes à la maison de Paoulaho.

Ce prince sortait ; on ne nous permit pas de le suivre, et on nous mena sur-le-champ à l'endroit qu'on nous destinait, c'est-à-dire derrière une palissade voisine de la pelouse du fiatouka où l'on avait déposé les ignames le matin. Comme nous n'étions pas les seuls exclus de la cérémonie, et qu'on nous permettait à peine de la regarder en cachette, il arriva près de nous un assez grand nombre d'insulaires. J'observai que les enclos des environs étaient d'ailleurs remplis de monde ; on avait pris tous les soins imaginables pour nous masquer la vue ; non-seulement on avait réparé les palissades dans la matinée, mais on en avait dressé presque partout de nouvelles, d'une si grande élévation, qu'un homme de la plus haute taille ne pouvait voir par-dessus. Pour remédier à cet inconvénient, nous prîmes la liberté de faire des trous dans la haie avec nos couteaux ; et de cette manière, nous observâmes assez bien tout ce qui se passait de l'autre côté.

» Lorsque nous nous postâmes derrière la haie, deux ou trois cents personnes étaient assises sur l'herbe, près de l'extrémité du sentier qui débouchait dans la pelouse du moraï, d'autres, en plus grand nombre, ne tardèrent pas à les venir joindre. Nous vîmes aussi arriver des hommes portant de petits bâtons et des branches ou des feuilles de cocotier. Dès qu'ils parurent, un vieillard s'assit au milieu du chemin, et, les regardant en face, il pro-

nonça un long discours sur un ton sérieux.
Il se retira ensuite ; les autres s'avancèrent vers
le centre de la pelouse, et élevèrent un petit
hangar. Quand ils eurent achevé cet ouvrage,
ils s'accroupirent un moment, se relevèrent et
allèrent se placer parmi le reste de la troupe.
Bientôt après, le fils de Paoulaho entra précédé
de quatre ou cinq insulaires : il s'assit avec son
cortége derrière le hangar, un peu de côté.
Alors douze ou quatorze femmes du premier
rang parurent, marchant lentement deux à
deux ; elles portaient une pièce étroite d'étoffe
blanche de six à neufs pieds de longueur,
étendue dans l'intervalle qui séparait les deux
personnes de chaque couple. Elles s'approchèrent du prince, s'accroupirent devant lui,
et, après avoir mis autour de son corps quelques-unes des pièces d'étoffe qu'elles apportaient, elles se relevèrent : ensuite elles se retirèrent dans le même ordre, et s'assirent à
une certaine distance sur sa gauche. Paoulaho
parut bientôt, précédé de quatre hommes qui
marchaient deux à deux, et qui s'assirent à
environ vingt pas de lui et à la gauche de son
fils. Le jeune prince quitta alors sa première
place, et alla s'asseoir avec son escorte sous le
hangar ; un nombre considérable d'autres insulaires s'assirent sur l'herbe devant le pavillon
royal. Le prince avait le visage tourné vers le
peuple, et le dos tourné au moraï. Trois compagnies de dix ou douze hommes chacune
sortirent l'une après l'autre du milieu du

groupe le plus nombreux, et, courant avec précipitation au côté opposé de la pelouse, elles s'assirent durant quelques secondes ; elles retournèrent ensuite de la même manière à leur première place. Deux hommes, qui tenaient un petit rameau vert à la main, se levèrent et s'approchèrent du prince ; ils s'assirent quelques secondes, à trois reprises différentes, à mesure qu'ils avancèrent, et ils se retirèrent dans le même ordre, penchant leurs rameaux les uns vers les autres tant qu'ils furent assis. Peu de temps après, un troisième et un quatrième insulaire répétèrent cette cérémonie.

» La grande procession que j'avais vue quitter l'autre moraï arriva alors. Si l'on juge du détour qu'elle fit par le temps qu'elle employa, il dut être considérable. Dès que les hommes qui la composaient eurent atteint la pelouse, ils s'avancèrent à droite du hangar. Après s'être prosternés sur le gazon, ils déposèrent leurs prétendus fardeaux (les perches dont j'ai déjà parlé), et se tournèrent vers le prince : ils se relevèrent, se retirèrent dans le même ordre, en joignant leurs mains, qu'ils tenaient devant eux de l'air le plus sérieux, et ils s'assirent sur les bords de la scène. Tandis que cette bande nombreuse défilait et déposait ses perches, trois hommes assis sous le hangar avec le prince prononcèrent des phrases d'un ton mélancolique. Ils gardèrent un silence profond durant quelque temps ; ensuite un homme assis au fond de la prairie commença un discours ou

une prière, pendant laquelle il alla à plusieurs
reprises briser un des bâtons apportés par
ceux qui étaient venus en procession. Lorsqu'il
eut fini, la troupe assise devant le hangar se
sépara pour former une haie, à travers laquelle
le prince et sa suite passèrent, et l'assemblée
se dispersa.

» Quelques-uns d'entre nous, satisfaits de ce
qu'ils avaient déjà vu, retournèrent aux vaisseaux ; mais comme je ne voulais perdre aucune occasion de m'instruire des institutions
politiques et religieuses de ce peuple, je demeu-
rai à Moua avec deux ou trois de mes officiers,
afin d'être témoin de la fête qui ne devait se
terminer que le lendemain. Les petits morceaux de bois et les perches apportés sur la
pelouse par ceux qui étaient venus en procession, se trouvant abandonnés, j'allai les examiner quand il n'y eut plus de foule. Je ne trouvai que des morceaux de bois attachés au
milieu des perches, ainsi que je l'ai déjà dit.
Cependant les naturels placés près de nous nous
avaient répété plusieurs fois que c'étaient de
jeunes ignames, et quelques-uns de nos messieurs ne voulaient pas en croire leurs yeux.
Puisque ce n'étaient pas des ignames, il est clair
que les naturels ne purent nous les donner
que pour les emblèmes de ces racines, et que
nous les comprîmes mal.

» On servit notre souper à sept heures ; il
fut composé de poisson et d'ignames. Il ne tenait qu'à nous de manger du porc ; mais nous

ne voulûmes pas tuer un gros cochon que le roi nous avait donné pour ce repas. Le roi soupa avec nous; il but une très-grande quantité d'eau-de-vie et de vin, et il alla se coucher à demi ivre. Nous passâmes la nuit dans la même maison que lui et quelques personnes de sa suite.

» Les insulaires s'éveillèrent à une ou deux heures du matin; ils causèrent environ une heure, et ils dormirent de nouveau. Excepté Paoulaho, ils se levèrent à la pointe du jour, et je ne sais où ils allèrent. Bientôt après, une des femmes qui accompagnaient ordinairement le prince entra et demanda où il était. Je le lui montrai : elle s'assit sur-le-champ près de lui, et elle se mit à le macer, ainsi que M. Anderson avait vu macer Fettafaihé; elle lui frappait doucement sur les cuisses avec ses poings fermés. Cette opération, destinée à prolonger le sommeil du roi, eut un effet contraire; mais, quoiqu'il ne dormît pas, il resta couché.

» Nous allâmes, O-maï et moi, faire une visite au jeune prince, qui nous avait quittés dès le grand matin; car il ne logeait pas avec le roi, et il occupait une maison particulière à quelque distance de celle de son père. Nous le trouvâmes environné de petits garçons ou de jeunes gens de son âge assis devant lui. Une vieille femme et un homme d'un âge avancé, qui semblaient prendre soin de lui, étaient assis par-derrière. Nous vîmes d'autres hommes et d'autres femmes occupés du service de sa cour.

» Nous retournâmes ensuite auprès du roi,
qui venait de se lever et qui était entouré d'un
cercle nombreux, composé surtout de vieillards. Tandis qu'on préparait une jatte de kava, on apporta un cochon cuit au four et des
ignames fumantes. Comme les insulaires, et
surtout ceux qui boivent le kava, mangent peu
le matin, ils nous donnèrent la plus grande
partie de ces alimens ; ce qui fit beaucoup de
plaisir à l'équipage de mon canot. Je fis une
seconde promenade, et j'allai voir plusieurs
autres chefs ; ils prenaient tous leur boisson du
matin, ou bien ils l'avaient déjà prise. Quand
je rejoignis le roi, je le trouvai endormi dans
une petite hutte écartée : deux femmes le frappaient mollement sur les cuisses. Il s'éveilla sur
les onze heures, et on lui servit du poisson et
des ignames qui semblaient avoir été cuits dans
du lait de coco ; il en mangea très-peu, et il se
recoucha de nouveau. Je le quittai alors, et je
portai au prince des étoffes, des grains de verroterie, et d'autres choses que je voulais lui
donner : il y avait assez d'étoffe pour un habit
complet à la mode du pays, et il s'en revêtit
tout de suite. Fier de sa parure, il vint d'abord
se montrer à son père, et il me conduisit ensuite chez sa mère, près de laquelle il y avait
dix ou douze femmes d'un extérieur distingué.
Ici le prince changea d'habit, et il me fit présent de deux pièces d'étoffe de l'île. Il était
plus de midi, et je retournai dîner au palais où
l'on m'avait invité. Plusieurs de nos messieurs

étaient revenus des vaisseaux durant la matinée; on les invita, ainsi que moi, au repas : le festin fut composé d'ignames et de deux cochons. J'éveillai Paoulaho qui dormait toujours, et je l'engageai à se mettre à table. Sur ces entrefaites, on lui apporta deux mulets et des coquillages; ayant joint sa portion à la nôtre, il s'assit près de nous, et il mangea de bon appétit.

» Quand le dîner fut fini, on nous dit que la cérémonie de la veille recommencerait bientôt, et on nous enjoignit d'une manière expresse de ne pas nous trouver aux environs des acteurs; mais j'avais résolu de ne plus observer la fête derrière la toile, et de m'approcher davantage. Je m'échappai en effet de la plantation, et je marchai vers le moraï, qui devait être le lieu de la scène. Les insulaires que je rencontrai m'engagèrent plusieurs fois à revenir sur mes pas; je ne les écoutai point, et ils me laissèrent passer. En arrivant au moraï, je vis un assez grand nombre de naturels assis à l'un des bords de la pelouse de chaque côté du chemin; quelques autres étaient également assis au bord opposé, et j'aperçus au milieu deux hommes qui avaient le visage tourné contre le cimetière : dès que j'eus atteint la première troupe, on me dit de m'asseoir, et je m'assis. Il y avait à l'endroit où je m'assis un grand nombre de petits paquets de feuilles de cocotier attachés à des bâtons arrangés en forme de civière. On m'apprit qu'ils étaient *tabou*; c'est tout ce que

je pus savoir. La foule des acteurs augmentait
d'un moment à l'autre ; ils arrivaient tous du
même côté ; l'un des insulaires se tournait par
intervalles vers ceux qui venaient nous joindre,
et il prononçait un petit discours dans lequel le
mot d'*eriki*, c'est-à-dire, roi, frappait souvent
mes oreilles. L'un des naturels dit quelque chose
qui produisit parmi l'assemblée des éclats de
rire d'une gaieté bien franche ; d'autres orateurs
obtinrent des applaudissemens. Les insulaires
me prièrent à diverses reprises de m'éloigner ; lorsqu'ils virent que je ne le voulais pas,
ils délibérèrent entre eux, et ils m'exhortèrent
à prendre leur costume et à découvrir mes
épaules : j'y consentis, et ma présence ne sembla
plus les gêner.

» Je fus plus d'une heure sans observer autre
chose que ce que je viens de raconter : enfin
le prince, les femmes et le roi arrivèrent comme
ils étaient arrivés la veille. Le prince se plaça
sous le hangar ; deux hommes, qui portaient
chacun une natte, y entrèrent en récitant des
paroles d'un air très-grave, et ils mirent leurs
nattes autour de Fettafaihé. Les cérémonies
commencèrent alors : trois compagnies coururent au bord opposé de la pelouse ; elles s'y
assirent durant quelques secondes, et elles retournèrent à leur place avec précipitation, de
la même manière que le jour précédent : bientôt
après, les deux hommes qui étaient assis au
milieu de la pelouse prononcèrent un discours
ou une prière de peu de durée ; la troupe en-

tière dont je faisais partie se leva brusquement, et courut s'asseoir devant le hangar qu'occupaient le prince et trois ou quatre insulaires. J'étais sous la direction de l'un des naturels qui s'empressait à me rendre service : il eut soin de me placer avantageusement, et si l'on m'avait permis de faire usage de mes yeux, je n'aurais rien perdu de tout ce qui se passait ; mais il fallut me tenir assis, les regards baissés, et prendre l'air réservé et modeste d'une jeune fille.

» La procession entra de la même manière que la veille. Les naturels marchaient deux à deux ; les divers couples portaient sur leurs épaules une perche, au milieu de laquelle était une feuille de cocotier. Ces perches furent déposées avec les cérémonies du jour précédent : la première bande fut suivie d'une seconde ; les insulaires qui composaient celle-ci apportèrent des paniers de feuilles de palmier, de la même forme que ceux dont ils se servent dans leurs ménages. Une troisième apporta différentes espèces de petits poissons, dont chacun était placé à l'extrémité d'un bâton fourchu. On plaça les paniers aux pieds d'un vieillard, qui me parut être le grand-prêtre, et qui était assis à la droite du prince en dehors du hangar ; il en prit un à sa main, tandis qu'il prononça un discours ou une prière ; il le mit ensuite à terre ; il en demanda un second, qu'il tint de la même manière, en marmottant quelques paroles, et il continua jusqu'à ce qu'il eût fait la même cérémonie sur tous les paniers. Les poissons attachés aux bâtons fourchus furent présentés l'un après l'autre à deux hommes qui étaient assis à gauche du hangar, et qui tenaient des rameaux verts. Le premier poisson fut déposé à leur droite, et le second à leur gauche: au moment où on leur présentait le troisième, un insulaire, fort et robuste, assis derrière les deux autres, étendit son bras et saisit le poisson ; les deux autres le saisirent en même temps : ils parurent disputer également chacun des poissons qu'on leur offrit ; mais comme il y avait deux mains contre une, indépendamment des avantages de la position, l'insulaire qui se trouvait par - derrière n'en attrappait que des morceaux ; il ne quittait jamais prise ; il fallait toujours lui arracher le poisson de force, et il jetait derrière lui ce qu'il pouvait en garder; les deux autres plaçaient les poissons alternativement à droite et à gauche. L'insulaire qui agissait seul s'empara enfin d'un poisson entier, sans que les deux autres s'y opposassent, et j'ignore si ce fut par hasard ou selon les règles du cérémonial. L'assemblée s'écria alors *mariaï*, c'est-à-dire, très-bien, ou c'est très-bien fait. Il me sembla qu'il était à la fin de son rôle, car il n'essaya point de saisir les poissons qu'on lui offrit depuis. Ces poissons, ainsi que les paniers, furent tous présentés par les personnes qui les avaient apportés; elles se tenaient assises. On suivit dans cette présentation l'ordre et la méthode qu'avait suivis la première bande lorsqu'elle déposa les petits bâtons à terre.

» Quand la dernière bande fut arrivée, quelques personnes prononcèrent des harangues ou des prières, et nous nous levâmes tous brusquement au signal qu'on nous donna; nous courûmes durant un moment à gauche, et nous nous assîmes le dos tourné au prince et aux insulaires qui occupaient le hangar. On me dit de ne pas regarder derrière moi : toutefois, malgré la défense des naturels et le souvenir de l'accident arrivé à la femme de Loth, je détournai le visage pour voir ce qui se passait. Le prince regardait le moraï; mais la dernière évolution avait placé tant de monde entre lui et moi, que je ne pus apercevoir ce qu'on faisait au hangar. On m'assura ensuite que ce fut le moment où l'on revêtit le prince de l'honneur suprême de manger avec son père, et qu'on servit au roi et à son fils un morceau d'igname grillé. Je suis d'autant plus disposé à le croire, qu'on nous avait annoncé d'avance que cela devait avoir lieu durant la cérémonie, et que d'ailleurs les insulaires regardaient d'un autre côté ; usage qu'ils observent toujours lorsque leur monarque mange.

» Peu de temps après, nous nous retournâmes tous en face du hangar, et nous nous formâmes en cercle devant le prince, laissant entre nous et lui un grand espace libre. Quelques hommes s'approchèrent alors de nous deux à deux; ils portaient sur leurs épaules de gros bâtons ou des perches, et faisant un bruit auquel on pouvait donner le nom de chant, agitant leurs mains à mesure qu'ils s'avançaient. Lorsqu'ils furent près de nous, ils remuèrent leurs jambes avec beaucoup d'agilité, de manière qu'ils eurent l'air de marcher très-vite sans faire un seul pas : trois ou quatre insulaires se levèrent du milieu de la foule ; ils tenaient à la main de gros bâtons, et ils coururent vers ceux dont je viens de parler. Les premiers jetèrent à l'instant leurs bâtons, et ils s'enfuirent. Les trois ou quatre hommes fondirent sur les bâtons, qu'ils frappèrent vigoureusement, et ils repassèrent à leur place ; mais, en s'éloignant, ils proposèrent le défi qui précède leurs combats de lutte ; des champions d'une haute taille arrivèrent bientôt du même côté en réitérant le cartel. Le côté opposé détacha presqu'au même instant des guerriers qui vinrent leur répondre. Les deux troupes paradèrent autour de la pelouse pendant quelques minutes, et se retirèrent chacune vers leur bande. Il y eut des combats de lutte et de pugilat qui durèrent une demi-heure ; deux hommes s'assirent alors devant le prince, et prononcèrent des discours que je crus adressés à Fettafaihé. La fête était terminée, et l'assemblée se dispersa.

» Je m'approchai pour voir les différens paniers ; on ne m'avait pas permis jusqu'alors de satisfaire ma curiosité, parce que, disait-on, tout était *tabou*. Je ne trouvai que des paniers vides, et s'ils étaient censés contenir quelque chose, ce ne pouvait être qu'allégoriquement; excepté les poissons, tout ce qu'on avait étalé durant la cérémonie n'était qu'en figure.

» Nous nous efforçâmes en vain de découvrir l'objet de cette cérémonie en général, qui est appelée *natché*, et de ses différentes parties. On ne répondit guère à nos questions que *tabou*, mot qui s'applique à beaucoup d'autres choses, ainsi que je l'ai observé plus haut. Comme, dix jours auparavant, le roi nous avait dit que les insulaires lui apporteraient des ignames qu'il mangerait avec son fils; comme il avait indiqué d'avance quelques détails de la fête, nous jugeâmes, sur ses propos et sur ce que nous vîmes, que le prince, en qualité d'héritier présomptif de la couronne, venait de jurer ou de promettre solennellement de ne jamais abandonner son père, et de lui fournir toujours les divers objets désignés par leurs emblèmes. Cette conjecture est d'autant plus vraisemblable, que les principaux personnages de l'île assistèrent à la cérémonie. Quoi qu'il en soit, tout se passa avec un appareil mystérieux, et le lieu et les détails de la scène prouvent assez que la religion y joua un grand rôle. Les insulaires ne s'étaient point récriés jusqu'alors contre notre vêtement ou nos manières; ils voulurent cette fois nous obliger à nous découvrir jusqu'à la ceinture, à délier nos cheveux, à les laisser flotter sur nos épaules, à nous asseoir comme eux les jambes croisées, à prendre quelquefois la posture la plus humble, à baisser les yeux, à joindre les mains. L'assemblée entière se soumit à ce cérémonial d'un air recueilli; enfin tout le monde fut exclu, excepté les acteurs et les insulaires d'un rang distingué : d'après ces diverses circonstances, je fus persuadé qu'ils croyaient agir sous l'inspection immédiate d'un Être suprême.

» Le natché, dont je viens de faire la description, peut être regardé comme une cérémonie purement figurative. La petite quantité d'ignâmes que nous vîmes le premier jour ne supposait pas une contribution générale, et on nous fit entendre que c'était une portion consacrée à l'*Otoua* ou à la divinité. On nous apprit que dans trois mois on célébrerait, à la même occasion, une fête encore plus solennelle et plus importante; qu'alors on étalerait les tributs de Tongatabou, celui de Hapai, de Vavaou et de toutes les autres îles; et qu'afin de rendre la cérémonie plus auguste, on sacrifierait des victimes humaines choisies parmi le bas-peuple : affreux exemple de l'influence que la sombre superstition et la stupide ignorance exercent sur les mœurs du peuple le plus humain et le plus bienfaisant de la terre! Nous demandâmes la raison de ces pratiques barbares; on se contenta de nous répondre qu'ils étaient une partie nécessaire du natché, et que la divinité exterminerait sûrement le roi, si on ne se conformait pas à l'usage.

» La nuit approchait lorsque l'assemblée se dispersa; et comme nous étions assez loin des vaisseaux, et que nous avions une navigation difficile à faire, nous partîmes bien vite de Moua. Quand je pris congé de Paoulaho, il me pressa beaucoup de demeurer à terre jusqu'au lendemain; et, pour m'y déterminer, il me dit que je verrais une cérémonie funèbre. La femme de Mariouaghi, c'est-à-dire, la belle-mère du roi, était morte depuis peu; et, à cause du natché, son corps avait été porté dans une pirogue qui mouillait dans la lagune. Paoulaho promit de m'accompagner à Eouah, dès qu'il aurait rendu les derniers devoirs à sa belle-mère, et d'y aller après moi, si je ne l'attendais pas. Ses discours me firent comprendre que, sans la mort de cette femme, la plupart des chefs seraient venus avec moi à Eouah, où il paraît qu'ils ont tous des possessions. J'aurais volontiers attendu le roi, si la marée n'eût pas été favorable pour débouquer des passes; d'ailleurs le vent orageux depuis plusieurs jours s'était affaibli et fixé; en laissant échapper cette occasion, notre départ pouvait être retardé de quinze jours; mais ce qui acheva de me déterminer, fut d'apprendre que la cérémonie funèbre durerait cinq jours; c'était trop longtemps pour nous, qui étions mouillés dans un endroit où l'appareillage ne dépendait pas de nous. J'assurai néanmoins le roi que, si nous ne mettions pas à la voile, je viendrais le revoir le lendemain. Nous le quittâmes ainsi, et nous arrivâmes aux vaisseaux sur les huit heures du soir.

» J'ai oublié de dire qu'O-maï assista aux cérémonies du second jour; mais nous ne nous trouvâmes pas ensemble, et même je ne sus qu'il y était que lorsque la fête fut terminée. Il m'apprit ensuite que le roi, s'étant aperçu de mon évasion, envoya plusieurs émissaires l'un après l'autre, auxquels il recommanda de me ramener : vraisemblablement ces messagers ne furent pas admis à l'endroit où j'étais, car je n'en vis aucun. Paoülaho, instruit que j'avais enfin découvert mes épaules comme les acteurs de la cérémonie, permit à O-maï d'y assister également, sous la condition de prendre le costume usité en cette occasion. On exigeait d'O-maï qu'il se conformât à un usage de sa patrie, et il consentit volontiers à ce qu'on désirait; on lui donna un habit convenable, et il arriva vêtu de la même manière que les naturels. Il est probable qu'on nous avait d'abord exclus parce qu'on s'attendait à un refus de notre part sur ces préliminaires.

» Au moment où je me rendis à Moua pour examiner le natché, j'y fis conduire les chevaux, le taureau, la vache et les chèvres que je me proposais de laisser dans l'île, je crus qu'ils seraient plus en sûreté sous les yeux des chefs que dans un lieu qui devait être désert durant notre absence. Outre les quadrupèdes dont je viens de parler, j'enrichis Moua d'un verrat et de trois jeunes truies de race anglaise. Les naturels, prévoyant que ces individus amélioreraient beaucoup les cochons, qui ne

sont pas gros, montrèrent un grand désir de
les avoir. Finaou obtint aussi de moi deux la-
pins, un mâle et une femelle : on nous dit
avant notre départ qu'ils avaient déjà produit.
Si nos quadrupèdes se multiplient, ce dont je
suis bien persuadé, ces îles auront fait une ac-
quisition importante, et l'île de Tongatabou
n'étant pas montueuse, les habitans tireront
de grands secours des chevaux. »

Cook appareilla de Tongatabou le 10 juillet;
et le 12 au matin il mouilla à Eouah.

« Nous fûmes à peine mouillés, dit-il, que
Taoufa., l'un des chefs de l'île et plusieurs autres naturels, vinrent nous voir; ils semblèrent se réjouir beaucoup de notre arrivée.
Taoufa avait été mon tayo (ami) quand je relâchai ici durant mon second voyage; ainsi,
nous nous connaissions bien. Je descendis à
terre avec lui pour chercher de l'eau douce;
car c'était surtout pour remplir mes futailles
que j'avais abordé à Eouah. On m'avait dit à
Tongatabou que j'y trouverais un ruisseau qui,
descendant des collines, se jette dans la mer;
mais je n'en trouvai point. On me conduisit
d'abord à une source saumâtre, située entre
la marque de la marée basse et celle de la marée haute, parmi des rochers, dans l'anse où
nous débarquâmes, et où aucun navigateur ne
songerait à faire de l'eau. Je crois cependant
que cette source serait bonne, s'il était possible de la puiser avant qu'elle se mêlât à celle de la
mer. Nos amis, s'apercevant qu'elle ne me plai-

sait point du tout, nous menèrent vers l'intérieur de l'île, où je trouvai de très-bonne eau dans une ouverture profonde : avec du temps et de la peine, nous aurions amené cette eau sur le rivage, au moyen de quelques conduits composés de feuilles et de tiges de bananier ; mais plutôt que d'entreprendre ce travail ennuyeux, je me contentai du supplément que les vaisseaux avaient embarqué à Tongatabou.

» Avant de retourner à bord, j'indiquai aux naturels un endroit où nous achèterions des cochons et des ignames. Ils nous vendirent beaucoup d'ignames, mais peu de cochons. Je déposai sur cette île un belier et deux brebis du cap de Bonne-Espérance, et j'en donnai le soin à Taoufa, qui parut s'enorgueillir de cette commission. Je fus bien aise que Mariouaghi, à qui j'en avais fait présent, les eût dédaignés : Eouah n'ayant pas encore de chiens, les moutons s'y multiplieront plus aisément qu'à Tongatabou.

» Quand nous mouillâmes devant cette île, elle nous offrait un aspect très-différent de celles que nous avions rencontrées jusqu'alors ; elle présentait un très-beau paysage : Kao pouvant être considéré comme un immense rocher, nous n'en n'avions point vu d'aussi haute depuis notre départ de la Nouvelle-Zélande : de son sommet, qui est presque aplati, elle s'abaisse doucement vers la mer. Comme les îles de ce groupe sont basses, on n'y découvre que des arbres lorsqu'on les contemple du milieu des vagues; mais ici la terre s'élève insensiblement, et elle présente un point de vue étendu, où des bocages sont dispersés avec un désordre charmant à des distances irrégulières; des prairies couvrent l'intervalle de l'un à l'autre. Près de la côte, l'île est entièrement ombragée de différens arbres, entre lesquels se trouvent les habitations des insulaires; il y avait à droite de notre mouillage un bocage de cocotiers si vaste, que nous n'en avions jamais vu d'aussi grand.

» Le 13, dans l'après-midi, nous allâmes sur la partie la plus élevée de l'île, d'où nous l'aperçûmes tout entière, excepté une partie de la pointe méridionale. La côte sud-est, dont les hautes collines sur lesquelles nous étions ne sont pas éloignées, s'élève immédiatement du bord de la mer d'une manière très-inégale, en sorte que les plaines et les prairies, qui ont quelquefois une grande étendue, occupent toute la partie du nord-ouest; et comme elles sont couvertes de touffes d'arbres entremêlées de plantations, chaque point de vue présente un beau paysage. Tandis que je regardais ce pays charmant, je songeai avec un plaisir extrême que les navigateurs verraient peut-être un jour du même point ces prairies couvertes de quadrupèdes utiles apportés par des vaisseaux anglais; que la postérité nous tiendrait compte de l'exécution d'un projet si noble, et que ce bienfait suffirait seul pour attester aux

générations futures que nos voyages contri-
buèrent au bonheur de l'humanité.

» Nos guides nous dirent que tous les terrains, ou du moins la plus grande partie des
terrains de cette île, appartiennent aux chefs
de Tongatabou, dont les habitans d'Eouah
sont les vassaux ou les fermiers. Il paraît qu'il
en est de même des îles voisines, si j'en excepte Anamocka, où quelques chefs semblent
agir avec une sorte d'indépendance. O-maï, qui
aimait beaucoup Finaou et les habitans de ces
îles en général, eut envie de s'établir ici : on
lui proposait de le faire un des chefs de la contrée ; je pense qu'il aurait été bien aise de s'y
fixer, si cet arrangement eût obtenu mon aveu.
J'avoue que je le désapprouvai, parce que je
crus que mon brave camarade serait plus heureux dans sa patrie.

» Quand je fus de retour aux vaisseaux, on
m'informa que les insulaires avaient donné des
coups de massues à un de leurs compatriotes
au milieu du cercle où nous faisions des échanges ; qu'ils lui avaient ouvert le crâne et cassé
une cuisse, et qu'ils l'auraient laissé mort sur
la place, si nos gens ne les avaient pas arrêtés ;
que le blessé avait paru près de rendre le dernier soupir ; mais qu'on l'avait emporté dans
une maison voisine, où il avait repris des forces. Je demandai la raison d'un traitement si
barbare, et on me dit qu'on l'avait surpris ca-
ressant une femme qui était *tabou* : nous comprîmes toutefois qu'elle était *tabou*, parce

qu'elle appartenait à autre homme, et parce qu'elle se trouvait d'un rang supérieur à celui de son amant. Nous reconnûmes ainsi que les insulaires des îles des Amis punissent sévèrement les infidélités. Le châtiment de la femme fut moins rigoureux : on nous assura qu'elle recevrait seulement de légers coups de bâton.

» Le 14, je plantai un ananas, et je semai des graines de melon et d'autres végétaux dans la plantation du chef. J'avais lieu de croire que ces soins ne seraient pas infructueux, car on me servit à dîner un plat de turneps provenant des graines que j'avais semées lors de mon second voyage. »

Nous supprimons des détails sur les présens qu'on fit au capitaine Cook, sur la manière amicale dont il fut accueilli par les habitans, et sur les vols qu'ils se permirent : nous en avons dit assez en parlant des autres îles des Amis. Il appareilla le 17, et il quitta les îles des Amis et leurs habitans, après une relâche d'environ trois mois, pendant lesquels il vécut dans l'amitié la plus cordiale avec les insulaires. Leur extrême disposition au vol, trop souvent encouragée par la négligence des équipages, produisit, il est vrai, des querelles passagères ; mais ces querelles n'eurent jamais de suites funestes.

« Je m'occupai constamment, dit-il, du soin de prévenir une brouillerie générale, et je crois que peu d'hommes sur les deux vaisseaux partirent sans regret. Le temps que je passai dans ces îles ne fut pas mal employé. Nous consommâmes une très-petite quantité de nos provisions de mer : les productions du pays nous suffirent à peu près, et nous y prîmes même un supplément de vivres assez considérable pour gagner Taïti, où j'étais sûr de trouver beaucoup de rafraîchissemens. Je fus bien aise d'ailleurs d'avoir une occasion d'améliorer le sort de ce bon peuple en lui laissant des animaux utiles ; j'ajouterai que les quadrupèdes destinés pour Taïti reprirent des forces dans les pâturages de Tongatabou : en un mot, nous tirâmes beaucoup d'avantages de notre séjour aux îles des Amis. Rien ne troubla nos plaisirs ; et la poursuite du grand objet de notre voyage n'en souffrit pas, car la saison de naviguer au nord était passée, comme je l'ai déjà dit, lorsque je pris la résolution de gagner ces terres.

» Outre l'utilité immédiate dont cette relâche fut pour nous et pour les habitans de l'île des Amis, les navigateurs européens qui feront la même route profiteront des connaissances que j'ai acquises sur la géographie de cette partie du grand Océan ; et les lecteurs philosophes qui aiment à étudier la nature humaine dans tous les degrés de la civilisation , et qui se-plaisent à recueillir des faits exacts sur les habitudes , les usages, les arts, la religion, le gouvernement et la langue des peuples qui habitent les contrées lointaines du globe nouvellement découvertes, jugeront peut-être instructifs et amusans les détails que mon séjour m'a mis en état de leur donner, touchant les insulaires de cet archipel.

» Il faut comprendre sous la dénomination générale d'îles des Amis non‑seulement le groupe de Hapaï que j'ai visité, mais aussi toutes les terres découvertes au nord à peu près sous le même méridien, et d'autres qu'aucun navigateur européen n'avait reconnues. Chacune d'elles dépend, à quelques égards, de Tongatabou, qui, sans avoir la plus grande étendue, est la capitale et le siége du gouvernement.

» Selon les informations que je reçus à Tongatabou, cet archipel est fort vaste. Les naturels m'indiquèrent les noms de plus de cent cinquante îles, en faisant usage de feuilles d'arbres pour les compter. Quinze, nous dit‑on, sont hautes ou montueuses ; un assez grand nombre sont très-petites. On me parla beaucoup de Vavaou, d'Hamoa et de Fidji, comme plus grandes que Tongatabou.

» Les naturels de Fidji inspirent beaucoup d'effroi ; car la dextérité avec laquelle ils manient l'arc et la fronde les rend redoutables ; et comme ils mangent, à l'exemple des Zélandais, les guerriers qu'ils tuent dans les batailles, cet usage abominable ajoute encore à la frayeur de leurs voisins. Les habitans de Tongatabou, qui les accusaient d'être cannibales, ne les ont point calomniés ; car plusieurs insulaires de Fidji que nous avons interrogés convinrent du fait.

» Puisque mon sujet me conduit à parler encore des anthropophages, je demande à ceux qui soutiennent que le manque de subsistances a déterminé les premiers cannibales à manger de la chair humaine, ce qui décide les habitans de Fidji à conserver cet usage au milieu de l'abondance. Il paraît que tous les peuples du grand Océan ont été autrefois cannibales ; que plusieurs le sont encore, et qu'on trouve sur chacune de ces terres des traditions qui attestent ce fait, et des restes de l'horrible usage de manger de la chair humaine.

» On pense sans doute qu'ayant passé près de trois mois parmi les habitans des îles des Amis, je suis en état de répondre à toutes les difficultés, et de donner une description satisfaisante de leurs usages, de leurs opinions et de leurs institutions civiles et religieuses : cette opinion paraît d'autant mieux fondée, que nous avions à bord un naturel du grand Océan qui entendait la langue du pays et la nôtre, et qui semblait très-propre à nous servir d'interprète ; mais le pauvre O-maï ne nous fut pas aussi utile, sous ce rapport, qu'on pourrait le croire. A moins que l'objet ou la chose que nous voulions connaître ne se trouvât sous nos yeux, nous avions bien de la peine à acquérir même des notions imparfaites. Nous faisions cent méprises, et O-maï était encore plus sujet à ces méprises que nous ; car n'ayant point de curiosité, il ne s'avisa jamais de recueillir des observations pour lui-même ; et quand il était disposé à nous procurer des éclaircissemens, ses idées étaient si bornées, peut - être si différentes des nôtres, et ses explications si confuses, qu'elles embrouillaient nos recherches au lieu de nous instruire. J'ajouterai que nous ne rencontrions guère parmi les naturels un homme qui joignît les moyens à l'intention de nous donner les informations que nous désirions. La plupart d'entre eux n'aimaient pas nos questions, que vraisemblablement ils jugeaient oiseuses. Le poste que nous occupions à Tongatabou, où nous demeurâmes le plus de temps, était d'ailleurs très-défavorable. Nous nous trouvions dans une partie de l'île où la plupart des habitans sont des pêcheurs. C'était toujours jour de fête pour ceux que nous allions voir, ou qui venaient nous rendre visite; en sorte que nous eûmes bien peu d'occasions d'examiner quelle est la manière de vivre habituelle des insulaires. On ne s'étonnera donc pas si nous développons d'une manière incomplète plusieurs points relatifs à leurs usages domestiques : au reste, nous nous sommes efforcés de remédier à ces désvantages par des observations continuelles.

» Les naturels des îles des Amis sont généralement d'une taille ordinaire (nous en avons cependant mesuré quelques-uns qui avaient plus de six pieds); mais ils sont très-forts et bien faits; leurs cuisses, leurs jambes et leurs bras sont moulés ; en général, leurs épaules sont très-larges, et quoique la stature musculeuse des hommes, qui paraît la suite d'un grand exercice, annoncent plus la vigueur que la beauté, plusieurs sont réellement très-beaux ; leurs traits varient tellement, qu'il n'est guère possible de les définir par un caractère général, si ce n'est par le nez épaté, qui est effectivement assez commun; mais, d'un autre côté, nous avons aperçu cent visages pareils à ceux des Européens, et de véritables nez aquilins. Ils ont de beaux yeux et de belles dents, qui pourtant ne sont ni si blanches ni si bien rangées que celles de la plupart des autres peuples du grand Océan. Au reste, pour balancer ce défaut, on voit parmi eux peu de ces lèvres épaisses si communes chez les autres insulaires de cette mer.

» On reconnaît moins les femmes à leurs traits qu'à la forme générale de leur corps, qui n'offre pas la force ni l'embonpoint de celui des hommes. Cependant quelques femmes sont très-jolies, et ont les traits du visage doux et délicats; mais les physionomies de cette espèce sont plus rares que dans plusieurs autres pays; d'ailleurs la plupart des femmes sont très-bien faites et très-bien proportionnées ; quelques-unes pourraient servir de modèles aux artistes. La petitesse et la délicatesse extraordinaire de leurs doigts, comparables aux plus jolis doigts de nos Européennes, sont ce qui les distinguent davantage.

» Le teint général de ces insulaires est d'une nuance plus foncée que le cuivré brun; mais celui de plusieurs individus des deux sexes est vraiment olivâtre : quelques femmes sont même assez blanches, ce qui vient probablement de ce qu'elles s'exposent moins au soleil. Une disposition à l'embonpoint, dans un petit nombre des principaux du pays, paraît être la suite d'une vie oisive. Les chefs ont souvent aussi la peau plus douce et plus claire ; celle du bas peuple est ordinairement plus noire et plus grossière, surtout dans les parties qui ne sont pas couvertes, différence qu'il faut peut être attribuer à des maladies cutanées. Nous vîmes à Hapaï un homme et un petit garçon, et à Anamocka un enfant d'une blancheur parfaite. On a trouvé de pareils individus chez tous les peuples noirs ; mais je présume que leur couleur est plutôt une maladie qu'un phénomène de la nature.

» On voit peu de défectuosités ou de difformités naturelles parmi eux : nous en rencontrâmes deux ou trois qui avaient les pieds tournés en dedans, et quelques-uns affligés d'une sorte de cécité occasionée par un vice de la cornée. Ils sont sujets à d'autres maladies : les dartres, qui semblent affecter la moitié des insulaires, et qui laissent après elles des taches blanchâtres, sont la maladie la plus commune : mais elle est moins grave qu'une seconde très-fréquente, qui se manifeste sur toutes les parties du corps en larges ulcères. Une autre maladie est une enflure qui affecte les jambes et les bras, et les grossit extrêmement dans toute leur longueur, mais qui n'a rien de douloureux; au reste, nous n'avons pas rencontré durant notre séjour une seule personne détenue chez elle pour cause de maladie. Au contraire, la force et l'activité de ces insulaires sont à tous égards proportionnées à la vigueur de leurs muscles ; et ils déploient tellement l'une et l'autre dans leurs occupations habituelles et dans leurs amusemens, qu'ils sont, à coup sûr, peu sujets aux maladies nombreuses qui résultent de l'indolence, ou d'une maniere de vivre contraire à la nature.

» Leur mine est gracieuse et leur démarche ferme ; avantages qui leur paraissent si naturels et si nécessaires, que rien n'excitait plus leur rire que de nous voir tomber souvent sur les racines des arbres ou les inégalités du terrain.

» Leur physionomie exprime à un point remarquable la douceur et l'extrême bonté de leur caractère ; on n'y aperçoit pas le moindre trait de cette aigreur farouche qu'on remarque sur le visage des peuples qui vivent encore dans un état de barbarie. Leur maintien est si calme , ils ont tant d'empire sur leurs passions, et tant de mesure dans leur conduite, qu'ils semblent assujettis dès l'enfance à la gêne la plus sévère ; mais ils ont d'ailleurs de la franchise et de la gaîté, quoiqu'ils prennent quelquefois sous les yeux de leurs chefs une sorte de gravité et un air sérieux qui leur donnent de la raideur, de la mauvaise grâce et une apparence de réserve.

» L'accueil amical qu'ont reçu tous les navigateurs montre assez les dispositions pacifiques des naturels des îles des Amis. Loin d'attaquer les étrangers ouvertement ou clandestinement, à l'exemple de la plupart des habitans de ces mers, on n'a pas à leur reprocher la plus légère marque d'inimitié ; ils ont au contraire, à l'exemple des peuples civilisés, cherché à établir des communications par des échanges, c'est-à-dire par le seul moyen qui réunit les différentes nations. Ils entendent si bien les échanges (ils les appellent *fekhataou*), que nous jugeâmes d'abord qu'ils avaient acquis cette connaissance en commerçant avec les îles voisines; mais nous nous assurâmes ensuite qu'ils ne font point de trafic, ou qu'ils n'en font qu'un très-peu considérable, excepté avec Fidji, d'où ils tirent des plumes rouges et un petit nombre d'autres objets. Il n'y a peut-être pas sur le globe de peuple qui mette plus d'honnêteté et moins de défiance dans le commerce. Nous ne courions aucun risque à leur permettre d'examiner nos marchandises, et de les manier en détail, et ils comptaient également sur notre bonne foi. Si l'acheteur ou le vendeur se repentaient du marché, on se rendait réciproquement d'un commun accord et gaîment ce qu'on avait reçu. En un mot, ils semblent réunir la plupart des bonnes qualités qui font honneur à l'homme, telles que l'industrie, la candeur, la persévérance, l'affabilité, et peut-être des vertus moins communes, que la brièveté de notre séjour ne nous a pas permis d'observer.

» Le penchant au vol, universel et très-vif dans les deux sexes et parmi les individus de tous les âges, est le seul défaut que nous leur connaissions. J'observerai toutefois que cette partie défectueuse de leur conduite semblait ne regarder que nous; car j'ai lieu de croire qu'ils ne se volent pas entre eux plus souvent, peut-être pas aussi fréquemment qu'en d'autres pays, où les larcins de quelques personnes corrompues ne nuisent point à la réputation du corps du peuple en général. Il faut avoir beaucoup d'indulgence pour les tentations et les faiblesses de ces pauvres insulaires du grand Océan, à qui nous inspirons les désirs les plus ardens en leur montrant des objets nouveaux, dont l'utilité ou la beauté fascinent leur esprit. Le vol, parmi les nations civilisées et éclairées, annonce un caractère souillé par la bassesse, par une cupidité qui méprise les règles de la justice, par cette paresse qui produit l'extrême indigence, et qui néglige les moyens honnêtes de s'en affranchir. Mais on ne doit pas juger aussi sévèrement les vols commis par les naturels des îles des Amis et des autres terres où nous avons abordé : ils paraissent résulter d'une curiosité ou d'un désir très-pressant de posséder des choses qui étaient absolument nouvelles pour eux, et qui appartenaient à des

étrangers très-différens de leur propre race.
Si des hommes aussi supérieurs à nous en apparence que nous le sommes à eux arrivaient
parmi nous avec des richesses aussi séduisantes
que le sont les nôtres pour des peuples étrangers aux arts, est-il sûr que nos principes de
justice suffiraient pour contenir la plupart des
individus de notre nation ? La cause de leur
penchant au vol, que je viens d'indiquer, paraît d'autant plus vraie, qu'ils volent tout in-
différemment dès la première vue, avant de
songer le moins du monde à se servir de leur
prise d'une manière utile : il n'en est pas de
même parmi nous ; le dernier de nos voleurs
ne voudrait pas risquer sa réputation, ou s'exposer au châtiment, sans savoir d'avance l'u-
sage qu'il fera des choses dérobées. Au reste,
la disposition au vol de ces insulaires, très-
désagréable et très-incommode d'ailleurs, nous
fournit un moyen de connaître la vivacité de
leur intelligence; car ils commettaient les petits
larcins avec beaucoup de dextérité, et les vols
plus considérables avec une suite et des combinaisons proportionnées à l'importance des
objets. J'en ai donné une preuve frappante en
racontant qu'ils essayèrent d'enlever en plein
jour une des ancres de *la Découverte*.

» Leur chevelure est en général lisse, touffue et forte; celle d'un petit nombre boucle
naturellement. Elle est noire, presque sans exception; mais la plupart des hommes et quelques femmes la peignent en brun ou en violet,

et quelquefois en orangé. Ils produisent la première couleur en y mettant une sorte d'enduit de corail brûlé, mêlé avec de l'eau; la seconde en y appliquant des râpures d'un bois rougeâtre, délayée également dans de l'eau; et la troisième en la parsemant, je crois, d'une poudre tirée du souchet des Indes.

» Lorsque j'abordai sur ces îles pour la première fois, je crus que les hommes et les femmes étaient dans l'usage de porter leurs cheveux courts; mais notre relâche ayant été plus longue cette fois, j'ai vu beaucoup de cheveux longs. Leurs modes en ce point sont si variées, qu'il est difficile d'indiquer celle qui est la plus répandue. Quelques-uns les portent coupés à l'un des côtés de la tête, tandis que la portion du côté opposé a toute sa longueur ; ceux-ci les ont coupés de très-près, et peut-être rasés dans un endroit; ceux-là ont la tête rase, excepté une seule touffe qu'ils laissent ordinairement près de l'oreille : d'autres laissent prendre aux cheveux toute leur croissance sans y toucher. Les femmes en général portent leurs cheveux courts ; les hommes se coupent la barbe, et les deux sexes s'arrachent les poils sous les aisselles : j'ai déjà décrit de quelle manière. Les hommes sont piquetés en bleu foncé, depuis le milieu du ventre jusqu'à mi-cuisse. Ils se tatouent ainsi avec un instrument d'os dentelé : après avoir plongé les dents dans le suc du *douédoué*, ils les impriment dans la peau à l'aide d'un morceau de bois, et il en résulte des marques ineffaçables. Ils tracent ainsi des lignes et des figures si variées et si bien disposées, qu'elles ont quelquefois de l'élégance. Les femmes ne se tatouent que l'intérieur des mains. Le roi n'est point assujetti à cette coutume; il n'est pas obligé non plus de se faire, dans les temps de deuil, ces blessures dont je parlerai tout à l'heure.

» Les hommes sont tous circoncis, ou plutôt supercis, car on leur coupe seulement un petit morceau de la partie supérieure du prépuce; ce qui l'empêche de recouvrir jamais le gland. Ils ne veulent pas autre chose; ils disent que la propreté leur a dicté cette opération.

» L'habillement des femmes est le même que celui des hommes; il est composé d'une pièce d'étoffe ou de natte (plus ordinairement la première), large d'environ six pieds, longue de huit, ou au moins assez pour faire un tour et demi sur les reins, où elle est arrêtée par une ceinture ou une corde. Ce vêtement est double sur le devant, et il tombe comme un jupon jusqu'au milieu de la jambe. La partie qui est au-dessus des reins offre plusieurs plis; en sorte que, si on la développe dans toute son étendue, il y a assez d'étoffe pour envelopper et couvrir les épaules, qui restent presque toujours nues. Tel est, pour la forme, le vêtement général des deux sexes. Les insulaires d'un rang distingué portent seuls de grandes pièces d'étoffe et de belles nattes. Le bas peuple s'habille de pièces plus petites, et très-souvent il ne porte qu'une couverture faite de feuilles de plantes, ou le maro, qui est un morceau d'étoffe étroit, ou une natte ressemblant à une ceinture : on passe le maro entre les cuisses, et on en couvre les reins. Il paraît destiné principalement aux hommes. Ils ont divers habits pour leurs grands *hévas* ou fêtes; mais la forme est toujours la même, et les vêtemens les plus riches sont plus ou moins garnis de plumes rouges. Je n'ai pu savoir à quelle occasion les chefs mettent leurs chapeaux de plumes rouges. Les hommes et les femmes ont quelquefois de petits bonnets composés de différentes matières pour se garantir le visage du soleil.

» La parure des deux sexes est aussi la même. Les ornemens les plus communs sont des colliers du fruit du *pandanus*, ou de diverses fleurs odoriférantes ; on leur donne dans le pays le nom général de *kiholla;* quelquefois ce sont de petites coquilles, l'aile et les os de la cuisse des oiseaux, des dents de requin, etc., qui pendent sur la poitrine. Ils portent souvent à la partie supérieure du bras une nacre de perle bien polie, ou un anneau de la même substance sculpté; ils ont d'ailleurs des bagues d'écaille de tortue, et des bracelets.

» Les lobes de leurs oreilles sont percés en deux endroits; et ils y placent des morceaux cylindriques d'ivoire, d'environ trois pouces de long, qu'ils introduisent par l'un des trous, et qu'ils font sortir par l'autre, ou de petits roseaux de la même grandeur, remplis d'une poudre jaune. Cette poudre, dont les femmes se frottent le visage, ainsi que nos dames se mettent du rouge sur les joues, paraît être du souchet des Indes pulvérisé. Nous avons vu souvent le lobe d'une seule oreille percé d'un trou, et non pas de deux.

» La propreté du corps est ce qu'ils semblent préférer à tout; aussi se baignent-ils fréquemment dans les étangs qui ne paraissent pas destinés à autre chose : quoique l'eau de la plupart de ces étangs soit d'une puanteur insupportable, ils aiment mieux s'y laver que dans la mer; ils savent très-bien que l'eau salée gâte la peau; et lorsque la nécessité les oblige à prendre des bains dans l'Océan, ils ont ordinairement des cocos remplis d'eau douce dont ils font usage pour se laver en sortant. Ils recherchent beaucoup l'huile de coco par la même raison; non-seulement ils en répandent une quantité considérable sur leur tête et sur leurs épaules, ils ont soin aussi de s'en frotter tout le corps. Quand on n'a point vu l'effet de cette opération, on ne peut concevoir à quel point elle embellit la peau. Tous les insulaires cependant n'ont pas les moyens de se procurer de l'huile de coco, et c'est sans doute parce que le bas peuple ne s'en sert point que sa peau est moins fine et moins douce.

» La vie domestique des insulaires des îles des Amis n'est pas assez laborieuse pour être désagréable, et pas assez oisive pour être accu-

sée de paresse. La nature a été si prodigue envers eux, qu'ils ont rarement besoin de se
livrer à un grand travail; et leur activité les
empêchera toujours de tomber dans la mollesse. Leurs occupations habituelles sont en si
petit nombre et de si peu de durée, qu'ils ont
beaucoup de temps pour leur récréation; l'idée d'une occupation forcée ne vient point interrompre leurs amusemens; ils ne les quittent
que lorsqu'ils en sont rassasiés.

» Les occupations des femmes n'ont rien de
pénible; elles font la plupart de leurs travaux
dans l'intérieur de la maison; elles sont chargées seules de la fabrique des étoffes.

» La seconde de leurs manufactures, qui est
aussi confiée aux femmes, est celle des nattes,
dont la texture et la beauté surpassent toutes
les nattes que j'ai vues ailleurs. Quelques-unes
en particulier sont si supérieures à celles de
Taïti, que les navigateurs peuvent en porter
comme articles de commerce à la métropole
des îles de la Société. J'en ai distingué sept ou
huit sortes qui leur servent de vêtement ou
de lits; beaucoup d'autres sont uniquement
destinées à l'ornement. Ils tirent surtout ces
dernières de la partie membraneuse et coriace
de la tige du bananier; les nattes qu'ils portent
se font avec le *pandanus*, qu'ils cultivent exprès, et auquel ils ne permettent jamais de se
former en tronc : les plus grossières sur lesquelles ils dorment viennent de l'ouharra. Les
femmes emploient leurs momens de loisir à des

ouvrages moins importans ; elles font, par exemple, une grande quantité de peignes, de petits paniers, avec la matière première des nattes ; et avec l'enveloppe fibreuse du coco, qu'elles tressent simplement, ou qu'elles entrelacent de petits grains de verroterie ; ce qui sort de leurs mains a tant d'élégance et de goût, qu'un étranger ne peut s'empêcher d'admirer leur constance et leur adresse.

» Les travaux des hommes sont plus difficiles et plus nombreux. Ils sont chargés de la culture des terres, de la construction des maisons et des pirogues, de la pêche et de tout ce qui tient à la navigation. Comme ils se nourrissent surtout de racines et de fruits, ils s'occupent sans cesse de l'agriculture, et ils semblent l'avoir portée au degré de perfection que permet leur état de civilisation. Les bananiers et les ignames occupent de vastes champs. Ces deux denrées sont à l'égard des autres dans la proportion de dix à un. Pour planter des bananiers ou des ignames, ils creusent de petits trous, et ont soin ensuite d'extirper l'herbe qui croît alentour, et qui, dans un pays aussi chaud, ne tardant pas à se pourir, devient un bon engrais. Les instrumens qu'ils emploient et qu'ils appellent *houo*, sont tout uniment des pieux de différentes longueurs, selon le degré de profondeur qu'ils veulent donner à la fouille. Les houos sont aplatis et tranchans sur un bord d'une des extrémités ; un morceau de bois est fixé transversalement sur les plus grands, ce qui aide à le presser plus aisément contre terre avec le pied. Quoique leur largeur ne soit pas de plus de deux à quatre pouces, c'est le seul instrument dont ils se servent pour fouiller et planter un terrain de plusieurs arpens d'étendue. En plantant les bananiers et les ignames, ils mettent tant de précision dans leur travail, que, de quelque côté qu'on jette les yeux, on aperçoit des alignemens régu—liers.

» Les cocotiers et les arbres à pain sont épars sans aucun ordre, et ils semblent n'exi-ger aucune peine lorsqu'ils ont atteint une certaine hauteur. On peut en dire autant d'un autre grand arbre qui produit une quantité considérable de grosses noix arrondies et comprimées, appelées *eifie*, et d'un arbre plus petit qui porte une noix ovale, avec deux ou trois amandes triangulaires, coriaces et insi-pides : celui-ci est appelé *mabba* ; on le plante souvent auprès des maisons.

» Le kappé forme ordinairement des planta-tions assez vastes, mais irrégulières. Les maou-hohas sont entremêlés parmi d'autres plantes, ainsi que le djidji et les ignames. J'ai remar-qué fréquemment des ignames dans les inter-valles des bananiers à la distance ordinaire. Les cannes à sucre occupent communément peu de terrain, et sont très-serrées l'une contre l'autre. Le mûrier à papier, dont on fabrique les étoffes, est planté sans ordre, mais on lui laisse l'espace nécessaire à sa croissance, et on a soin de nettoyer ses environs. Le *pandanus* est la seule plante qu'ils cultivent d'ailleurs pour leurs manufactures ; on le plante communément en lignes très-serrées aux bords des champs. Le *pandanus* cultivé leur paraît si supérieur à celui qui vient naturellement, qu'ils lui donnent un nom particulier ; ce qui prouve qu'ils connaissent très-bien les améliorations que produit la culture.

» Il est remarquable que ce peuple, qui montre beaucoup de goût et d'intelligence en plusieurs choses, en montre peu dans la construction de ses maisons ; au reste, l'exécution en est moins défectueuse que la forme. Celles du bas peuple sont de pauvres huttes, très-petites, qui les garantissent à peine de la rigueur du temps. Celles des insulaires d'un rang distingué sont plus grandes et mieux abritées, mais elles devraient être meilleures. Une maison de moyenne grandeur a environ trente pieds de long, vingt de large et douze de hauteur ; c'est, à proprement parler, un toit couvert de chaume, soutenu par des poteaux et des solives disposés d'une manière très-judicieuse ; le plancher est de la terre battue ; il est un peu élevé et revêtu d'une natte forte et épaisse, qu'on tient très-propre. La plupart des maisons sont fermées du côté du vent, et quelques-unes, dans plus des deux tiers de leur circonférence, avec de grosses nattes ou des branches de cocotier entrelacées : ces branches descendent des bords du toit jusqu'à terre, et servent aussi de murailles. Une autre natte grossière et forte, large d'environ deux pieds et demi ou trois pieds, courbée en demi-cercle, posée de champ, et dont les extrémités touchent le côté de la maison, renferme un espace où couchent le maître et la maîtresse du ménage. La femme s'y tient la plus grande partie de la journée ; le reste de la famille couche sur le plancher sans avoir aucune place fixe ; les hommes et les femmes qui ne sont pas mariés, éloignés les uns des autres. Si la famille est nombreuse, il y a de petites huttes contiguës à la maison, où les domestiques se retirent la nuit ; en sorte que leur intérieur est aussi décent qu'il peut l'être. J'ai déjà dit qu'ils dorment sur des nattes : les vêtemens qu'ils portent le jour leur tiennent lieu de couvertures pendant la nuit. La liste de leurs meubles n'est pas longue : ils ont une jatte ou deux dans lesquelles ils font la kava, un petit nombre de gourdes, des coques de coco, de petites escabelles de bois, qui leur servent de coussins, et quelquefois une escabelle plus grande sur laquelle s'assied le chef ou le maître de la maison.

» La seule raison plausible que je puisse donner de leur dédain pour les ornemens de l'architecture de leurs maisons, c'est qu'ils aiment passionément à se tenir en plein air. Ils ne mangent guère dans leurs maisons : ils ne semblent les considérer que comme faites simplement pour y coucher, et s'y retirer lorsque le temps est mauvais. Le bas peuple, qui passe une partie de sa vie autour des chefs, n'y va ordinairement que dans le dernier cas.

» Leurs soins et léur dextérité pour ce qui a rapport à l'architecture navale, si je peux employer ce nom, excusent la négligence que je viens de leur reprocher. La relation de mon second voyage donne la description de leurs pirogues, et de leur manière de les construire ou de les manœuvrer; j'y renvoie les lecteurs.

» Des haches de cette pierre noire et polie, qu'on trouve en abondance à Toufoua, des dents de requin fixées sur de petits manches qui tiennent lieu de tarières, des limes composées de la peau grossière d'une espèce de poisson, attachées à des morceaux de bois aplatis, plus minces d'un côté que de l'autre, et garnies aussi d'un manche, sont les seuls outils dont ils se servent pour construire leurs pirogues. Ces embarcations, qui sont les plus parfaits de leurs ouvrages mécaniques, leur coûtent beaucoup de temps et de travail; et on ne doit pas s'étonner s'ils en prennent tant de soin. Ils les construisent et ils les gardent sous des hangars ; et lorsqu'ils les laissent sur la côte, ils en couvrent le pont de feuilles de cocotier, afin de les garantir du soleil.

» Si j'en excepte diverses coquilles, qui leur tiennent lieu de couteaux, ils n'emploient jamais d'autres outils. Au reste, ils ne doivent sentir la faiblesse et l'incommodité de leurs instrumens que dans la construction des piro-

gues, ou la fabrique de quelques-unes de leurs
armes; car ils ne font guère d'ailleurs que des
instrumens de pêche et des cordages.

» Ils tirent leurs cordages des fibres du coco ; ces fibres n'ont que neuf ou dix pouces de
long ; mais ils les joignent l'une à l'autre en les
tressant; ils en font ainsi des ficelles de l'épaisseur d'une plume, et d'une très-grande longueur, qu'ils roulent en pelotes, puis ils en
tordent plusieurs ensemble pour faire de gros
cordages. Leurs lignes de pêche sont aussi fortes et aussi unies que les meilleures des nôtres.
De grands et de petits hameçons forment le
reste de leur attirail de pêche; les derniers
sont en entier de nacre de perle; mais les premiers en sont seulement recouverts. La pointe
des uns et des autres est ordinairement d'é-
caille de tortue ; celle des petits est simple, et
celle des grands barbelée. Ils prennent avec les
grands des bonites et des thons; pour cela ils
adaptent à un roseau de bambou de douze ou
quatorze pieds de long l'hameçon suspendu à
une ligne de la même longueur. Le bambou
est assujetti par une pièce de bois entaillée, posée à l'arrière de la pirogue; et à mesure que
l'embarcation s'avance, elle traîne sur la surface
de la mer, sans autre appât qu'une touffe d'une
espèce d'étoupe qui se trouve près de la pointe.
Ils possèdent aussi un grand nombre de petites seines, dont quelques-unes sont d'une texture très-délicate ; ils s'en servent pour pêcher
dans les trous des récifs au moment du reflux.

8...

» Les autres ouvrages mécaniques sont surtout des flûtes de roseau composées, des flûtes
simples, des armes de guerre, et ces escabelles
qui leur tiennent lieu de coussins. Les flûtes
composées ont huit, neuf ou dix tuyaux placés
parallèlement, mais dans une progression qui
n'est pas régulière; car les plus longs sont
quelquefois au milieu; et il y en a plusieurs de
la même longueur. Je n'en ai vu aucun qui
donnât plus de six notes; ils paraissent incapables d'en tirer une musique dont nos oreilles
puissent distinguer les divers sons. Les flûtes
simples sont des morceaux de bambou fermés
aux deux bouts, et percés de six trous, deux
desquels sont voisins des extrémités; en jouant,
ils ne font usage que de deux des trous du
milieu, et de l'un de ceux de l'extrémité. Ils
bouchent la narine gauche avec le pouce de la
main gauche; et avec la narine droite ils
soufflent dans le trou de l'extrémité : ils mettent le doigt du milieu de la main gauche sur
le premier trou de la gauche, et l'index de la
droite sur le trou inférieur de ce côté : ainsi,
avec trois notes seulement, ils produisent une
musique simple et agréable, qu'ils varient beaucoup plus qu'on ne le croirait, vu l'imperfec-
tion de leur instrument. Ils ne paraissent pas
goûter notre musique, qui est si compliquée ;
ce qui vient peut-être de l'habitude d'entendre
la leur, qui est composée de si peu de notes.
Au reste, ils trouvent du plaisir à des chants
plus grossiers encore que les leurs; car nous

remarquâmes qu'ils écoutaient avec intérêt ceux
de nos deux Zélandais, qui poussaient des sons
forts, assez dépourvus de mélodie.

» Les armes qu'ils fabriquent sont des massues
de différentes espèces, dont la sculpture prend
beaucoup de temps ; des piques et des dards.
Ils ont des arcs et des flèches, qui semblent
destinés seulement à leurs plaisirs, à la chasse
des oiseaux, par exemple, et non pas à tuer
leurs ennemis. Les escabelles ont à peu près
deux pieds de long, quatre ou cinq pouces d'élévation, et environ quatre pouces de largeur ;
elles se courbent dans le milieu, et elles portent sur quatre forts jambages, qui ont des
pieds circulaires : elles sont d'un seul morceau
de bois noir ou brun, bien poli et incrusté
d'ivoire. Ils incrustent également d'ivoire les
manches de leurs chasse-mouches, qui d'ailleurs
sont sculptés. Ils font avec de l'os de petites
figures d'hommes, d'oiseaux, et d'autres choses :
travail qui doit être difficile, car ils n'emploient
qu'une dent de requin.

» Les ignames, les bananes et les cocos forment la plus grande partie de leur nourriture
végétale ; les cochons, les volailles, les poissons, les coquillages de toute espèce, leur nourriture animale ; mais le bas peuple mange des
rats. L'igname, la banane, le fruit à pain, le
poisson et les coquillages sont la base de leur
nourriture dans les différentes saisons ; les cochons, les volailles et les tortues paraissent être
des friandises extraordinaires, réservées pour

les chefs. L'intervalle entre les saisons des végétaux doit être quelquefois considérable, car
ils préparent une sorte de pain de banane qu'ils
tiennent en réserve : pour cela ils déposent les
fruits sous terre avant qu'ils soient mûrs, et
ils les y laissent jusqu'au moment de la fer-
mentation ; ils les en tirent alors, et ils en font
de petites boules si aigres et si mauvaises, qu'ils
préféraient souvent notre pain, quand même il
était un peu moisi.

» En général, ils cuisent leurs alimens au four
de la même manière qu'à Taïti, et ils ont l'art
de tirer de quelques fruits différens mets que
la plupart d'entre nous jugèrent très-bons. Je
ne les ai jamais vus faire usage d'aucune espèce
de sauce, ou boire à leur repas autre chose que
de l'eau, ou du jus de coco : ils ne boivent la
kava que le matin. Leur manière de cuire les
alimens et de manger est malpropre ; ils les posent sur la première feuille qu'ils rencontrent,
quelque sale qu'elle soit ; mais les mets destinés
aux chefs se mettent communément sur des
feuilles vertes de bananier. Quand le roi faisait
un repas, il était servi par trois ou quatre personnes : l'une découpait, une seconde divisait
en bouchées les gros morceaux, et d'autres
étaient prêtes à offrir les cocos et les diverses
choses dont il pouvait avoir besoin. Je n'ai jamais rencontré de nombreux convives dînant
ensemble, ou mangeant du même plat : lors
même qu'ils paraissent réunis pour un repas,
on divise les mets en grosses portions destinées

à un certain nombre d'individus : ces grosses
portions se subdivisent; en sorte qu'il est rare
de trouver plus de deux ou trois personnes qui
mangent ensemble. J'ai déjà dit que les femmes
ne sont point exclues des repas des hommes;
certaines classes d'insulaires ne peuvent ni
manger ni boire ensemble. Cette distinction
commence au roi, et je ne sais pas où elle finit.

» Ils semblent ne pas avoir d'heure fixe pour
leurs repas. Au reste, il faut observer que durant notre séjour parmi eux leur assiduité auprès de nous dérangea beaucoup leur manière
de vivre habituelle. Si nous ne nous sommes
pas trompés dans nos observations, les naturels
d'un rang supérieur ne prennent que la *kava*
le matin, et les autres mangent peut-être un
morceau d'igname; mais il nous a semblé qu'ils
mangent tous quelque chose dans l'après-midi.
Il est vraisemblable que l'usage de faire un repas pendant la nuit est assez commun, et qu'in-
terrompant ainsi leur sommeil, ils dorment
souvent le jour. Ils vont se coucher avec le soleil, et ils se lèvent avec l'aurore.

» Ils aiment beaucoup à se réunir : de sorte
qu'il est très-commun de ne trouver personne
dans les maisons; les maîtres du logis sont chez
les voisins, ou plutôt au milieu d'un champ des
environs, où ils s'amusent à causer, et où ils
prennent d'autres divertissemens. Des chants,
des danses et la musique, exécutés par des femmes, forment surtout leurs amusemens particuliers. Lorsque deux ou trois femmes chantent

à la fois, et font claquer leurs doigts, on donne à ce petit concert le nom d'*oubaï* ; mais lorsqu'elles sont en plus grand nombre, elles se divisent en groupes, qui chantent sur différentes clefs, et qui produisent une musique agréable, ce qu'on appelle *hiva* ou *héva*. Les naturels varient également les sons de leurs flûtes ; et, pour faire plusieurs parties, ils emploient des instrumens de diverses longueurs ; mais leurs danses approchent beaucoup de celles qu'ils exécutent en public. Les danses des hommes, si toutefois on peut ici faire usage de ce terme, ne consistent pas surtout dans le mouvement des pieds, comme les nôtres ; mais on y remarque mille mouvemens de la main que nous ne pratiquons pas. Chacun de ces mouvemens a une aisance et une grâce qu'il est impossible de décrire ou de faire concevoir à ceux qui ne les ont point vus. Il n'est pas besoin de rien ajouter à ce que j'ai dit sur ce point dans le récit des fêtes qu'on nous donna.

» J'ignore si la durée de leur mariage est assurée par une sorte de contrat solennel ; mais il est sûr que le gros du peuple se contente d'une femme. Les chefs néanmoins en ont ordinairement plusieurs ; au reste, il sembla à quelques-uns d'entre nous qu'une seule était regardée comme la maîtresse de la maison.

» Nous jugeâmes d'abord qu'ils ne font pas grand cas de la vertu des femmes, et nous nous attendions à voir souvent des infidélités conjugales ; mais nous étions bien loin de leur ren-

dre justice. Je ne sache pas qu'il se soit commis
une infidélité de ce genre durant notre séjour :
les femmes des premiers rangs qui ne sont pas
mariées ne prodiguèrent pas plus leurs faveurs.
Il est vrai que la débauche se montra d'ailleurs : peut-être même relativement à la population, est-elle plus commune ici que dans les
autres pays ; mais il me parut que les femmes
qui s'y livraient étaient en général, si elles n'é-
taient pas toutes, des classes inférieures ; et
celles qui permirent des familiarités à nos gens
faisaient le métier de prostituées.

» Le chagrin et la douleur que cause à ces
insulaires la mort de leurs amis ou de leurs
compatriotes est la meilleure preuve de la bonté
de leur caractère : pour me servir d'une expression commune, leur deuil ne consiste pas
en paroles, mais en action ; car, indépendamment du *toughi* dont j'ai déjà parlé, ils se donnent des coups de pierre sur les dents ; ils
s'enfoncent une dent de requin dans la tête,
jusqu'à ce que le sang en sorte à gros bouillons ; ils se plongent une pique dans l'intérieur
de la cuisse, dans le flanc, au-dessous des aisselles, et dans la bouche à travers les joues.
Ces violences supposent un degré extraordinaire d'affection, ou des principes de superstition très-cruels : leur système religieux doit
y contribuer, car elles sont quelquefois si
universelles, que la plupart de ceux qui se
maltraitent si rudement ne peuvent connaître
la personne qu'on pleure. Nous vîmes, par

exemple, les insulaires de Tongatabou pleurer
ainsi la mort d'un chef de Vavaou, et nous
fûmes témoins d'autres scènes pareilles. Il faut
observer que la douleur ne se porte aux derniers excès qu'à la mort de ceux qui étaient
très-liés avec les pleureurs. Quand un naturel
meurt, on l'enterre, après l'avoir enseveli à la
manière des Européens, dans des nattes et des
étoffes. Les fiatoukas semblent être des cimetières réservés aux chefs ; mais le bas peuple
n'a point de sépulture particulière. Je ne puis
décrire les cérémonies funèbres qui ont lieu immédiatement après l'enterrement ; mais il y a lieu
de croire qu'ils en pratiquent quelques-unes, car
on nous dit que les funérailles de la femme de
Mariouaghi seraient suivies de diverses cérémonies ; que ces cérémonies dureraient cinq
jours, et que chacun des principaux personnages de l'île y assisterait.

» La durée et l'universalité de leur deuil annoncent qu'ils regardent la mort comme un
très-grand mal : ce qu'ils font pour l'éloigner le
prouve d'ailleurs. Lorsque j'abordai sur ces
îles en 1773, je m'aperçus qu'il manquait aux
naturels un des petits doigts de la main, et
souvent tous les deux : on ne me rendit pas
alors un compte satisfaisant de cette mutila-
tion ; mais on m'apprit cette fois qu'ils se coupent les petits doigts lorsqu'ils ont une maladie
grave et qu'ils se croient en danger de mourir : ils supposent que la divinité, touchée de
ce sacrifice, leur rendra la santé. Ils font l'am-

putation avec une hache de pierre. Nous en
vîmes à peine un sur dix qui ne fût pas mutilé
de cette manière : ces petits doigts de moins
produisent un effet désagréable, surtout quand
ils les coupent de si près, qu'ils enlèvent une
partie de l'os de la main; ce qui arrive quelquefois (1).

» En voyant avec quelle rigueur ils pratiquent quelques-unes de leurs cérémonies funèbres ou religieuses, on est tenté de croire
qu'ils cherchent à assurer leur bonheur au delà
du tombeau; mais ils n'ont guère en vue que
des choses purement temporelles; car ils sem-
blent-avoir peu d'idée des châtimens d'une autre vie à la suite des fautes commises dans ce
monde. Ils pensent néanmoins qu'ils méritent
d'être punis sur la terre, et ils n'oublient rien
de ce qui peut mériter la bienveillance de leur
dieu. Ils donnent le nom de *Kallafoutonga* à
l'auteur suprême de la plupart des choses. Ils
disent que c'est une femme, qu'elle réside au
ciel, qu'elle dirige le tonnerre, les vents et la
pluie, et en général toutes les variations du
temps. Ils imaginent que, lorsqu'elle est fâchée
contre eux, les récoltes sont mauvaises; que la
foudre détruit beaucoup de choses; que les
hommes sont en proie à la maladie et à la mort,
aussi-bien que les cochons et les autres animaux; et que, si la colère de Kallafoutonga

(1) L'éditeur du Voyage ajoute ici, d'après l'autorité du
capitaine King, qu'il est très-commun de voir le bas peuple
se couper une des jointures du petit doigt lorsque les chefs
dont ils dépendent sont malades.

diminue, tout rentre dans l'ordre naturel. Il paraît qu'ils comptent beaucoup sur l'efficacité de leurs efforts pour l'apaiser; ils admettent plusieurs dieux inférieurs à Kallafoutonga. Ils nous parlèrent en particulier de *Toufoua-Bou-loutou*, ou du dieu des nuages et de la brume; de *Talletebou*, et de quelques-uns qui habitent les cieux. Celui qui occupe le premier rang et qui a le plus d'autorité est chargé du gouvernement de la mer et de ses productions; ils l'appellent *Fettafaihé*, ou, comme ils prononcent quelquefois, *foutafoua*; ils disent qu'il est du genre masculin, et qu'il a une femme nommée *Fykava-Kadji*. Ils croient qu'il y a dans l'Océan, comme au ciel, plusieurs puissances inférieures, telles que *Vahavd-Fonoua, Tariava, Mattaha, Evarou*, etc. Toutes les îles de ce groupe n'adoptent pas cependant le même système religieux; car le dieu suprême de Hapaï, par exemple, est appelé *Alo-alo*, et il y a des îles qui adorent deux ou trois divinités particulières. Au reste, ils se forment des idées très-absurdes sur la puissance et les attributs de ces êtres supérieurs, qui, selon leur croyance, prolongent seulement jusqu'à la mort les soins qu'ils prennent des hommes.

» Toutefois ils croient l'âme spirituelle et immortelle. Ils lui donnent le nom de *vie* ou de *principe vivant*, ou, ce qui est plus conforme à leur système général de mythologie, d'*O-toua*, c'est-à-dire d'une divinité, ou d'un être invisible. Ils croient qu'immédiatement après le trépas, les âmes des chefs se séparent de leurs corps, et qu'elles vont dans un endroit appelé *Bouloutou*, où elles rencontrent le dieu *Gouleho*. Il paraît que ce Gouleho est la mort personnifiée ; car ils avaient coutume de nous dire : « Vous et les hommes de *Fidji* vous êtes » aussi soumis à la puissance et à l'autorité de » Gouleho. » J'observai qu'en nous associant ainsi à un peuple qu'ils redoutent, ils voulaient nous faire un compliment, et reconnaître notre supériorité. Personne n'a jamais vu le pays de Gouleho, qui est le rendez-vous général de tous les morts. Nous jugeâmes cependant qu'ils le placent à l'ouest de Fidji ; que ceux qui y arrivent une fois vivent à jamais, ou, pour me servir de leurs expressions, qu'ils ne sont plus soumis à la mort, et qu'ils y trouvent en abondance celles des productions de leur pays qu'ils aiment le mieux. Quant aux âmes des classes inférieures du peuple, elles subissent une sorte de transmigration, ou, s'il faut me servir de leur langage, elles sont mangées par un oiseau appelé *loata*, qui voltige autour des cimetières.

» Je crois pouvoir assurer qu'ils n'adorent aucun ouvrage de leurs mains, ou aucune partie visible de la création. Ils n'offrent pas à leurs dieux, comme les Taïtiens, des cochons, des chiens et des fruits, à moins que ce ne soit d'une manière emblématique ; car nous n'aperçûmes rien de pareil dans leurs moraïs ; mais il m'est démontré qu'ils leur offrent des sacrifices humains. Leurs moraïs ou fiatoukas (on leur donne ces deux noms, et surtout le dernier) servent en même temps de cimetières et de temples, ainsi qu'aux îles de la Société, et en diverses parties du globe. Quelques-uns nous parurent destinés seulement aux sépultures; ils étaient petits et inférieurs aux autres à tous égards.

» Nous ne pouvons parler que de la forme générale du gouvernement des îles des Amis. Il règne parmi les insulaires une subordination qui ressemble au système féodal de nos ancêtres. Au reste, j'avoue que je ne connais pas, même imparfaitement, les subdivisions de l'autorité, les parties intégrantes de l'administration, et l'enchaînement de ces parties, d'où résulte un corps politique. Quelques insulaires m'ont dit que le pouvoir du roi est illimité, et qu'il est le maître des biens et de la vie de ses sujets; mais le petit nombre d'observations qui se sont offertes à nous sur ce point sont plus contraires que favorables à l'idée d'un gouvernement despotique. Mariouaghi, le vieux Toubaou et Finaou agissaient comme de petits souverains, et ils traversaient fréquemment les mesures du roi, dont ils excitaient les plaintes. La cour de ces deux chefs, les plus puissans du pays, était aussi brillante que celle du monarque : nous comptions après eux Finaou et le fils de Mariouaghi. Mais si les grands personnages ne sont pas soumis au pouvoir despotique du roi, nous avons vu assez souvent que

la propriété et la sûreté personnelle du bas
peuple sont à la merci des chefs dont ils dépendent.

» Tongatabou est divisé en plusieurs cantons:
nous apprîmes les noms de plus de trente. Chacun a un chef particulier qui termine les différens, et qui rend la justice; mais il nous a été
impossible de connaître avec quelque précision l'étendue de leur pouvoir, ou les règles
qu'ils suivent pour proportionner les châtimens aux délits. La plupart de ces chefs ont,
dans les autres îles, des domaines d'où ils tirent
des subsides. Nous savons du moins que le roi
reçoit de Tongatabou, à certaines époques,
le produit de ses domaines éloignés. Cette île
est sa résidence principale, et elle paraît être
aussi celle de tous les personnages d'importance des îles des Amis. Les naturels l'appellent ordinairement *la Terre des Chefs*, et ils
nomment les îles subordonnées *les Terres des
Serviteurs*.

» Le bas peuple ne se contente pas de donner à ces chefs le titre de seigneurs de la terre,
il les appelle en outre seigneurs du soleil et du
firmament. Les membres de la famille du roi
prennent le nom de *Fettafaihé*, c'est-à-dire
celui d'un de leurs dieux, qui est vraisemblablement leur protecteur, et peut-être leur an-
cêtre commun. Toutefois le souverain n'a
d'autre titre que celui de *Toui-Tonga*.

» Les naturels gardent, en présence de leurs
chefs, et surtout du roi, une décence vraiment

admirable. Lorsque le monarque s'assied chez lui, ou en dehors de sa maison, tous les gens de sa suite s'asseyent en même temps, et forment un cercle devant lui; mais ils ne manquent jamais de laisser entre le prince et eux un espace libre que personne n'ose traverser, à moins d'affaire particulière avec lui. On ne peut non plus passer ou s'asseoir derrière lui, et même près de lui, qu'avec son ordre ou sa permission; et comme on nous accorda souvent ce privilége, il n'est pas besoin de citer d'autres preuves du respect que nous leur inspirions. Quiconque veut parler au roi s'approche et s'assied aux pieds du prince; il s'explique en peu de mots; et quand il en a reçu une réponse, il va reprendre sa place dans le cercle; mais quand le roi parle à quelqu'un, celui-ci répond de sa place et sans se lever, à moins qu'il ne reçoive un ordre: dans ce cas il quitte sa place pour aller s'asseoir aux pieds du chef, les jambes croisées. Ils sont si habitués à cette posture, que toute autre manière de s'asseoir leur est désagréable (1). Celui qui parlerait debout au roi serait réputé aussi grossier que ceux qui, parmi nous, se tiendraient assis et le chapeau sur la tête en adressant la parole à leur supérieur placé debout et découvert.

» Aucune des nations du monde les plus ci-

(1) Cette manière de s'asseoir est particulière aux hommes : lorsque les femmes sont assises, elles ont toujours les jambes jetées un peu sur le côté.

vilisées ne semble surpasser celle-ci dans le bon ordre qui s'observe en toute occasion, dans l'empressement avec lequel elle obéit à ses chefs, dans l'harmonie qui règne parmi toutes les classes du peuple et qui les dirige, comme si elles ne formaient qu'un seul homme conduit par des principes invariables. On est frappé surtout de cette régularité de conduite, lorsque les chefs haranguent une troupe d'insulaires, ce qui arrive souvent: l'auditoire garde le plus profond silence durant le discours; il prête une attention qu'on ne trouve pas dans nos assemblées les plus respectables quand on y agite les questions les plus intéressantes et les plus sérieuses. Quel que fût le sujet d'un discours, nous n'avons jamais vu un seul auditeur montrer de l'ennui ou du déplaisir, ou rien qui annonçât le désir de s'opposer à la volonté de celui qui avait le droit de donner des ordres. Telle est même la force de ces lois verbales, si je puis les appeler ainsi, qu'un des chefs fut étonné de ce qu'on avait agi contre de pareils ordres dans une occasion où il me parut que le délinquant n'avait pu en être informé assez tôt pour s'y soumettre.

» Quelques-uns des chefs les plus puissans le disputent au roi en ce qui regarde l'étendue des possessions; mais la dignité de son rang, et les marques de respect qu'il reçoit des différentes classes du peuple le mettent bien au-dessus d'eux : en vertu d'un privilége particulier de souveraineté, il n'a point le corps tatoué : il n'est pas circoncis comme le sont ses sujets; quand il se montre en public, tous ceux qu'il rencontre doivent s'asseoir jusqu'à ce qu'il ait passé; on ne peut se tenir dans un endroit qui se trouve au-dessus de sa tête; il faut, au contraire, qu'on vienne se mettre sous ses pieds. On ne peut rien imaginer de plus respectueux que le cérémonial observé envers le souverain et les autres grands personnages de ces îles. Ceux qui veulent faire leur cour s'accroupissent devant le chef; ils posent leur tête sous la plante de ses pieds, et, après avoir touché ses pieds avec le dedans et le revers des doigts des deux mains, ils se lèvent et ils se retirent. Il paraît que le roi ne peut rebuter aucun de ceux qui viennent lui rendre cet hommage, appelé *moe-moea*; car le bas peuple s'avisait souvent d'user de ce triste droit lorsque le roi marchait; le prince était toujours contraint de s'arrêter, et de tendre un de ses pieds par-derrière, jusqu'à ce que la cérémonie fût achevée. De pareils hommages doivent incommoder beaucoup un homme aussi gros et aussi lourd que Paoulaho, et je l'ai vu quelquefois faire un détour pour éviter les insulaires qui arrivaient près de lui, ou pour gagner un endroit où il pût s'asseoir à son aise. Il y a des occasions où les mains qui ont touché les pieds du roi deviennent inutiles pour quelque temps; car les gens du pays sont contraints de les laver avant de les approcher d'aucune espèce d'alimens. Une pareille interdiction dans une île où l'eau est peu abondante

semble exposer à beaucoup d'inconvéniens;
mais les naturels ne sont jamais embarrassés;
une plante remplie de suc, qu'ils frottent sur
leurs mains, les purifie aussi-bien que de l'eau
douce. Quand leurs mains ont besoin de cette
purification, ils disent qu'ils sont *tabouréma*.
Tabou signifie en général ce qui est défendu, et
réma signifie main.

» Si le tabou vient des hommages rendus aux
chefs, il est aisé de le faire disparaître, comme
je le disais tout à l'heure; mais dans certaines
occasions, il dure un certain temps. Nous avons
vu souvent des femmes tabouréma auxquelles
on mettait les morceaux dans la bouche. A la
fin de l'époque fixée pour la durée de la souil-
lure, elles se lavent dans un des bains du pays,
c'est-à-dire dans des trous boueux, remplis
communément d'une eau saumâtre. Elles vont
ensuite trouver le roi; et, après lui avoir rendu
leurs devoirs selon le cérémonial usité, elles
prennent un des pieds du prince, qu'elles appliquent sur leur poitrine, sur leurs épaules,
et sur d'autres parties de leur corps. Le roi les
baise aux deux épaules, et elles se retirent
complétement purifiées. O-maï m'a assuré qu'elles doivent toujours venir trouver le roi pour
être purifiées; mais je n'ose le garantir : si cela
est, on expliquera peut-être pourquoi il voyage
presque sans cesse d'une île à une autre. Je l'ai
vu deux ou trois fois purifier des femmes; j'ai
assisté aussi à une purification semblable, qu'o-
péra une de ses épouses; mais O-maï n'étant

*.

pas avec moi, je ne pus savoir à quelle occasion.

» Le mot *tabou* a une signification très-étendue, ainsi que je l'ai déjà observé. Les sacrifices humains portent le nom de *tangatatabou*; lorsqu'il n'est pas permis de manger, ou de se servir d'une telle chose, on dit qu'elle est *tabou*; on nous apprit en outre que, si le roi entre dans une maison appartenant à un de ses sujets, cette maison est *tabou*, et que le propriétaire ne peut plus l'habiter; en sorte que le prince trouve dans ses voyages des maisons particulières qui lui sont destinées. Le vieux Toubaou présidait durant notre relâche au *tabou*; c'est-à-dire (si O-maï ne se trompa pas), lui et ses agens étaient inspecteurs de toutes les productions de l'île; ils veillaient à ce que chaque insulaire cultivât sa portion de terrain; ils désignaient ce qu'on pouvait manger, et ce dont il fallait s'abstenir. Ces sages dispositions préviennent la famine, font cultiver en provisions une quantité suffisante de terres, et empêchent la dissipation des récoltes.

» D'après un autre règlement qui n'est pas moins sage, ils ont une sorte d'officier de police. Finaou était chargé de ce département durant notre séjour : on nous dit que la punition de ceux qui commettaient des délits envers l'état, ou envers les particuliers, dépendait de lui. Il était d'ailleurs généralissime des troupes, et il commandait les guerriers appelés au combat ; mais, selon le témoignage unanime de tous les insulaires, il exerce rarement cette dernière fonction. Le roi prit souvent la peine de nous informer de l'étendue du pouvoir de ce magistrat; il nous dit, entre autres choses, que, s'il devenait jamais un méchant homme, il serait tué par Finaou. Je cherchai à deviner le sens de cette expression de *méchant homme*, et je jugeai que, si Paoulaho ne gouvernait pas conformément aux lois ou aux coutumes, Finaou recevrait des autres chefs et du peuple en général l'ordre de mettre à mort le monarque. Il paraît clair qu'un souverain soumis à de pareilles entraves, et dont les abus d'autorité sont punis de mort, ne peut être appelé un roi despotique.

» Lorsqu'on réfléchit sur la multitude d'îles qui composent ce petit état, et sur la distance à laquelle elles se trouvent du siége du gouvernement, il semble que les sujets doivent essayer fréquemment de secouer le joug et de se rendre indépendans; mais les naturels nous dirent que ces révoltes n'arrivent jamais. Parmi les raisons qui contribuent à une pareille tranquillité, il faut peut-être compter la résidence à Tongatabou de tous les chefs puissans. La célérité des opérations du gouvernement maintient aussi la dépendance des autres îles; car, s'il paraissait sur quelques-unes un séditieux qui eût la faveur du peuple, Finaou, ou le magistrat chargé de la police, serait envoyé tout de suite dans le pays du factieux avec ordre de le tuer. De cette manière ils étouffent les rébellions dès leur commencement.

» Il y a parmi les chefs, ou parmi ceux qui en prennent le nom, autant de classes différentes que parmi nous ; mais ceux de ces chefs qui possèdent de vastes territoires sont en petit nombre ; les autres relèvent d'un supérieur que j'appellerais le principal baron, si je voulais me servir des termes de la langue féodale. On m'a dit qu'à la mort d'un insulaire la succession entière appartient au roi ; que le monarque est néanmoins dans l'usage de la donner au fils aîné du défunt, à condition que celui-ci pourvoira aux besoins des autres enfans. Le fils du roi n'enlève pas à son père, comme à Taïti, dès le moment où il vient au monde, le titre et les honneurs de la royauté ; mais il en hérite : en sorte que la forme du gouvernement est monarchique et héréditaire.

» L'ordre de la succession à la couronne n'a pas été interrompu depuis assez long-temps ; car nous avons eu occasion d'apprendre que les Fettafaihé (Paoulaho est un surnom par lequel on distingue le monarque du reste de la famille royale) sont sur le trône, en ligne directe, depuis cent trente-cinq ans au moins. Nous leur demandâmes un jour si le souvenir de l'arrivée des vaisseaux de Tasman s'était perpétué parmi eux, et nous reconnûmes que cette histoire se transmettait de race en race avec une exactitude qui prouve qu'on peut compter quelquefois sur les traditions orales ; ils nous décrivirent les deux vaisseaux, qu'ils comparaient

aux nôtres; ils indiquèrent le lieu du mouillage;
ils ajoutèrent que la relâche des bâtimens étrangers avait été de peu de jours, et qu'ils étaient
partis pour Anamocka. Afin de nous instruire
de l'époque de ce voyage, ils nous dirent le
nom du Fettafaihé, prince avancé en âge, qui
régnait alors, et de ceux qui lui avaient suc-
cédé jusqu'à Paoulaho, le cinquième roi, à
compter de cette époque.

» D'après ce que nous avons dit du roi actuel, il est naturel de penser qu'il tient le plus
haut rang dans ces îles; mais, à notre grande
surprise, nous avons vu le contraire. Latouliboulou, qu'on m'avait indiqué comme le roi
lorsque j'arrivai à Tongatabou en 1773, et trois
femmes, sont à quelques égards supérieurs à
Paoulaho. Nous demandâmes ce qu'étaient donc
ces personnages extraordinaires, distingués par
le nom et le titre de *tammaha* (1): on nous répondit que le dernier roi, père de Paoulaho,
avait une sœur d'un rang égal au sien, et plus
âgée que lui; que cette sœur eut un fils et deux
filles d'un homme qui arriva de l'île de Fidji, et
que ces trois enfans, ainsi que leur mère, étaient
supérieurs en dignité. Nous nous efforçâmes en
vain de découvrir la cause de cette prééminence
singulière des Tammaha; nous ne pûmes savoir que les détails généalogiques dont je viens
de parler. La mère et une des filles résidaient à

- (1) *Tamoloa* signifie *chef*, dans le dialecte de Hamao; et en
changeant une seule lettre, dont l'articulation n'est pas très-
marquée, on fait *tammaha*.

Vavaou; le fils, appelé *Latouliboulou*, et une seconde fille, nommée *Maoungaoula-Kaïppa*, demeuraient à Tongatabou; la troisième fille dîna avec moi le 21 juin, comme je l'ai raconté plus haut. Le lecteur se souvient que le roi ne voulut point manger devant elle; que la princesse n'eut pas la même réserve; que Paoulaho lui toucha le pied, et lui rendit d'ailleurs les hommages qu'il recevait des autres insulaires. Nous n'avons jamais eu occasion de lui voir donner ces marques de respect à Latouliboulou; mais nous l'avons vu interrompre son repas, et faire éloigner les alimens lorsque Latouliboulou venait le trouver. Latouliboulou envahissait à sa fantaisie les propriétés des vassaux du roi; cependant, à la cérémonie appelée *natché*, il n'eut que le rang des chefs ordinaires. Ses compatriotes le croyaient fou, et plusieurs de ses actions annonçaient de la démence. On me montra à Eouah beaucoup de terres qui lui appartenaient. Je rencontrai un jour son fils encore enfant; il portait le même titre que le père. Le fils du plus grand prince de l'Europe n'est pas plus caressé et n'est pas servi avec plus de complaisance que l'était cet enfant.

» La langue des îles des Amis a la plus grande affinité avec les idiomes de la Nouvelle-Zélande, d'Ouaitiou et de Mangia, et par conséquent avec celui de Taïti et des îles de la Société. Elle emploie en bien des occasions les mêmes mots que le dialecte de l'île des Cocos, ainsi qu'on le voit par le vocabulaire qu'en ont rapporté

Le Maire et Schouten (1). La prononciation diffère souvent beaucoup, il est vrai, de celle de la Nouvelle-Zélande et de Taïti; mais un plus grand nombre de mots sont exactement les mêmes, ou si peu changés, qu'on explique d'une manière satisfaisante leur origine commune. L'idiome des îles des Amis est assez riche pour énoncer toutes les idées des insulaires; et nous avons eu des preuves multipliées qu'il s'adapte aisément au chant ou au récitatif; qu'il est même assez harmonieux dans la conversation. Ses élémens sont peu nombreux, si nous pouvons en juger d'après nos faibles connaissances, et quelques-unes de ses règles se trouvent conformes à celles des idiomes perfectionnés : nous y observâmes, par exemple, les différens degrés de comparaison dont se sert le latin ; mais nous n'y aperçûmes pas de variétés dans les terminaisons des noms et des verbes.

(1) Ce vocabulaire se trouve à la fin du second volume de la *Collection des Voyages de Dalrymple*. L'équipage de Tasman voulut employer les mots de ce vocabulaire en parlant aux naturels d'Amsterdam ou de Tongatabou, et il ne put se faire entendre. Cette remarque est digne d'attention; elle montre que, pour établir l'affinité ou la différence des langues des différentes îles du grand Océan, on doit faire valoir avec réserve les argumens tirés des faits rapportés dans les journaux des navigateurs, dont la relâche a été aussi courte que celle de Tasman, et même dans ceux de la plupart des navigateurs qui l'ont suivi. Personne n'osera dire qu'un naturel de l'île des Cocos et un habitant de Tongatabou ne s'entendraient pas. Quelques-uns des mots de l'idiome de l'île de Horn, autre terre découverte par Schouten, appartiennent aussi au dialecte de Tongatabou. *Voyez* la *Collection de Dalrymple*.

» Nous sommes venus à bout de recueillir trois ou quatre cents mots; et parmi ces mots il y en a qui expriment les nombres jusqu'à cent mille: les naturels ne comptent jamais au delà. Il paraît qu'ils en sont incapables; car nous observâmes qu'arrivés à ce point, ils se servent ordinairement d'un mot qui désigne un nombre indéfini. »

FIN DU VINGT-HUITIÈME VOLUME.

TABLE DES MATIÈRES

CONTENUES DANS CE VOLUME.

FIN DE LA TABLE.